RESPUESTAS BÍBLICAS Y DOCTRINALES A LOS TESTIGOS DE JEHOVÁ

Eugenio Danyans

RESPUESTAS BÍBLICAS Y DOCTRINALES A LOS TESTIGOS DE JEHOVÁ

Editorial CLIE
www.clie.es

EDITORIAL CLIE
C/ Ferrocarril, 8
08232 VILADECAVALLS
(Barcelona) ESPAÑA
E-mail: libros@clie.es
http://www.clie.es

Respuestas Bíblicas y Doctrinales a los Testigos de Jehová
ISBN: 978-84-8267-853-5
Depósito Legal: B.26.783-2013
Teología cristiana
Apologética
Referencia: 224858

Impreso en USA / *Printed in USA*

Reconocimientos

Para:

Srta. MARÍA BENEDICTA DAIBER

Directora de la Obra de Cursillos Bíblicos Católicos de Barcelona.

D. VICENTE AMAT ORTEGA

Licenciado en Filosofía y Letras y colaborador de la Universidad de Barcelona.

D. ENRIQUE CAPO PUIG

Pastor evangélico, exprofesor de Griego y Nuevo Testamento en el Centro Evangélico de Formación Teológica.

D. FRANCISCO LACUEVA LAFARGA

Misionero evangélico, doctor en Teología y profesor de Lenguas Clásicas durante once años.

D. DAVID ESTRADA HERRERO

Doctor en Filosofía y Letras y profesor de la Universidad de Barcelona.

D. MIGUEL HERBAGE WATSON

B. D. (London), asociado del «London Bible College».

Deseo expresar mi más sincero y profundo agradecimiento por el interés con que han asesorado los análisis filológicos de los textos originales griegos del Nuevo Testamento que aparecen en este libro por su personal estímulo y colaboración a:

D. ANTONIO MARTÍNEZ SAGAU

D. JOSÉ GRAU BALCELLS

D. SAMUEL VILA VENTURA

Eugenio Danyans

ÍNDICE GENERAL

Prólogo editorial

Luces y sombras del movimiento Russellista

Pocas personas hay en las ciudades y pueblos de España, así como en las naciones de América, que no hayan recibido la visita reiterada de unos proselitistas religiosos que se presentan como «Estudiantes de la Biblia». En este tiempo en el que la Iglesia Católica Romana ha modificado su antigua táctica de limitar las Sagradas Escrituras a los seminarios y fomenta la divulgación de la Biblia entre el pueblo, es una época de gran oportunidad para esos propagandistas en todos los países de tradición católico-romana, como la tuvieron por casi un siglo en los países protestantes, desde los comienzos de la secta.

No podemos menos que admirar el incansable celo con que estos hombres y mujeres llaman de puerta en puerta, y el paciente estoicismo con que reciben negativas y reproches; pero no siempre es así, y lo cierto es que la sociedad de «Los Testigos de Jehová» aumenta constantemente y con mayor celeridad que cualquier otra organización de tipo religioso.

La profunda convicción de estos propagandistas religiosos de que ellos solo entienden la Biblia de un modo completo, y de que es la voluntad de Jehová que se opongan a todos los gobiernos de la tierra y a todas las organizaciones religiosas, les proporciona una plataforma de sabiduría y de seguridad ante las gentes sencillas, así como una aureola de mártires, que favorece grandemente la introducción de su doctrina, sobre todo entre personas que se hallan opuestas a los regímenes gobernantes, no por motivos religiosos, sino políticos. De aquí que muchos se hayan hecho miembros de la secta y la propaguen con entusiasmo, no tanto por haber llegado a un conocimiento profundo de su necesidad espiritual y a una fe viva en Cristo como a su personal Salvador (por más que la doctrina de la Redención forme parte oficialmente de las creencias de la secta), sino por el atractivo que les ofrece el Reino de Dios sobre la tierra, en el sentido social y político.

Insatisfechos de la actual sociedad, ven un nuevo horizonte político en los postulados rusellistas; y no habiendo perdido del todo la fe en lo sobrenatural, esperan hacerse acreedores al disfrute del Nuevo Mundo mediante sus esfuerzos proselitistas en favor de su nueva fe.

La mayoría son gentes que habían oído hablar de la Biblia como base de fe de la iglesia a la que pertenecían, pero que no habían tenido ocasión de estudiar por sí mismos la Sagrada Escritura, y al ver los alegatos y promesas de sus visitadores, aparentemente confirmadas por textos bíblicos, se entregan sin reservas a la nueva creencia, que les parece más razonable que el dogma cristiano que profesaban sin conocerlo, quizá por pura tradición familiar.

Su fe ciega en los autoritarios dirigentes de la secta les da una gran ventaja sobre los fieles de las diversas ramas del cristianismo, y es que para ellos no hay dificultades dogmáticas. Creen que la Biblia es la infalible palabra de Dios, no por razones por ellos mismos estudiadas y reconocidas, sino porque así se lo han asegurado los jefes de Brooklyn y ellos se niegan a poner los ojos en ninguna otra literatura que no sea la de «La Torre del Vigía». Muchas veces les hemos ofrecido buenos libros apologéticos, por ejemplo, de Teología Natural o de Arqueología bíblica, totalmente favorables a los mismos puntos de vista que mantienen los «Testigos» en común con otros cristianos; pero se niegan rotundamente a hacer ningún uso de ellos, simplemente porque no llevan la marca de su secta.

Hay tan solo un punto de contacto con ellos, y es la Sagrada Escritura. No pueden evitar ese libro de texto, del cual se declaran estudiantes. Pero como hay en la Biblia doctrinas esenciales que difieren de aquellas recibidas oralmente o por escrito de sus maestros, los altos jefes de la secta se han visto obligados a editar una nueva «biblia» modificada y adaptada a las enseñanzas peculiares del russellismo. Tal es la «Traducción del Nuevo Mundo de las Sagradas Escrituras».

Mostrar que las deformaciones del texto original de la Biblia no es imputable a las biblias de uso corriente, sino a la fabricada por sus jefes, es la única manera posible de abrir los ojos a los obcecados estudiantes russellistas del sagrado libro.

Es notorio y conocido por cualquier persona de mediana cultura, que eruditos en lenguas bíblicas, tanto católicos como protestantes, se han esmerado en comparar y cotejar con extraordinaria paciencia palabra tras palabra y línea tras línea en centenares de códices, o sea, manuscritos de los tiempos cuando era desconocido el arte de la imprenta, con el fin de darnos las versiones más exactas del texto original de la Sagrada Escritura en las lenguas griega y hebrea, y a tales textos nos atenemos todos como base de autoridad literaria de la Biblia. Los traductores de Brooklyn citan y dicen atenerse a tales textos originales, pero en la realidad los modifican según su conveniencia, como tendremos abundante ocasión de ver en el curso de este libro.

Por esto creemos un gran acierto este «Respuestas Bíblicas y Doctrinales a los Testigos de Jehová», pues creemos que es el procedimiento más acertado y eficaz para mostrar a esos creyentes celosos y entusiastas la verdadera doctrina cristiana tal como dimana del sagrado texto, antes de pasar por las interesadas cribas de Brooklyn.

Este volumen sale a la luz en respuesta a una gran necesidad sentida por el autor durante largo tiempo, y para complacer las peticiones reiteradas de muchos cristianos pertenecientes a diversas iglesias, quienes escucharon de viva voz estos estudios y, debido a la bendición espiritual recibida, sugirieron la idea de su publicación en forma de libro.

* * *

Es posible que por el carácter filólogo-teológico de este libro algún capítulo resulte pesado o difícil a cierta clase de lectores. En tal caso, sugerimos al lector que no deje el libro de lado, sino que, pasando de momento por encima de la parte difícil, comience su lectura en el próximo capítulo. Si le ocurre lo mismo, vuelva a empezar en el siguiente, pues es seguro que encontrará otros capítulos mucho más fáciles o de argumentación más interesante. Sobre todo si se trata de algún lector que ha estado ya en contacto con los «Testigos de Jehová» y conoce sus argumentos favoritos, el libro le parecerá fascinante en aquellas partes de más fácil comprensión.

Pero, una vez haya llegado al final del libro, le recomendamos que vuelva de nuevo sobre los capítulos difíciles, y lo más probable es que lo que antes le pareció tedioso y poco comprensible, le parecerá ahora curiosísimo y evidente, por más que no sea ningún experto en lengua griega o hebrea.

* * *

No quisiéramos que la erudita obra de nuestro amigo señor Danyans sirviera para desalentar o enfriar el celo religioso de los «Testigos de Jehová» ni su fe en la Palabra del Señor, sino tan solamente que tuviera la virtud de ayudarles a fijarla sobre mejores bases.

Creemos que es digna de todo respeto la fe, errada o no, de los creyentes russellistas. Muchos de ellos eran personas escépticas y mundanas en otro tiempo, y el contacto con los visitadores de la secta ha elevado sus aspiraciones y regenerado algunas vidas. Su repudio de la guerra y del servicio de las armas es un punto de vista que comparten otros fieles cristianos, y sus sufrimientos por este reparo de conciencia merecen toda nuestra simpatía y apoyo hasta donde es justo y posible.[1]

1. Entendemos que los «Testigos de Jehová» tienen todo derecho a ser «objetores de conciencia» en cuanto al servicio de las armas, como lo son los mennonitas u otros cristianos individuales de las diversas confesiones cristianas; pero no negarse a cumplir servicios civiles o benéficos, como el de Sanidad. Pero lamentablemente sabemos que se niegan a toda sustitución de servicio, lo que es diametralmente contrario a las enseñanzas del Nuevo Testamento que nos exhortan a obedecer a los poderes constituidos. (Rm 13:1-10 y 1 P 2:13-17).

Deseamos que los jefes russellistas de Brooklyn lleguen a comprender esta diferencia y permitan a sus prosélitos ser legítimos objetores de conciencia, no obcecados rebeldes a las autoridades de sus respectivos países.

Aún más, pensamos que sería muy de apreciar la insistente y tenaz labor propagandística de los «Testigos de Jehová» cuando se limitase a convencer y convenir a personas ateas o despreocupadas de toda religión, ora figuren o no nominalmente en alguna iglesia cristiana.

Sabemos que existen hoy día otros «estudiantes de la Biblia» más peligrosos que los que van de casa en casa con unas docenas de textos bíblicos aprendidos de memoria para extender aquellas doctrinas peculiares de la secta a la cual han entregado sus vidas: son ciertos profesores de la llamada teología Radical que, no satisfechos con la revelación divina mediante Jesucristo y enamorados de las ideas panteístas del misticismo oriental, no solamente niegan la divinidad esencial de Jesucristo y su resurrección corporal, sino muchas otras doctrinas que los «Testigos de Jehová» mantienen todavía en común con el pueblo ortodoxo cristiano.

Pero los grandes errores y apostasías no nos deben hacer indiferentes y descuidados en cuanto a otros errores parciales, pero también básicos de la fe cristiana. Como en los procesos judiciales, mucho más en la esfera religiosa, tenemos el deber de prestar un juramento espiritual de ceñirnos a «la verdad, toda la verdad, y nada más que la verdad». Y esta Verdad es la que dimana de la Biblia, la Palabra de Dios, en su texto original; interpretada, no de un modo artificioso, sino llano y natural; comparando, en el caso de duda, Escritura con Escritura, pues como ha sido dicho con razón, la Biblia es la mejor intérprete de sí misma.

De ahí el gran valor e importancia del erudito libro del señor Danyans, que creemos destinado a prestar una eficaz ayuda a muchos cristianos cuando son visitados por los porfiados discípulos de Tace Russell. Y quiera Dios utilizarlo también para abrir los ojos a algunos de los mismos sectarios para llevarles a una fe cristiana más pura: al reconocimiento del Cristo, verdaderamente divino, de los evangelios y las epístolas, a fin de que puedan entrar en un contacto más íntimo y personal con Él, aceptándole como su único y suficiente Salvador y Señor.

Samuel Vila

Presentación

Es con satisfacción alborozada que presentamos este libro al lector. Su interés es doble: sale al paso de las fantásticas interpretaciones religiosas de los llamados «Testigos de Jehová» y sirve, al unísono, como material de estudio para quienes ya tienen una fe arraigada en la Biblia. A estos, la lectura de esta obra les ayudará a profundizar más y a robustecer su fe tanto en la Palabra de Dios encarnada (Jesucristo) como en la Palabra divina puesta por escrito (Biblia). En cualquier caso, estas páginas serán siempre un testimonio de la verdad revelada por Dios y refrendada por Cristo.

Es conveniente, hoy —cuando los «Testigos» («¿Testigos» de quién? ha preguntado alguien con mucha razón) pretenden hacer acto de presencia masiva en nuestra patria con el título de estudiantes de la Biblia, y como únicos seguidores fieles de sus enseñanzas—, es menester iluminar las tinieblas con la luz de la Palabra de Dios, es decir: no partiendo desde premisas o prejuicios sectarios, sino desde la misma perspectiva con que nos es ofrecido el mensaje bíblico: «En tu luz veremos la luz» (Sal 36:9). Y esto es lo que hace el autor de la presente obra, a cuya investigación nos asocia haciéndonos partícipes de todo cuanto tiene que decir la Revelación tocante a ella misma —y a su registro escrito, la Biblia— y, sobre todo, en relación con el centro de su testimonio: la persona y la obra de Cristo.

Hay un núcleo idéntico en toda postura sectaria: se trata del desplazamiento de la verdad hacia la periferia del interés espiritual para sustituirla por realidades, o necesidades secundarias y, en ocasiones, por crasas mentiras, falsas interpretaciones o desvaríos de fantasía. Se apela a la Escritura, pero sin la dirección del Espíritu Santo, sin la docilidad del estudiante humilde que, siguiendo el consejo de Jesús, se hace como «un niño» a los pies del Divino Maestro. Al contrario, es típico del sectario y de la secta —llámese «Ciencia Cristiana», «Mormonismo» o «Testigos de Jehová»— el colocar en primer lugar una interpretación propia con un acento peculiar y determinado y desviar como cosa secundaria lo que es fundamental en la voluntad divina. A veces, incluso, este centro del mensaje bíblico —este «Kerugma»— es echado por la borda y en su lugar aparece «otro evangelio». A la larga, es la triste experiencia que cosecha toda empresa sectaria.

La Biblia enseña constantemente, y de diversas maneras, que los grandes enemigos del hombre son el pecado y la muerte (cf. Os 13:14; 1 Co 15) y que el remedio divino es Jesucristo crucificado y resucitado de entre los muertos, «primicias de los que durmieron». Esto es el Evangelio, conforme a las Escrituras (1 Co 15:1-4; cf. Is 53:5-12).

Las sectas y las herejías no enfatizan nunca este elemento básico y central del mensaje revelado. Recuerdo la profunda pena que me causó comprobar la indiferencia —y hasta el desprecio— que un seguidor de los «Testigos» demostró por ese núcleo central del Evangelio y por su poder salvador (Rm 1:16), soslayando la presentación que le hacíamos, corroborada con nuestra propia experiencia de conversos al Dios revelado en Jesucristo, y manifestando prisa para ir a lo que él juzgaba fundamental: las doctrinas de su organización y la exposición de la literatura que, tenida casi en igual autoridad que la misma Biblia, pregonan como venida del cielo.

Si los extraviados prestaran atención a la voz del Espíritu Santo que testifica de Dios por medio de la Palabra que él mismo inspiró, si escucharan este testimonio del Espíritu, oirían también ellos el tema fundamental de la Revelación. El que no lo oigan y no hablen de él ni se preocupen por su contenido cuando les es anunciado indica su falta de relación con el Espíritu de Dios, lo que implica, necesariamente, que se apoyan en un falso principio de autoridad religiosa. En efecto, su soporte máximo y único es la Sociedad con sede en Nueva York; aquí tienen sus jerarcas infalibles y sus oráculos indiscutidos. No es solo cuestión de hermenéutica —de interpretación de las Escrituras—, sino de algo mucho más profundo: el errado sistema hermenéutico se deriva del falso principio de autoridad en que se apoyan.

Como consecuencia, hay otro aspecto que se reproduce, invariablemente, en toda desviación del cristianismo bíblico: minimizar la obra o la persona de Cristo, el Salvador. En el primer caso, la expiación que por el pecado llevó a cabo el Hijo de Dios, muriendo en la cruz, o bien no es suficiente o es despreciada; en la segunda eventualidad se le quitan a Cristo sus atributos divinos. En los mal llamados «Testigos de Jehová» se dan cita ambas perversiones, productos lógicos del apuntado falso principio de autoridad.

Este libro de mi amigo y hermano, Eugenio Danyans, prestará un valioso servicio para desenmascarar las pretensiones «bíblicas» de los «Testigos». Porque toca el fondo de la cuestión; va directamente al meollo del problema.

No solo clarifica los textos y expone la verdad bíblica, sino que demuestra cómo los «Testigos» han torcido las Escrituras y han puesto en circulación una Biblia falseada y «adaptada» a sus prejuicios. El hecho de que jamás hayan dado el nombre de los flamantes traductores de su versión de las «Escrituras del *Nuevo Mundo*» indica —no humildad, como pretenden con evidente astucia— la falta de garantías científicas que avalen dicha versión. Esta Biblia es una Biblia sectaria, y como tal es la negación misma del espíritu bíblico genuino. Las páginas escritas por Danyans son iluminadoras al respecto. Recomendamos su lectura y estudio. No solo para hacer posible la controversia, sino, positivamente, para afirmar todavía más nuestros pies en la auténtica verdad revelada.

Eugenio Danyans, además, no solo nos ofrece una serie de bien hilvanadas y reflexionadas argumentaciones bíblicas, sino que aporta la garantía de los textos originales que vindican sus conclusiones. Para ello, no ha vacilado en asesorarse y pedir consejo de los especialistas en lenguas bíblicas, cuyos nombres figuran en otro lugar de esta obra. Se trata, pues, de un trabajo bien pensado y bien hecho.

Su autor nos tenía acostumbrados a otra clase de libros. Especialista en cuestiones del espacio, astronomía, objetos no identificados, y particularmente interesado en la llamada «Teología cósmica» —terreno, a nuestro juicio, sumamente interesante, aunque de lleno todavía en la conjetura y la hipótesis—, los escritos de Eugenio Danyans parecían apuntar siempre en esa dirección. Pero quienes le conocíamos personalmente y sabíamos de sus dotes de expositor bíblico y predicador, estábamos convencidos de que algún día nos tendría que entregar una obra como la que ahora el lector tiene en sus manos. Una obra importante de teología bíblica tanto como de discusión apologética, un libro que desvela muchos errores, confunde la ignorancia que muchos tienen del texto sagrado y nos ayuda a andar por el camino de la verdad.

Sea bienvenido, y bien empleado, este libro que nos habla de la Palabra de Dios y del Dios de la Palabra, para mayor gloria de Aquel que permanece el mismo, ayer, hoy y por los siglos.

José Grau

Introducción

Al folleto *Testigos… ¿De Quién?*, de Antonio M. Sagau, denso, al par que diáfano en su ataque desde múltiples flancos contra los llamados «Testigos de Jehová», sigue ahora el presente libro de Eugenio Danyans, que, sin eludir la lucha en el más amplio frente, centra su crítica, devastadora y exuberante de erudición filológica, en unos cuantos pasajes-clave de la Palabra de Dios. Estos pasajes hablan tan claro por sí solos que Danyans ha podido contentarse con catapultarlos cual haces de cegadora luz, sin necesidad de subterfugios de apologética barata, ya que, como decía el gran C. H. Spurgeon, a la Biblia como a los leones no hace falta defenderlos; basta con abrirles la jaula.

Así pues, nos encontramos ante un libro «polémico». Pero «polémico», a pesar de su etimología, no quiere decir «belicista». Como decía A. M. Sagau en su propio Prólogo al aludido folleto:

> *«Te advierto que no es lucha contra "carne y sangre" (Ef 6:12). Ahora bien, no veas a quien contradiga unas doctrinas que no son verídicas a la luz de las Sagradas Escrituras como a un enemigo, no, sino mírale como a un ser humano que no conoce a Cristo, y ayúdale a encontrar al Salvador que tú tienes, para que él también se goce, comprenda y acepte su Dádiva maravillosa y pueda sentir en su interior el amor de Dios en Cristo-Jesús»* (pág. 3).

El mismo espíritu ha movido también a Danyans a escribir este libro. En efecto, todo creyente es un soldado que debe usar, contra las fuerzas del mal, toda la amplia gama de la «panoplia» de Dios, como dice el original de Efesios 6:11. Pero es un soldado a la defensiva, no un atacante que invade en plan de conquistador; por eso, la «espada» de Efesios 6:17 es la *«máchaira»* o machete corto, no la *«rhomphaia»* o espada larga de dos filos, que Apocalipsis 1:16 nos presenta como si saliera de la boca del Señor. La razón es que el converso y nacido de nuevo pisa ya, desde el comienzo, terreno de victoria y, por eso, su estrategia no consiste en «avanzar», sino en «estar firme» y «resistir» en el «poder de la fortaleza» del Señor (Ef 6:10-14). Pero, además, esta lucha no va «contra carne y sangre», no está empeñada contra el ser humano que tenemos delante, cualquiera que sea su etiqueta ideológica, sino contra los poderes del mal que lo esclavizan y aherrojan, contra los astutos «métodos» diabólicos (Ef 6:11), bajo cuyo imperio maligno yace todo el mundo inconverso (1 Jn 5:19).

Es, pues, una «polémica» obligada, en la que siempre debemos estar «equipados para presentar defensa ("apologían") en réplica a todo aquel que nos demande una razón de la esperanza que hay en nosotros» (1 P 3:15), dispuestos a «contender ardientemente ("epagonídsesthai", en suprema "agonía") por la fe que ha sido una vez dada a los santos» (Jud 3).

Precisamente porque se trata de defender *una fe dada de una vez para siempre*, el cristiano no puede admitir la corrupción o tergiversación de su fe; menos todavía cuando una doctrina como la de los «Testigos de Jehová» pretende estar fundamentada sobre la Palabra de Dios, estando en realidad fundada sobre la falsificación de dicha Palabra. Es cierto que la Biblia de los «Testigos» ofrece indudables aciertos, pero no hay peores mentiras que las verdades dimidiadas, ya que el fragmento de verdad es el más peligroso cebo en el anzuelo del error, puesto que el intelecto humano, designado para la luz de la verdad, no puede ser seducido por errores «absolutos». La luz crepuscular es siempre la más temible tanto para el conductor preocupado como para el viandante desapercibido; en la plena oscuridad, el primero dispone de sus faros y el segundo empuña su linterna.

Pero lo peor es que los «Testigos de Jehová» no se limitan a cercenar del mensaje cristiano detalles periféricos o de escaso volumen. Pasando por alto sus crasos errores de hermenéutica en la interpretación de ciertos pasajes escatológicos y de otra índole, destaca, sobre todo, su negación del misterio de la Santísima Trinidad, base primordial y meta cimera del cristianismo; consecuentemente, se remueve de su emplazamiento angular la Roca de nuestra confesión —la divinidad de Jesucristo— y la personalidad (también divina) del Espíritu Santo. Queda solo Jehová, infecundo en su intimidad, solitario en su Olimpo, sin puente adecuado (sin «Pontífice Mediador») para acercarse a la miseria del hombre pecador.

En efecto, como ha dicho E. Mersch, si Cristo no es el Hombre-Dios estamos todavía perdidos:

> «*Si Cristo no es verdadero Dios, no es al "Dios-Salvador" al que nos acercamos; si no es verdadero hombre, no es nuestra naturaleza humana la que es salvada; si las dos naturalezas no subsisten en la unidad de una persona divina, el lazo que nos liga a Dios se suelta en el mismo momento de anudarse*» (*Morale et Corps Mystique*, pág. 22).

No es nuestra intención elaborar aquí una refutación detallada de este ataque de los «Testigos» al núcleo central de nuestra fe. Eso supondría hacer de esta Introducción una excrecencia atacada de gigantismo, por el volumen que adquiriría con relación al libro mismo. Por otra parte, tan prolijo empeño resulta injustificado, porque Danyans no necesita fuerzas de refresco para el bien concertado ataque de sus múltiples arqueros. Vamos, pues, a limitarnos, a petición del propio autor, a esclarecer algunos puntos desde una perspectiva estrictamente *teológica*.

A) La divinidad del Verbo

Nada hay tan majestuoso en el Nuevo Testamento de la Santa Biblia como ese grandioso conjunto de espirales trazadas en ritmo descendente por el Águila de Patmos, que es el gran Prólogo con que se abre el Evangelio de San Juan. Y, en su inicio, ese gran poema en tres estrofas, que resume todo un tratado de Teología:

> *«En el principio era (existía) el Verbo,*
> *Y el Verbo estaba cabe Dios,*
> *Y el Verbo era Dios».*

Con razón dice E. Danyans que «Juan 1:1 es un verdadero tesoro para los creyentes por su profundo contenido doctrinal».

En efecto, este versículo contiene las siguientes enseñanzas:

a) «En el principio» (compárese con Gn 1:1), cuando las cosas comenzaron a ser, cuando el Universo salió de las manos del Creador, ya existía, con una eternidad que abarca y redunda todos los tiempos, el Verbo, el Logos o Expresión Infinita de la Verdad de Dios («Ver-Bo» = portador de verdad). Ese Verbo que, por estar «en el seno del Padre» (Jn 1:1) podía ser el Revelador final y exhaustivo del Amor del Padre al mundo pecador (Jn 3:16). Ese Verbo que, al encarnarse, pudo traducir al lenguaje humano la cara del Padre (Jn 14:9) y levantar su tienda de campaña («eskénosen», Jn 1:14) en medio de nosotros, para ser nuestro compañero («Emmanuel» = Dios con nosotros) de peregrinación en el gran Éxodo que tiene por meta la gran Tierra de Promisión que es la Jerusalem Celestial.

Ese Verbo-Encarnado, Jesucristo, plenitud de «la gracia y de la verdad» de Dios, fue, es y será para todos los hombres el gran Mediador de la gracia y de la verdad de Dios. «Gracia y verdad» son sinónimos de «misericordia y fidelidad», los atributos más gloriosos de Yahweh-Dios (V. Daniel 9:4-19). La misericordia infinita del Dios íntimamente Salvador (inmanente), al par que tres veces Santo, el «infinitamente Otro» (trascendente), reflejada, al mismo tiempo que velada, en el rostro de carne opaca de nuestro Sumo

Sacerdote, compasivo y débil (por Amor, que es la debilidad del Fuerte), pero «inocente, sin mancha, segregado de los pecadores y hecho más sublime que los Cielos», a fin de darnos acceso, con su sacrificio del Calvario, al trono de la gracia (V. Hb 4:15-16; 7:25-28). Y la «verdad» de Dios, no la verdad lógica, sino la verdad ética, la fidelidad a sus promesas, que es, por antonomasia, la Verdad de Dios (Yahweh = «el de siempre-para-su pueblo»).

Por eso, Cristo puede atribuirse a Sí mismo la *eternidad* de Dios («el que es, el que era y el que ha de venir», forma hebrea de expresar en tres tiempos la eternidad) y la *verdad* de Dios («el Alfa y la Omega», el Diccionario entero de la verdad de Dios). A este respecto, es curioso observar que la palabra «verdad» en hebreo es «emet», conteniendo las letras inicial, central y final del alefato hebreo, y que el verbo «aman», con el que está semánticamente relacionada, significa «tener seguridad» («amén» = de cierto, así sea, así es; «omen» = arquitecto, constructor), porque la verdad para el hebreo, de pensar concreto y práctico, no era una «a-létheia» o *desvelación* al estilo griego, sino una «a-spháleia» o *seguridad.* De ahí que la verdad liberadora del hombre (Jn 8:32) sea recibida por «fe», es decir, por una mirada angustiosa al Calvario (Jn 3:14-15), un acoger a Cristo en lo íntimo de nuestro Ser (Jn 1:12) y un descansar, con todo el peso de un pasado maldito y el anhelo de una sed antes irrestañable, en la Roca de nuestro refugio, para sacar «con gozo aguas de las fuentes de la salvación» (de Is 12:3 a 1 Co 10:4, pasando por Jn 4:10; 6:35 y 7:38).

b) «Y el Verbo estaba cabe Dios». El Verbo, Expresión Infinita del Padre, estaba con Él, frente a Él y, a la vez, en Su seno, como un «con-cepto» vivo, infinito, personal (el «Hijo» = parto del Padre siempre-pensante). Al atacar la divinidad de Cristo, basados en la generación del Verbo, los «Testigos» no hacen sino parodiar el viejo argumento arriano: si el Verbo es engendrado, una de dos: o está siempre comenzando a nacer y entonces nunca se acaba su alumbramiento, o está desde siempre engendrado y entonces ha terminado de proceder del Padre. Los escritores eclesiásticos ortodoxos, entre los que descolló el gran Atanasio, no necesitaron ir muy lejos para encontrar la solución al falso dilema. El propio Aristóteles les brindó la solución, desde un punto de vista metafísico, al distinguir entre la acción *transeúnte* y la acción *inmanente,* cuya exposición tan deliciosamente supo dramatizar Ortega en su Prólogo a la *Historia de la Filosofía* de Bréhier. Es decir, la generación corporal de un hombre es una acción *transeúnte,* o sea, lo engendrado *pasa* al exterior, dejando de estar en el claustro materno. En cambio, la generación espiritual del intelecto pensante, al producir un «con-cepto», no lo expulsa de su seno: el concepto permanece en el seno de la mente, actuándola y perfeccionándola como facultad pensante, por lo que, mientras la mente piensa, engendra, su concepto (su «verbo»), este está perfectamente alumbrado desde el momento de su concepción y durante todo el tiempo en que la mente lo sigue pensando.

Pero hay una diferencia notable entre el concepto humano y el Verbo Divino, y es que nuestro intelecto es una potencia *actuada* por el pensar, que produce el concepto como un efecto (accidente) de nuestra facultad intelectiva, mientras que la mente divina siempre está en acto, por ser Dios el Acto Purísimo sin mezcla de potencialidad pasiva actuable, es decir, el Ser sin fronteras ni limitaciones del no-ser. Con lo que el Verbo de Dios ni *activa* el pensar del Dios siempre en Acto, ni es un concepto accidental de la mente divina, sino el producto (entendiendo «pro-ducir» como correlativo de «pro-ceder») sustantivo, personal, divino («Luz de Luz, Dios verdadero del Dios verdadero») que connota el término generativo (filial) del principio generador que es el Padre. Conclusión: El Verbo, Dios-Hijo, procede del Padre por vía de generación intelectual, sin posterioridad (no se puede concebir al Padre sin implicar al Hijo (Jn 2:23), sin subordinación, sin causalidad.

c) «Y el Verbo era Dios» (si respetamos el hipérbaton del original: «Y Dios era el Verbo»). Para que no quedara lugar a dudas, Juan clavetea el sublime sentido de toda la perícopa al afirmar que aquel Verbo que preexistía a la Creación del mundo y estaba cabe Dios («prós» es la preposición que usa Aristóteles para enunciar la categoría de «relación» —las personas divinas subsisten como tales en la esencia divina merced a su mutua interrelación—) es ¡Dios! (sin artículo para expresar la naturaleza, no una persona, divina). El Verbo es Dios porque comunica en la misma esencia divina con el Padre. La mutua interrelación de Padre e Hijo implica una eterna recirculación de la Vida divina. El Verbo es la Palabra del Padre; por tanto, es expresada por el Padre, vive *del* Padre. El Padre es el que expresa; por tanto, no vive *de* la Palabra, pero sí vive de *decirla*. Es una Palabra tan infinita como el que la dice y, por eso, es exhaustiva, única. Dicha esa Palabra, Dios no tiene más que decir (Hb 1:1-2). ¡Qué estupendo, poder fiarse de un Dios que no tiene más que una Palabra!

Ahora ya se entiende mejor la solemne afirmación de Jesucristo en Juan 10:30: «Yo y el Padre somos uno (mismo ser sustancial)». Como muy bien hace notar Danyans, tenemos aquí junto a la clara distinción de las personas, remachada por el verbo en plural, la identidad de esencia, expresada por el pronombre numeral cardinal de género neutro. De esta manera, junto a la aseveración nuclear de la igualdad de Cristo con el Padre, tenemos el numeral neutro «hén» que nos libera del Caribdis del arrianismo (negador de la unidad de esencia), y el plural «esmen» que nos libera del Escila del sabelianismo (negador de la distinción de personas).

B) La divinidad del Espíritu Santo

No deseamos alargar más esta Introducción, pero antes de dejar a Danyans la palabra para que los lectores saboreen las propias páginas de su libro, permítasenos decir unas palabras sobre la divinidad del Espíritu Santo, sin lo que estas breves lucubraciones teológicas sobre el misterio de la Trinidad (que los «Testigos» niegan) habrían de quedar un tanto mancas.

Así como Jesucristo, en cuanto «Verbo de Dios», es la *Expresión* Infinita de la Verdad divina, el «Logos» de la mente del Padre, así también el Espíritu Santo es la *Impresión* Infinita del Amor divino, que procede del corazón (valga la metáfora) del Padre y del Hijo. El Padre engendra al Hijo y Se ve a Sí mismo en Él. El Hijo contempla al Padre, que, al engendrarle, le comunica todo cuanto tiene y todo cuanto es, exceptuada su relación paternal que Le constituye como primera persona de la Trinidad. El Amor del Padre al Hijo es un Amor de entrega que «responde» (con promesa insistente), poniendo el «Tú» delante del «Yo»: «Mi hijo eres *tú*; Yo te engendré hoy» (Sal 2:7). El Hijo «co-responde» con un Amor de sumisión absoluta: = «He aquí que vengo… para hacer Tu voluntad» (Hb 10:7).

Y ambas corrientes de Amor divino, como dos gigantescas olas lanzadas la una contra la otra, dan origen a una tercera, también infinita, ola de Amor: el fruto del Amor, hecho Amor personal, El *Espíritu* («Pneuma» = viento), avasallador vendaval que arrastra todo lo creado («L'Amore chi move il Sol e l'altre stelle», como escribiera el Dante) hacia el pleno cumplimiento del Bien Divino; por eso, es *Santo*.

Es aquí donde el talento colosal del Aquinate desarrolló uno de sus mejores logros teológicos. Dios ha hecho al hombre a imagen de Dios. Como Dios, el hombre fue creado, a escala limitada e imperfecta, señoreador por su voluntad, pensante por su intelecto, espiritualmente amante del bien (recto moralmente) por su corazón. Esta imagen de la Trinidad en el hombre ya había sido barruntada por Agustín de Hipona. Pero Tomás de Aquino fue más lejos. La corriente del intelecto y la corriente del corazón siguen opuestos derroteros: la corriente del intelecto es centrípeta, porque su labor es *asimilar*, atraer las cosas a la altura del cerebro para reflejarlas en forma de ideas: parto de la «inteligencia-madre», ante la patencia del «objeto-padre». Por el contrario, la corriente del corazón es centrífuga, porque su labor es *asimilarse*, asemejarse a: ser atraída por el bien que le subyuga («no somos cazadores, sino presas», ha dicho agudamente G. Thibon), para convertirse en él; por eso, el corazón no atrae las cosas al nivel del amante, sino que se alza o se derriba al nivel del amado. Por tanto, concluye, es más noble conocer el mal que amarlo; en cambio, es más noble amar a Dios que limitarse a conocerlo.

Y es ahora cuando nos percatamos de la majestuosa parábola que el Amor de Dios ha trazado para salvar al hombre. No solo nos ha dado el Hijo (Jn 3:16), la Expresión reveladora de su Verdad, sino también el Espíritu (Rm 5:5), la Impresión difusora de su Amor. Por eso, los dones son muchos, pero el Dador es uno (1 Co 12:4), porque el Espíritu-Dador es el primer Don, el Don infinito del infinito Amor de Dios, pues —como también intuyó el de Aquino— cuando una persona da algo, este algo no es verdadero «don» si el dador no da por delante el corazón; toda otra procedencia que no sea un generoso «ágape» es sospechosa de vileza y bastardía. Este Espíritu es el que hizo al Hijo tomar «la forma de siervo», para exaltarle después a la majestad del Nombre («Jesús» = Dios salva), ante el que toda rodilla debe doblarse (Flp 2:5-11). Y este Espíritu ha hecho también descender al Hijo y «hacerse pobre, siendo rico, para enriquecernos con su pobreza» (2 Co 8:9).

Que este Espíritu-Amor es una *persona* divina lo expresa ya (entre otros) el hecho de que —como dice Danyans— es llamado «Parákletos» = Alguien a quien se llama para que acuda al lado a ayudar. Sí, el Espíritu ayuda (a cada creyente y a la Iglesia toda), regenerando, santificando, inspirando y, en fin, enseñando y haciéndose *recordar* (o sea, volver a pasar por el corazón, como decía Ortega) lo que Cristo dejó enseñado. Es una *persona* —Él, ¡el Amor!— y una persona divina. Podemos concluir con Bossuet: «Solo los cristianos pueden afirmar que su Amor es un Dios».

Francisco Lacueva

I

La versión «*Nuevo Mundo*», ¿traducción o falsificación?

Toda la Escritura es inspirada por Dios, y útil para enseñar, para redargüir, para corregir, para instruir en justicia.
2 Timoteo 3:16

Everek R. Storms, editor de *The Gospel Banner*, publicación oficial de la Iglesia Misionera Unida, acusó a los pseudo «Testigos de Jehová» (decimos «pseudo» porque los verdaderos testigos de Jehová, los cristianos bíblicos, no pueden sustentar las falsas doctrinas que esta secta propaga) de producir deliberadamente su propia traducción adulterada de la Biblia. Un comité de traducción integrado por un grupo de hombres anónimos produjo, en inglés, la «Traducción del *Nuevo Mundo* de las Santas Escrituras», cuya edición resultó en la publicación de seis tomos.

La traducción del «*Nuevo Mundo* de las Escrituras Griegas Cristianas» apareció primero en inglés, en agosto de 1950. Después se presentaron, también en inglés, y en su debido orden, los diferentes volúmenes de la *Traducción del Nuevo Mundo* de las «Escrituras hebreo-arameas», o sea, el Antiguo Testamento, en cinco tomos sucesivos. El primer tomo en 1953, el segundo en 1955, el tercero en 1957, el cuarto en 1958 y el quinto en 1960. Desde el comienzo de la obra —dicen— fue el deseo del comité traductor tener los seis tomos unidos en un solo libro, lo cual se hizo en 1961. Así surgió la «Biblia Russellista», a saber, la *New World Translation of the Holy Scriptures* en un solo tomo. (Estamos siguiendo los datos suministrados por Storms).

En 1967 apareció la versión española de dicha biblia, en una primera edición de 500.000 ejemplares, la cual está siendo difundida por los tenaces propagandistas de la secta, por todas partes del mundo de habla española, tanto en el Antiguo como en el Nuevo Continente.

Cuando el editor Storms trató de conseguir los nombres de los miembros que integran el comité supuestamente calificado para publicar la *Traducción del Nuevo Mundo de las Santas Escrituras*, partiendo de los idiomas originales de la Biblia, no obtuvo respuesta.[1]

---

1. En carta que obra en mi poder, la Asociación de los «Testigos de Jehová» me comunicó lo siguiente: «La *Traducción del Nuevo Mundo de las Santas Escrituras* no fue producida con el objetivo de glorificar o sostener la memoria del nombre de hombres. Por lo

«La sociedad —dijo Storms— rehusó categóricamente revelar la identidad de los miembros del comité traductor». ¿Por qué? ¿Tienen acaso vergüenza?

Entre los muchos defectos que alteran la fidelidad y belleza de las demás versiones, la traducción de los «Testigos» tiene ante sí la tremenda blasfemia de negar la deidad de Jesucristo, socavando su grandeza única, empequeñeciéndolo y dejando a Cristo reducido a la categoría de un pequeño «dios» de segunda clase, inferior al Padre, no idéntico a Jehová.

Otra osadía consiste en llamar al Espíritu Santo con el calificativo de «fuerza activa» o «expresión inspirada», despojándole así de su personalidad y deidad, por cuanto tampoco aceptan la doctrina bíblica de la Trinidad. De esta manera, los sectarios de esta fanática organización se empeñan en degradar deliberadamente al Espíritu Santo, aplicándole también iniciales minúsculas, mientras que al diablo se le nombra con inicial mayúscula.

En el prólogo a la *Traducción del Nuevo Mundo de las Escrituras Griegas Cristianas* leemos:

«Esta versión en español es, por lo tanto, una traducción de la traducción al inglés de las Escrituras Griegas Cristianas, pero con fiel consulta del texto griego original. En el caso de las Escrituras cristianas, la Traducción del Nuevo Mundo está basada principalmente en el famoso texto griego de Westcott y Hort, que se conforma a los manuscritos griegos de más antigüedad... En la New World Translation se hace el esfuerzo de traducir el texto griego del modo más literal posible, y en esta versión en español se hace el esfuerzo de presentar esta misma exactitud literal. Por eso, cuando se introducen palabras consistentes con el contexto para hacer la traducción clara y comprensible, se encierran las palabras insertadas entre corchetes».

tanto, los hombres que forman el comité de traducción han indicado a la Junta Directiva de la Sociedad su deseo de permanecer anónimos, y específicamente no desean que sus nombres sean publicados mientras estén en vida ni después de su muerte».

Esto, ciertamente, tiene un aspecto de virtuosa humildad, pero la realidad radica en otro motivo, que aparece claramente en muchas otras peculiaridades de la secta, y es: sostener la autoridad de la organización en bloque mediante el anonimato, como los reyes de Persia, que nunca se dejaban ver para infundir mayor respeto a sus vasallos. Mientras que la Verdad se apoya en la libertad y el conocimiento. «Luz y taquígrafos», como decía Castelar.

Notemos, empero, que el ardid no es nuevo, ni la falsa humildad es exclusiva de esos anónimos traductores, pues el apóstol San Pablo denunciaba ya en el primer siglo a unos sectarios que propugnaban errores doctrinales muy semejantes a los de los llamados «Testigos de Jehová» diciendo: «Nadie os prive de vuestro premio, afectando humildad y culto a los ángeles, entrometiéndose en lo que no ha visto, vanamente hinchado por su propia mente carnal» (Col 2:19). — *(Nota del autor).*

Aquí hay varios artilugios para engañar al confiado lector:

1.º Si la versión en español de la Biblia que ofrecen los «Testigos» se trata, en realidad, de «una traducción de la traducción al inglés», entonces no tiene demasiada autoridad porque no es una transcripción directa de los textos originales griegos (en cuanto al Nuevo Testamento se refiere).

2.º La «fiel consulta del texto griego original» a que se alude, es otra sagaz artimaña de los traductores, pues la versión que presentan está muy lejos de sujetarse a dichos textos y está en abierta contradicción con ellos, como va a ver el lector en las próximas páginas.

3.º El alegato que aducen de que su Biblia «está basada principalmente en el famoso texto griego de Westcott y Hort» es otra falsedad descomunal, por cuanto la versión de Brooklyn no se ajusta a dicho texto.

Para que el lector pueda percatarse de ello reproducimos por fotograbado porciones del citado texto griego del Nuevo Testamento que los «Testigos de Jehová» han publicado bajo el título de *Interlinear Translation of the Greek Scriptures*, en el cual dan, sí, el referido texto griego de Westcott y Hort literalmente traducido al inglés en las interlíneas que aparecen debajo de las palabras griegas. El lector que conozca griego a la vez que inglés se dará cuenta de que esta traducción interlineal es generalmente correcta (salvo algunas excepciones que hacemos notar en su lugar); pero esto ocurre en el menor número de los casos. En la gran mayoría, la versión interlineal es enteramente exacta.

Pero lo lamentable es que la versión en la columna al margen, que publican juntamente los «Testigos de Jehová», difiere absolutamente de la interlineal. En dicha columna no aparece una traducción, sino una tergiversación tanto del texto griego como de la traducción literal por ellos mismos publicada.

Quisiéramos que todos nuestros lectores conocieran inglés para que pudieran darse plena cuenta de la referida diferencia. Como el inglés es, empero, una lengua ampliamente conocida, creemos que cualquier lector encontrará un amigo de su confianza a quien pueda pedir la comprobación de lo que acabamos de exponer.

La *Traducción del Nuevo Mundo* es una traducción exacta de su propia versión inglesa, tal como aparece en la antes citada columna; pero una total falsificación de la traducción literal del texto griego, que es lo que tiene toda la autoridad y valor. La «Asociación de los Testigos de Jehová» tiene el cinismo de afirmar que «esta traducción, aunque no da prominencia a nombres de personas altamente respetadas como traductores (?), aun así se recomendará por sí misma a todo investigador honrado, por su fidelidad, valor y exactitud». (¡Hasta aquí podía llegar el colmo de la desfachatez!).

Dicen, asimismo, que «en los varios tomos de su edición original en inglés, tiene el sostén de copiosas remisiones y notas explicativas que muestran por qué la "Sociedad Watch Tower", al publicar esta traducción, vierte la materia bíblica como lo hace».

En réplica a esto, confiamos en que el buen criterio del lector le permitirá enjuiciar con sabio discernimiento cuanto exponemos en las páginas que seguirán, y descubrirá por sí mismo cuán falsa es la base en que se apoya la *Traducción del Nuevo Mundo*.

II

¿Quién es el Verbo según Juan?

En el principio siempre fue el Verbo, y el Verbo siempre estuvo jun-
to al Dios cara a cara: y el Verbo siempre fue Dios mismo.
Juan 1:1 (Versión libre del autor)

La piedra de toque para toda doctrina

El mensaje de la Biblia es esencialmente Cristocéntrico (es decir, que Cristo es el centro del mensaje, todo converge hacia Él). Y una de las características de todo error es que de un modo u otro *tiende a mermar algo de la grandeza o suficiencia de Cristo.*

Se han introducido doctrinas que reconocen la grandeza de la persona de Cristo y que Él es mucho, pero no es todo, por cuanto empequeñecen su obra, diciendo que es el Mediador, pero no es el único.

Otros dicen que Cristo salva, pero que es preciso guardar la Ley, como los antiguos judaizantes que se oponían al apóstol Pablo y a quienes este escribió la carta a los Gálatas. De una manera u otra, pues, todos los errores atacan la grandeza de Cristo, sea a su persona, sea a su obra. Por lo tanto, cuando una doctrina se nos abre paso para su consideración, preguntémonos: *¿qué lugar ocupa Cristo en ella?*

Además, otro principio que hay que tener en cuenta para una recta interpretación de la Biblia es que la Palabra de Dios *forma una unidad.* Toda la Biblia debería ser leída a la luz de todo el contenido. No debemos desarrollar solamente una parte en detrimento de las otras partes de la Escritura. Porque *la Biblia es una unidad perfecta.*

En efecto: este sistema es el mejor medio que vemos y lo más práctico para combatir las herejías, porque los argumentos bíblicos de los «Testigos de Jehová» no resisten la interpretación total y objetiva de toda la Biblia.

Un tesoro de nuestra Fe

«En el principio era el Verbo, y el Verbo era con Dios, y el Verbo era Dios» (Jn 1:1). Este texto es un verdadero tesoro para los creyentes cristianos por su profundo contenido doctrinal. Con tan pocas palabras y con esta expresión tan breve como sencilla, que constituye el prólogo de su Evangelio, el

apóstol Juan se remonta hasta la misma eternidad y afirma la existencia del Verbo en el mismo tiempo a que se hace referencia en Génesis 1:1, cuando Dios creó los cielos y la tierra.

Él, el Verbo, ya existía cuando lo que no existía antes comenzó a existir. Su existencia es, pues, sin principio: eterna. El Verbo no fue creado. Esta es una deducción lógica de la declaración de Juan, y también es sugerida por el verbo gramatical que se emplea, como veremos después.

Este texto de Juan 1:1 nos revela grandes verdades teológicas. Veámoslo:

a) La *eternidad del Verbo*. Es decir, su preexistencia: «En el principio era el Verbo».

b) La *personalidad distinta del Verbo*. O sea, su coexistencia. Y también su relación única con Dios el Padre: «y el Verbo era con Dios».

c) *La naturaleza y la esencia de la deidad del Verbo*. Es decir, su consustancialidad, la cual lleva inherente su propia divinidad: «y el Verbo era Dios».

d) Además, este versículo tan monumental refuta también de un solo golpe tres graves errores:

e) «*En el principio era el Verbo*»: que por llevar intrínseca la Deidad misma, derriba el ateísmo (refutando así a aquellos que niegan la existencia de Dios).

f) «*Y el Verbo era con Dios*»: esta declaración va contra Sabelio (quien negaba la distinción de Personas en la unidad de la Trinidad divina).

g) «*Y el Verbo era Dios*»: se replica a Arrio (el cual negaba la deidad de Jesucristo).

Una falsificación diabólica

Sin embargo, intencionadamente, la *Traducción del Nuevo Mundo de las Santas Escrituras* vierte Juan 1:1 de la siguiente manera:

«*En (el) principio la Palabra era, y la Palabra estaba con el Dios, y la Palabra era un dios*».

Así, los llamados «Testigos de Jehová» tratan de demostrar que Cristo no es Dios. Pero ¿es admisible esta traducción textual que ellos presentan? No, si nos atenemos a las reglas de la gramática griega y a los contextos bíblicos correspondientes. Porque solo el diablo puede tener un interés maquiavélico en atacar la verdad más fundamental de la Biblia: la deidad de Jesucristo.

Análisis gramatical de Juan 1:1

Vayamos ahora al texto original. Mi Nuevo Testamento griego, basado en los textos críticos del profesor Eberhard Nestle, de Westcott y Hort, y de Bernhard Weiss, todos ellos reconocidas autoridades en el griego de los documentos novotestamentarios, dice:

«En arkhe en ho Logos, kai ho Logos en pros ton Theon, kai Theos en ho Logos».

Voy a tratar de traducir lo más literalmente posible:

«En principio era el Verbo, y el Verbo estaba con el Dios, y Dios era el Verbo».

Aunque la segunda cláusula quizá podría traducirse mejor así:

«Y el Verbo estaba junto al Dios» o *«y el Verbo estaba con el Dios».* Porque el artículo masculino definido *«ton»* («el»), que precede al primer nombre «Dios», es acusativo.

Además, parece ser, según algunos exegetas, que la idea literal del griego es que el Verbo estaba *«dentro de Dios»*, o más bien que estaba *«habitando en Dios»*. Por lo que a la luz de ello, y sin forzar la exégesis ni torcer la armonía de los contextos correspondientes, la tercera cláusula invita a ser traducida perfectamente de la siguiente manera: *«y el Verbo era Dios mismo».*

Ahora bien: los «Testigos de Jehová» argumentan de esta forma: el segundo nombre «Dios» no va precedido de artículo determinado, y esto indica que no se trata del mismo Dios. Por consiguiente, al escribirse la segunda vez el nombre de Dios sin artículo, se nos enseña con respecto al Verbo que Juan se refería a un «dios» de menor categoría, de calidad inferior y no igual al verdadero Dios.

Por otra parte —dicen—, existen copias de manuscritos griegos del Evangelio de Juan, en los cuales el segundo nombre «Dios» de este texto aparece escrito con inicial minúscula, lo que —siempre según ellos— viene a confirmar que el Verbo era un «dios» de segunda clase.

Además, en la gramática griega no existen los artículos indeterminados; se suponen cuando su morfología textual lo permite. Los nombres usados en griego sin artículo se traducen sin él o con el artículo indefinido. De ahí que, muy arbitrariamente, y cegados por su propia interpretación convencional, los «Testigos» hayan optado por traducir que *«el Verbo era un dios».*

Pero ese sistema de razonar es una hábil argucia, una artimaña sutil ideada por los traductores de la versión *Nuevo Mundo* para atacar la divinidad de Cristo y engañar así a quienes desconocen las reglas de la gramática griega. Porque, como veremos a continuación, la distinción que se aduce de «el Dios» y «Dios», esgrimida para apoyar y justificar una traducción que carece de fundamento escriturístico, no establece diferencia básica alguna en nuestro texto.

La gramática griega se distingue de la inglesa y de la española en varios aspectos, y el uso del artículo es uno de ellos. Tanto en español como en inglés existe el artículo definido *el* y el artículo indefinido *un*. En griego, por el contrario, como ya hemos dicho, solamente existe el artículo determinado *ho*. Asimismo, sabemos que una palabra acompañada del artículo definido (el) expresa identificación; y una palabra acompañada del artículo indeterminado (un) es indefinida.

Pero en griego no es así. La presencia del artículo en el idioma griego *identifica a la persona u objeto*. La ausencia del artículo *enfatiza la cualidad de la persona u objeto*. Aunque puede también omitirse el artículo en las máximas, sentencias y expresiones de carácter general.

A continuación citamos la explicación que sobre el artículo griego aparece en *Un Manual de la Gramática del Griego del Nuevo Testamento*, por H. E. Dana y Julius R. Mantey:

«La función del artículo es señalar un objeto o llamar la atención a este. Cuando el artículo aparece, el objeto es ciertamente definido. Cuando el artículo no se usa, el objeto puede o no ser definido... La función básica del artículo griego es señalar la identidad individual» (pág. 137).

«Algunas veces, con un nombre que el *contexto comprueba ser definido*, EL ARTÍCULO NO SE USA. Esto hace que la fuerza recaiga *sobre el aspecto cualitativo* del nombre en lugar de su sola identidad. Un pensamiento puede concebirse desde dos puntos de vista: 1) identidad, y 2) cualidad. Para indicar el primer punto de vista, el griego usa el artículo; para el segundo, el *anathorous* (sin artículo) es usado. También en expresiones que han sido tecnificadas o estereotipadas, y en salutaciones, el artículo tampoco se usa» (pág. 149).

En conclusión: la gramática griega enseña que la ausencia del artículo *no hace al nombre necesariamente indefinido*, por las siguientes razones:

a) El nombre en griego *tiene definitividad intrínseca*.

b) Puede suprimirse el artículo al lado de ciertos *nombres comunes* que designan *seres únicos en su especie* y de NOMBRES PROPIOS.

c) Cuando un nombre se usa sin el artículo, el autor desea *enfatizar la cualidad o carácter* de ese nombre.

d) Gramaticalmente, un predicado nominal formado por un verbo copulativo (*ser* o *estar*) carece de artículo porque no lo necesita.

Y este es precisamente el caso de la oración sustantiva del verbo *ser* de Juan 1:1, donde el predicado «*Theos*» es nominativo al igual que el sujeto «*Logos*».[1]

---

1. Del libro *La Deidad de Cristo*, por el Dr. Evis L. Carballosa.

Por otra parte, la palabra «Dios» se escribe aquí sin el artículo masculino en nominativo (*«ho»*), de que está habitualmente precedida, porque esta omisión se imponía por tener, al propio tiempo, el sentido de un adjetivo, y el vocablo desempeña en la frase el papel de atributo y no de sujeto (por las razones gramaticales expuestas), no designando a la persona, sino —como ya se ha dicho— la cualidad, el carácter, la esencia, la naturaleza de ella, que en el caso que ocupa nuestra consideración es precisamente la de la Deidad misma. En consecuencia, pues, la palabra «Dios», sin el artículo, y en conexión aquí con la palabra «Verbo», sugiere que ambos son coparticipantes de la misma esencia, coiguales en sus atributos o cualidades divinas, y consustanciales en cuanto a propia naturaleza.

Además, escribiendo el nombre *«Theos»* de la tercera cláusula precedido por el artículo, Juan habría identificado la Palabra y el Dios (o sea, el Padre), minimizando así la distinción que acababa de hacer en la segunda cláusula al decir que *«el Verbo era con el Dios»*, distinción de persona, aunque no de esencia, que los cristianos aceptamos en nuestro concepto de el Padre y el Hijo, pues no somos «sabelianos».

Dios era el Verbo

Pero todavía hay algo más aquí. Nótese que el texto griego no dice que *«el Verbo era Dios»*, como en la versión castellana, sino: «kai Theos en ho Logos»: *«y Dios era el Verbo»*. Es decir, que la palabra «Dios» ocupa el primer lugar en esta frase, el predicado precede al sujeto, está en la posición de mayor énfasis. Es una ley fundamental en las reglas del idioma griego que, cuando se desea recalcar una idea básica, la palabra que la especifica se coloca en primer término. El orden, pues, en el que las palabras se suceden en el texto original tiene una importancia ineludible, ya que tiende precisamente a hacer recaer todo el peso del énfasis en la plena divinidad de la Palabra, o sea: Cristo. Por eso, para lograr dicha enfatización, el predicado precede al sujeto.[2]

Por lo tanto, al decir que *«Dios era la Palabra»* se indica que la Palabra divina es Dios mismo. Equivale al mismo tipo de afirmación que: «Juan es médico» (obsérvese la ausencia del artículo determinado por tratarse de un predicado nominal con el verbo copulativo). Y usando un término bíblico para ilustrar más claramente nuestro ejemplo, véase cómo la cons-

2. Don Enrique Capó Puig me aclara: «El protagonista de este pasaje de Juan 1:1 no es Dios, sino el Verbo. Por lo tanto, lo que se predica es acerca del Verbo, por cuanto se dice lo que es el Verbo y no lo que es Dios. De ahí que la traducción "y el Verbo era Dios" sea correcta». *The New English Bible New Testament* traduce: «Cuando todas las cosas empezaron, la Palabra ya era. La Palabra moraba con Dios, y lo que Dios era, lo era la Palabra».

trucción de la frase «*y Dios era el Verbo*» es precisamente la misma que la de Juan 4:24 (*«Dios es Espíritu»*), donde el vocablo «Espíritu» es enfático y se emplea para definir la naturaleza y la esencia de Dios.

(Algún exégeta había propuesto, un tanto ingeniosamente, dar a la parte final de nuestro texto el significado de: *«y el Verbo era divino»*. Pero la palabra que, enfáticamente, en griego expresa la idea de divino es *«theios»*, y no *«Theos»*).

Ahora bien: si leyendo el texto griego de Juan 1:1 hemos podido constatar que no aparece ningún artículo indefinido que autorice traducir: *«y el Verbo era un dios»*, sino todo lo contrario, ¿por qué los «Testigos de Jehová», habiendo interpolado el artículo indeterminado *un* en su versión *Nuevo Mundo*, no lo han encerrado entre corchetes? Ahí se ve bien patente la mala fe con que han obrado los traductores para hacer creer al lector ingenuo que dicha partícula indefinida se halla contenida en el texto original.

Ausencia total del artículo «un»

Sin embargo, a la luz de todo lo expuesto se llega a la conclusión de que los «Testigos» desconocen muchos de los matices morfológicos y sintácticos que presentan las leyes gramaticales griegas. Porque en el griego novotestamentario *sí existen unas partículas que suelen usarse como equivalentes a artículos indeterminados* para expresar la idea de *un, uno* y *una*. Nos referimos a los adjetivos numerales cardinales y a los adjetivos indefinidos, por cuanto implican unidad predicamental, o también trascendental (unidad en sí misma, indivisible en su estructura), y como tales se emplean en muchos pasajes del Nuevo Testamento.

Veamos algunos ejemplos prácticos. Mateo 8:19: *«eis* grammateús»: «*un* escriba» (*eis*: un; masculino). Lucas 10:25: *«nomikós tis»*: «*un* intérprete de la ley» (*tis*: un; masculino). Mateo 19:5-6: *«sarka mían»*, «sarx *mía»*: «*una* carne» (*mían, mía*: una; femenino). Juan 10:30: *«en esmen»*: «somos *uno»* (*en*: uno; neutro). Aquí la partícula neutra se expresa como "<u>un</u>".

Por lo tanto, el griego no permite traducir: *«y el Verbo era un dios»*, pues para esto Juan tendría que haber escrito: «kai *eis* Theos en ho Logos» o: «kai Theos *tis* en ho Logos», ya que aquí *un* significaría uno entre otros varios posibles, y el griego no introduce adjetivo numeral alguno. De modo que la filología nos indica claramente que se trata de *dos* distintos, pero que ambos son divinos. Es decir, que en este texto se nos habla de dos Personas que poseen la misma y única naturaleza divina.[3]

3. Cuando sugerimos que Juan hubiera podido indicar aquí que el Verbo era *«un»* Dios usando las partículas *«eis»* o *«tis»*, es un decir, pues tratándose de un predicado nominal, dichas partículas quedarían también omitidas. Ahora bien: en algún otro pasaje

Para acabar de disipar las dudas que el lector sincero pudiera tener en este sentido, demostraré una vez más —y ruego se me disculpe tanta insistencia— que la ausencia del artículo delante del nombre no hace que este sea necesariamente indefinido, como los traductores de la versión *Nuevo Mundo* pretenden hacer ver en Juan 1:1. Hasta aquí creemos haber probado suficientemente que el esfuerzo puesto en juego para convertir el vocablo «Dios» en indefinido por carecer del artículo no obedece sino al deliberado propósito de los traductores russellistas de negar la deidad de Cristo.

Mateo 4:4; 5:9; 6:24. Lucas 1:35 y 78; 2:14 y 40; 20:38. Juan 1:6, 12 y 18; 16:30. Romanos 8:8 y 33. 1 Corintios 1:1. 2 Corintios 1:21. Gálatas 1:3; 2:19. En todos estos textos aparece la palabra «Dios» sin el artículo. ¿Podríamos traducir *«un Dios»*? Como el lector podrá comprobar por sí mismo, intercalar el artículo indefinido *un* delante del nombre «Dios» en los versículos citados resultaría absurdo y totalmente antiexegético.[4]

Pero aún hay más. En Juan 1:18; 20:28, Hebreos 1:8 y 1 Juan 5:20, Jesucristo es llamado «Dios». ¡Y EL VOCABLO «DIOS», APLICADO A JESÚS, VA ACOMPAÑADO EN EL ORIGINAL GRIEGO DEL ARTÍCULO

---

de su narración, Juan habría introducido un adjetivo numeral cardinal en una oración especialmente confeccionada a fin de señalar claramente que el Logos era un *«dios»* inferior al Padre.

En el Nuevo Testamento se emplea el adjetivo numeral *«eis»* (*«uno»*, en oposición a muchos) en cuatro significaciones:

a) *Adjetivo indefinido*: Lucas 7:2; 17:12.

b) *Adjetivo numeral*: Mateo 6:27; 25:24. Lucas 18:22. 1 Timoteo 5:9.

c) *Artículo indefinido*: Mateo 8:19; 26:69. Apocalipsis 18:21.

d) *Pronombre indefinido*: Mateo 16:14; 18:28; 22:35; 27:38 y 48.

4. He aquí cómo sonarían en español estos textos bíblicos en los cuales la palabra «Dios» se encuentra en el original griego en la misma forma que en Juan 1:1, si se les aplicara la regla gramatical inventada por los traductores de *La Biblia del Nuevo Mundo*:

«No solo de pan vivirá el hombre, sino de toda palabra que sale de la boca de *un* Dios».

«Bienaventurados los pacificadores, pues ellos serán llamados hijos de *un* Dios».

«No podéis servir a *un* Dios y a las riquezas».

«El santo ser que nacerá, será llamado hijo de *un* Dios».

«Por la entrañable misericordia de nuestro *un* Dios».

«Gloria a *un* Dios en las alturas, y en la tierra paz».

«Y el niño crecía, se fortalecía, y la gracia de *un* Dios era sobre él».

El lector puede ver por sí mismo la desacertada y malsonante traducción que resultaría de aplicar la susodicha regla a estos y muchos otros versículos de la Biblia.

DETERMINADO! ¿Se quiere prueba más contundente de que a Cristo se le identifica con Dios mismo?

Un argumento que no vale

Referente al hecho de escribir la palabra «Dios» con mayúscula o minúscula, no vale la pena que nos entretengamos en refutarlo; es algo que, por carecer de valor escriturístico y no tener la importancia que se le ha querido dar, nada demuestra. (¡A qué subterfugios y detalles insignificantes se ven obligados a recurrir los «Testigos» para negar lo que es innegable!). Porque los textos más antiguos escriben todas las letras mayúsculas (*códices unciales*) o todas con minúsculas (*códices cursivos o minúsculi*), así que la diferencia no procede del original, sino de copistas de siglos posteriores que empezaron a usar mayúsculas y minúsculas a su libre antojo.

Una preposición iluminadora

Ahora bien, antes de concluir con este argumento es necesario, de conformidad con el significado de los términos griegos que estamos estudiando, profundizar un poco más en nuestro comentario analítico de Juan 1:1. «*Y el Verbo era con Dios*» es una cláusula que nos interesa mucho, pues la palabra griega «*pros*» («*con*») es una preposición que tiene categoría de relación; se trata de una preposición de movimiento en una frase sustantiva porque está el verbo *ser*, y la idea que expresa está completada en la cláusula siguiente, cuyo sentido es que «*el Verbo comunicaba en la naturaleza divina*».

En efecto: la preposición que Juan usa aquí no es la acostumbrada preposición griega «*para*», que significa «al lado de», «estar junto a», sino una que tiene el sentido de «*estar cara a cara*» y sugiere el compañerismo más íntimo como iguales, indicando simultaneidad, coigualdad entre el Verbo y Dios. Es decir, que el vocablo en cuestión no quiere decir solamente que el Verbo estaba junto a Dios en sociedad, sino que nos lo presenta en movimiento constante hacia Él y expresa la idea de íntima unión, de estar estrechamente apegado a Dios en un contacto activo y dinámico, pero con una unión tan estrecha que ambos comunicaban en la naturaleza divina, eran consustanciales, sin otra distinción que la personal.

Este matiz se halla nuevamente en el v. 18: «*A Dios nadie le vio jamás; el unigénito Hijo* (o "*el unigénito Dios*"), *que está en el seno del Padre, Él le ha dado a conocer*». Juan vuelve a emplear la misma preposición en su 1.ª Epístola 1:2: «(*Porque la vida fue manifestada, y la hemos visto, y testificamos, y os anunciamos la vida eterna, la cual estaba con el Padre, y se nos manifestó*)».

Ante una verdad tan portentosa como profunda, el doctor G. N. Clark, conocido teólogo evangélico, escribió: «Por supuesto, la encarnación no quiere decir que Dios fue quitado del universo y localizado en Jesús. Ni quiere decir, tampoco, que el Logos fue separado de Dios al ocuparse en efectuar la encarnación. Erramos si pensamos que el Logos es capaz de una sola actividad a un tiempo. Él es capaz de toda la actividad de Dios. La encarnación no es una división de Dios. La verdad es más bien esta: que el Dios que en su actividad despliega una variedad infinita añadió a las expresiones de su carácter otra manera de revelarse haciéndose hombre, lo que es una forma adicional de actividad, en la cual pudo entrar sin retraerse de ninguna otra actividad».

«En principio era el Verbo». La palabra *«arkhe»* (*«principio»*) significa aquí *principio en sentido absoluto.* Compruebe el lector que en el original griego el nombre sustantivo no tiene artículo, lo cual viene a confirmar, en efecto, que el escritor sagrado quiere expresar *duración sin tiempo,* sinónimo de eternidad. El principio de Juan 1:1 halla, pues, su contexto armónico en el principio de Génesis 1:1. Es evidente, por tanto, que se trata de la misma idea y que ambas expresiones nos sitúan en el vértice de la eternidad misma, donde el Verbo existía eternamente, y en el momento en que los cielos y la tierra, cuando eran inexistentes, comenzaron a existir en virtud del poder creador de Aquel que es eterno por sí mismo.

Pruebas de la inspiración verbal

Los cristianos netamente evangélicos creemos en la inspiración verbal de la Biblia según el texto en su lenguaje original. Con esto queremos decir que la Biblia no solo fue inspirada en su contenido general, sino que cada palabra fue escogida e inspirada por el Espíritu Santo como si hubiera sido dictada por Él. Como una evidencia notable y concluyente de esta inspiración sobrenatural, vamos ahora a considerar dos verbos griegos por medio de los cuales suele expresarse la idea de existencia, significando uno de ellos la existencia juntamente con la idea de origen, y el otro significando existencia sin ninguna idea semejante.

En los vs. 1 y 2 del capítulo primero del Evangelio según San Juan, aparece cuatro veces una palabra especial: es la palabra usada y traducida *«en»* (*«era»*). En los versículos citados, la palabra usada y traducida *«era»* es la forma imperfecta de la tercera persona del singular del verbo *«eimi»,* que equivale en su significado a nuestros verbos *ser, estar* o *existir,* pero *no implica que el sujeto del cual se habla tenga un principio,* pues el tiempo imperfecto en que se halla indica una *acción continua en tiempo pasado.* Si se hubiera querido indicar un principio o existencia con origen, se hubiese usado un aoristo, que pertenece al tiempo secundario, y al ser indefinido es el tiempo histórico por excelencia. En tal caso, según los gramáticos, se hubiese empleado, concretamente, el aoristo indicativo, que corresponde a nuestro pretérito indefinido e indica esencialmente una acción que tuvo lugar en el pasado y con principio temporal. O se hubiese usado el tiempo perfecto, que expresa la acción ya terminada.

Ahora pasemos al v. 3. Allí aparecen las palabras *«fueron»*, *«ha sido»* y *«fue»*. Consecuentemente, pues, cuatro son las formas del verbo *ser* que encontramos en los tres primeros versículos de Juan 1. Pero las palabras traducidas como *«fueron»*, *«ha sido»* y *«fue»*, en Juan 1:3, son completamente distintas. Esto es: *«egeneto»*. Y la palabra *«egeneto»*, también traducida *era*, *fue*, es la tercera persona del singular de *«ginomai»*, y siempre, sin excepción, implica un principio. La palabra significa *«engendrar»* o *«principiar»*, viene del verbo *«ginomai»*, que también se traduce *«engendrar»* o *«ser creado»*, *«venir a la existencia»*, *«nacer»* y *«descender»*. Por lo tanto, la palabra *«egeneto»*, cuando es usada, implica existencia de un sujeto con un tiempo definido de principio, antes del cual no existía.

Ahora bien: los dos primeros versículos, en los cuales la palabra *«era»* ocurre cuatro veces, se refieren al Creador. Y cuando Juan habla de Cristo como Creador, usa la palabra *«en»*, una forma del verbo *«eimi»*, que significa *«existir»*, pero *SIN NINGUNA REFERENCIA DE PRINCIPIO O DE FIN*. Esto equivale a: *«YO SOY»*, *«YO SIEMPRE FUI»*. Es decir, denota existencia sin ninguna insinuación o sugerencia de un principio. Así pues, cuando Juan se refiere a la deidad preexistente de Jesús, siempre emplea la forma del verbo *«eimi»*, que, como venimos enfatizando, indica existencia sola, sin mencionar origen temporal alguno.

Pero en el tercer versículo notamos las palabras *«fueron»*, *«ha sido»* y *«fue»*, que se refieren a la creación. Y cuando Juan habla de la creación que Cristo hizo, entonces sí que la palabra *«egeneto»* es utilizada, y el uso de este verbo indica la existencia de lo que fue creado y por consiguiente tuvo un principio, denotando que la creación no siempre existió, sino que, como su nombre indica, fue creada, significando, por tanto, el vocablo *«egeneto»*: *EXISTENCIA CON UN PRINCIPIO U ORIGEN BIEN DEFINIDO*.

Pasemos ahora al v. 4 y notemos que Juan, al hablar otra vez de Jesús, vuelve a usar nuevamente el verbo SER (en griego *«en»*) *(SER SIN PRINCIPIO)*, utilizada en los vs. 1 y 2, pues está hablando de Jesús el Creador.

Pero notemos ahora la presencia de la forma de los verbos *ser*, *estar* o *existir*, la palabra *«hubo»*, en el v. 6. Aquí la palabra traducida *«hubo»* es el término griego *«egeneto»*, que denota principio, porque este versículo habla de Juan el Bautista, quien fue un hombre con un principio, por cuanto tuvo un origen humano al nacer. Véase lo que luego se añade en el v. 8. El verbo griego que denota la existencia de Cristo se usa aquí acompañado del adverbio negativo «*no*», para distinguir a Juan como hombre de Jesús como Dios.

Pasemos al v. 10. Aquí está el texto que habla tanto del Creador como de lo creado. Pero no hubo error al escoger las palabras usadas. El Espíritu Santo utiliza cuidadosamente la forma del verbo «*eimi*», denotando eterna preexistencia, cuando se refiere a Jesús, y la palabra «*egeneto*», significando un principio o génesis, cuando se refiere a lo creado.

Ahora llegamos al texto cumbre, la evidencia indiscutible de la divina inspiración de las Escrituras. El versículo 14. La Palabra «*fue*» en este versículo es el término «*egeneto*», aplicado al cuerpo físico de Jesucristo. Se refiere a su nacimiento, a su encarnación, cuando la naturaleza humana de Jesús tuvo su principio.

Consideremos el v. 15. Juan el Bautista dice que Jesús existió antes que él. Ahora bien: esto no se refiere al nacimiento humano de Jesús, porque el Bautista fue concebido en el vientre de su madre seis meses antes de que Jesús fuera concebido en el seno de María (Lc 1:26). Jesús, como hombre, fue seis meses menor que Juan el Bautista (Lc 1:36). Por lo tanto, Jesús existió *después* y *antes* que Juan. En efecto: como hombre nació después que Juan; pero como Dios existió antes que él.

Examinemos un último ejemplo: «*Jesús les dijo: "De cierto, de cierto os digo: antes que Abraham fuese, yo soy"*» (Jn 8:58). La palabra traducida «*fuese*», en este versículo, es «*genesthai*», y el verbo puede traducirse: «*Antes que Abraham naciera, existiera o llegase a ser*».

Pero en la última parte del versículo, Jesús dijo: «*Yo soy*». Y la palabra traducida «*yo soy*» viene del mismo vocablo traducido «*era*» en Juan 1:1. Este es el término «*eimi*» («*Yo soy*»), de la raíz de la palabra griega «*en*», siempre usada para la existencia eterna de Cristo. Por tanto, Jesús afirmó aquí: «*Antes que Abraham naciera, YO YA EXISTÍA*». Vendremos más adelante a una más detenida consideración de este verso.

Mala gramática y peor teología

Así pues, a la luz de todo lo dicho con respecto al análisis gramatical del texto griego de Juan 1:1, la conclusión es obvia: la traducción «*y la Palabra era un dios*» no es más que una invención de los traductores de la versión *Nuevo Mundo*, y, además, como ya se ha demostrado, esta traducción de los «Testigos de Jehová» va contra todas las reglas de la gramática griega, por cuanto según las leyes gramaticales del idioma griego no solo resulta imposible dicha versión, sino que es antigramatical traducir «*y la Palabra era un dios*».

Teniendo en cuenta todos los antecedentes considerados, y sobre todo comparando Juan 1:1 con los correspondientes contextos escriturísticos, la traducción de los «Testigos» fuerza la sintaxis griega de una manera antinatural y, en consecuencia, no puede aceptarse bajo ningún concepto.

No debemos confundir los términos. Una cosa es la *exégesis* (leer lo que dice el texto). Otra cosa muy distinta, practicada por el comité de traducción de la versión *Nuevo Mundo*, que confiesa haber permitido que sus creencias religiosas influyeran en sus componentes al traducir su «Biblia», es la *«eiségesis»* (leer lo que uno desea que diga el texto).

El Logos en los Targums judíos

Sabemos ahora que la teología judaica de Palestina del primer siglo después de Cristo fue cosa más preciosa de lo que antes se suponía. El helenismo se casó con el judaísmo en Alejandría. Ya en Alejandría, había adoptado la doctrina estoica del Logos como Razón y Verbo, y la había usado abundantemente. La misma usanza había ocurrido, antes que él, en los libros del Antiguo Testamento, donde la personificación de la Sabiduría es común. Y puesto que la Sabiduría de Dios estaba ya personificada en los escritos sagrados de los judíos, no necesitamos sorprendernos de que Juan use el término «Logos». En Éfeso, donde probablemente el anciano apóstol escribió su Evangelio, la obra del filósofo griego Heráclito fue bien conocida. De ahí que Moffat aún sugiere que un estoico muy bien podría haber escrito: *«En el principio era el Logos, y el Logos era Dios»*.

Ciertamente nos permitimos pensar que Juan, muy alerta para aprovecharse del pensamiento de los eruditos de su día, se alegraba de usar esta terminología judaica-platónica-estoica: Logos, para ayudarse a exponer la naturaleza y misión de Jesús en el universo. Es «una forma intelectual» del mundo grecorromano, justamente como «Mesías» pertenecía al mundo judío; pero con esta diferencia: *de que la idea de Logos ya estaba aceptada también en el mundo judío.*

Es, sin embargo, muy difícil traducir «Logos» al español, a causa de la idea doble, en él, de Razón y Expresión. El poeta laureado Robert Bridges traduce estas palabras en su nuevo libro así: «En el principio era la mente». Y esto, por cierto, es posible. Pero lo que es imposible es derivar el Logos de Juan del de Filón, del de Platón o del de Heráclito, aunque, fuera de toda duda, rasgos de cada uno pueden hallarse en el uso de Juan, además del término dado a la Sabiduría en el libro de los Proverbios de Salomón.[5]

5. Véase *La Divinidad de Cristo en el Evangelio de Juan*, por A. T. Robertson. Casa Bautista de Publicaciones. El Paso, Texas (EEUU).

Por otra parte, es bien sabido que los judíos contemporáneos de Jesús ya no hablaban el hebreo, el lenguaje de las Sagradas Escrituras, sino el arameo. No obstante, en sus sinagogas, las Escrituras se leían siempre en el hebreo original; pero para que el pueblo pudiera comprenderlas se hicieron muchas traducciones al arameo. Estas traducciones se conocen bajo el nombre de *Targums*.

Ahora bien: los judíos observaban escrupulosamente el mandamiento de no tomar el nombre de Dios en vano y, en un maravilloso intento de evitar el mismo uso del nombre divino, lo sustituyeron por perífrasis muy reverentes, tales como: «el Señor», «el Bendito», «el Eterno» y otras expresiones similares que en la mayoría de los casos se reducían a la de *«el Logos»*. O sea, que se usaba libremente la palabra aramea *«Memra»* (*«Verbo»*) como una personificación de Dios y para referirse a Jehová. *"Memra"* = *"Palabra"*.

Esto es muy común en los Targums, y de esta manera leemos que nuestros primeros padres *«oyeron la voz del Logos que se paseaba en el huerto»* (Gn 3:8), y que Jacob tomó *«al Logos del Señor como su Dios»* (Gn 28:21). Así que, allí donde se usaban los Targums, el pueblo estaba acostumbrado a identificar el Logos de Dios con Jehová mismo. El tema central del Evangelio según San Juan es demostrar la divinidad del Mesías, y el apóstol, conocedor de la común costumbre de usar esta perífrasis escritural entre los judíos de su tiempo para designar a Jehová, la emplea en sus escritos para probar la deidad de Cristo y su eternidad.[6]

Además, por si esto fuera poco convincente, sabemos también que los judíos, especialmente los rabinos, sabían que el Mesías tenía que ser divino, y debido a esto la antigua sinagoga reconocía que Jehová era uno de los nombres del Mesías.[7]

Por lo tanto, la conclusión no puede ser más obvia y lógica: si a Jehová se le llamaba «el Verbo», y al Mesías se le aplicaba el nombre de Jehová, se evidencia claramente que ambos son un mismo Ser.

La Escritura no conoce dos dioses de categoría diferente

Todo lo hasta aquí expuesto está, pues, en perfecta armonía con nuestra exégesis de Juan 1:1. El Verbo era (y es) Dios mismo: Jehová. Y los siguientes contextos son una confirmación contundente de que el Verbo en modo alguno podía ser «un dios», como pretende inútilmente demostrar la secta de los «Testigos» con sus malabarismos atextuales y malévolas artimañas:

6. *El Evangelio según San Juan*, I. C. C., Edimburgo, año 1928, pág. 134, citado por Leon Morris en *El Señor del Cielo. Un estudio de la Deidad y Humanidad de Jesucristo.*

7. Biesenthal, cap. 7, citado por Warfield, pág. 102; Edersheim, I, pág. 178.

«*Ved ahora que yo, yo soy, y no hay dioses conmigo*» (Dt 32:39).

«*Mas yo soy Jehová tu Dios desde la tierra de Egipto; no conocerás, pues, otro dios fuera de mí, ni otro salvador sino a mí*» (Os 13:4).

«*Vosotros sois mis testigos, dice Jehová, y mi siervo que yo escogí, para que me conozcáis y creáis, y entendáis que yo mismo soy; antes de mí no fue formado dios, ni lo será después de mí. Yo, yo Jehová, y fuera de mí no hay quien salve*» (Is 43:10-11).

«*Así dice Jehová Rey de Israel, y su Redentor, Jehová de los ejércitos: "Yo soy el primero, y yo soy el postrero, y fuera de mí no hay Dios… No hay Dios sino yo. No hay Fuerte; no conozco ninguno"*» (Is 44:6 y 8).

Según la interpretación de los «russellistas», resulta que hay un Dios grande y un dios pequeño, el Todopoderoso, que es Jehová, y el Poderoso, que es Cristo; y, por consiguiente, el Dios grande creó al dios pequeño. ¡Absurdo y ridículo politeísmo! Pero ¿qué se infiere de estos textos que acabamos de citar? Pues que Jehová *nunca* creó otro dios y que no hay otro Salvador aparte de Él. Por lo tanto, el Verbo jamás podía ser *un* dios: TENÍA QUE SER DIOS MISMO.

ILUSTRACIÓN GRÁFICA
JUAN 1:1

ACCORDING TO JOHN

Obsérvese cómo en la traducción literal de Juan 1:1, hecha por la versión interlineal inglesa, no aparece la palabra «*a God*» («*un dios*»), que imprimen en la versión inglesa, amañada, de la columna lateral de la *Traducción del Nuevo Mundo*. (Véase pág. 37).

22	PRIMERA DECLINACIÓN

41. Omisión del artículo – El artículo se omite:

1. En el predicado nominal:

Ej.: Ἡ σοφία ἐστὶν ἀρχὴ τῆς εὐτυχίας

La sabiduría es (el) principio de la felicidad

2. En las máximas, sentencias y expresiones de carácter general:

Ej.: Ἀνθρώπου ψυχὴ τοῦ θείου μετέχει

(El) alma del hombre participa de la divinidad

Puede también omitirse al lado de *nombres propios* y de ciertos *nombres comunes* que designan seres únicos en su especie.

Ej.: Σωκράτης ο ὁ Σωκράτης,   *Sócrates*

Ἀθῆναι ο αἱ Ἀθῆναι,   *Atenas*

ἥλιος ο ὁ ἥλιος,   *el sol*

πόλις ο ἡ πόλις,   *la ciudad*, o sea, *Atenas*

βασιλεύς ο ὁ βασιλεύς,   *el rey (de Persia)*

96. Todos los ordinales y los cardinales desde 200 en adelante se declinan como adjetivos de tres terminaciones; los demás cardinales son indeclinables, excepto los cuatro primeros.

	Εἷς, μία, ἕν, *uno, una*			Δύο, *dos*
	Mascul.	**Femen.**	**Neutro**	**M. F. N**
Nom.	εἷς	μία	ἕν	δύο
Acus.	ἕνα	μίαν	ἕν	δύο
Gen.	ἑνός	μιᾶς	ἑνός	δυοῖν
Dat.	ἑνί	μιᾷ	ἑνί	δυοῖν

Demostración de que la ley gramatical autoriza la supresión del artículo en el predicado nominal, y de que en griego el adjetivo numeral cardinal puede desempeñar la función de artículo indefinido.

Reproducción de un folleto editado por los «Testigos de Jehová» en el cual reconocen que la partícula «un» no está en el original griego. El título de este folleto, publicado por la Watch Tower Bible and Tract Society of New York, Inc., es el mismo que aparece en la parte superior del grabado.

EN	APXH	HN	O	AOROC	KAI	O	AOROC
EN	ARKHEI	EN	HO	LOGOS.	KAI	HO	LOGOS.
EN	PRINCIPIO	ERA	LA	PALABRA,	Y	LA	PALABRA,

HN	HPOC	TON	O̅N̅	KAI	O̅C̅	HN	O	AOROC
EN	PROS	TON	THN	KAI	THN	EN	HO	LOGOS.
ERA	CON	EL	DIOS,	Y	DIOS,	ERA	LA	PALABRA,

OYTOC	HN	EN	APXH	HPOC	TON	O̅N̅
HOUTOS	EN	EN	ARKHEI	PROS	TON	THN.
ESTE	ERA	EN	PRINCIPIO	CON	EL	DIOS,

Nota: Los «Testigos», tratando de justificar la interpolación del artículo indefinido «un» en Juan 1:1, apelan al texto de Hechos 28:6, donde los habitantes de la isla de Malta dijeron de Pablo que «era un Dios» al ver cómo el apóstol quedó indemne de la mordedura de la víbora, y nuestras traducciones vierten el texto añadiendo la partícula «un». Pero este argumento pone de manifiesto la crasa ignorancia y el bajo nivel cultural de los «Testigos». Porque si se toman la molestia de consultar el original griego, podrán comprobar que aquí se trata de un caso muy distinto: gramaticalmente el sujeto precede al predicado, al revés de Juan 1:1, y esto ya lo cambia todo, porque aquí *«Theon»* no está en posición enfática como allí.

Además, quienes decían que Pablo «era un dios» eran los nativos, que por ser paganos creían en muchos dioses y, por tanto, era natural que pensaran que el apóstol era un dios. De ahí la necesidad, pues, de traducir correctamente «un dios» en este pasaje.

Por otra parte, obsérvese que dicha interpolación no altera el significado original del texto, sino que transmite fielmente su verdadero sentido, lo que no sucede con la traducción de Juan 1:1 en la versión *Nuevo Mundo*.

En torno al texto de Juan 1:1 ya se dijo que el tiempo imperfecto expresa no un pasado completo, sino un estado duradero y permanente, por lo que el vocablo «era» excluye de por sí cualquier período en que el Verbo no haya existido.

Ahora bien: como ampliación voy a transcribir lo que dicen dos autoridades de reconocido prestigio en el idioma griego: Walter Martin y Norman Klann:

«La construcción gramatical griega no deja lugar a dudas en la traducción de este texto. El sujeto de la oración es VERBO (Logos) y el verbo es ERA. No puede haber complemento directo después del verbo ERA, porque de acuerdo con el uso gramatical los verbos intransitivos no tienen complemento directo, sino predicado nominal, que hace referencia al sujeto, en este caso VERBO (Logos). Resulta claro, entonces, que no se necesita el artículo UN delante de Dios, y traducirlo "UN DIOS" sería gramática incorrecta y griego deficiente, porque DIOS es el predicado nominal del verbo ERA, en la tercera oración del versículo, y tiene que referirse forzosamente al sujeto, VERBO (Logos)» (*Jehovah of the Watchtower*, pág. 50).

III

Disminuyendo la persona de Jesucristo

Cristo es el todo y en todos.
Colosenses 3:11

Como la Biblia se muestra tan unánime en presentar a Cristo como Dios verdadero, desde las profecías mesiánicas del Antiguo Testamento hasta el Apocalipsis, los traductores de la *Biblia del Nuevo Mundo* muestran una verdadera manía en detectar cualquier pasaje sospechoso, apresurándose a modificar el texto para ajustarlo a su menguado concepto de la persona de nuestro Señor Jesucristo.

1. Reducen a Cristo a poco más que un hombre

Notemos dos detalles en el conocido salmo mesiánico 110. Todas las Biblias, en diversos idiomas, que hemos consultado, traducen: «*Tu pueblo, serálo de buena voluntad* (o se te ofrecerá voluntariamente) *en el día de tu poder*». Pero la Biblia del *Nuevo Mundo* dice:

«*Tu pueblo se ofrecerá de buena gana en el día de tu fuerza militar*».

Como si el poder del Mesías divino tuviera que depender de fuerzas militares humanas, cuando leemos que las armas serán suprimidas (Is 2:3), porque ya no serán necesarias, y los hombres «no se ensayarán más para la guerra».

En el v. 4 del mismo salmo traducen:

«*Jehová ha jurado, y no sentirá pesar, ¡Tú eres sacerdote hasta tiempo indefinido!*».

En todas las Biblias leemos: «Tú eres sacerdote para siempre». Pero los tristemente llamados «Testigos de Jehová», que no creen en la divinidad esencial de Cristo, hacen del Mesías una especie de gobernante y sacerdote condicional, cuyo cargo parece como si no se atrevieran a decir que será para siempre, sino por tiempo indefinido. Cual si dudaran de la misma lealtad de Jesucristo al Dios soberano. Pero la palabra es: «OLAM», que significa «eternidad», según nos informan autoridades en hebreo, de raza israelita.

2. Separan, contra toda regla gramatical, la persona de Dios de la de Cristo

«Aguardando la esperanza bienaventurada y la manifestación gloriosa de nuestro gran Dios y Salvador Jesucristo», leemos en Tito 2:13. Los llamados «Testigos de Jehová» traducen así este texto:

> «*Mientras aguardamos la feliz esperanza y la gloriosa manifestación del gran Dios y de nuestro Salvador Cristo Jesús*» (VNM).

Pero añadir «*de*» antes de «*Salvador*» es una interpolación ideada para alterar sustancialmente el sentido, pues las escrituras griegas afirman textualmente: «*tou megalou Theou kai Soteros emon Christou Iesou*»; es decir, exacta y fielmente: «*del gran Dios y Salvador*». El artículo no se repite delante de «*Salvador*».

«Simón Pedro, siervo y apóstol de Jesucristo, a los que habéis alcanzado, por la justicia de nuestro Dios y Salvador Jesucristo, una fe igualmente preciosa que la nuestra» (2 P 1:1).

La versión *Nuevo Mundo* traduce este versículo:

> «*Simón Pedro, esclavo y apóstol de Jesucristo, a los que han obtenido una fe, tenida en privilegio igual a la nuestra, por la justicia de nuestro Dios y del Salvador Jesucristo*».

Aquí vemos la misma alteración observada en Tito para separar también lo que va unido en el original. El texto griego dice así literalmente: «*tou Theou emon kai Soteros Iesou Christou*»: «*del Dios nuestro y Salvador Jesucristo*».

Por consiguiente, es más conforme a la gramática griega traducir: «*de nuestro Dios y Salvador Jesucristo*», pues el artículo tampoco es repetido aquí delante de «*Salvador*». Por otra parte, ¿por qué los traductores de la versión *Nuevo Mundo* no pusieron «*del*» entre corchetes, delante de la última cláusula, «*Salvador Jesucristo*», según exigía el respeto al texto griego literal, del que dicen querer hacer gala en su Prólogo de dicha traducción? (La misma falta de honradez notamos en el «*de*» de Tito).

Fórmulas semejantes se encuentran también en 2 Pedro 1:11; 2:20 y 3:18, que la versión *Nuevo Mundo* traduce correctamente: «el reino eterno de nuestro Señor y Salvador Jesucristo»; «un conocimiento exacto del Señor y Salvador Jesucristo»; «el conocimiento de nuestro Señor y Salvador Jesucristo». ¿Por qué, pues, si en estos tres casos tradujeron bien, no lo hicieron igual en el v. 1 del cap. 1 de esta misma carta de Pedro? Porque en estos últimos casos los dos títulos se refieren a Jesús y no le unen e identifican con Dios, como en los casos anteriores.

En cambio, en el texto original del primero se afirma con toda claridad la *identidad* de naturaleza de Dios y de Cristo cuando se lee según la traducción correcta del griego. El mismo caso se da en 2 Pedro 1:1, donde leemos *«Por la justicia de nuestro Dios y Salvador Jesucristo»*, y de nuevo los «Testigos» añaden un *«del»* que no existe en el original griego entre las palabras *«Dios y Salvador»*.

3. Suprimen la gloria de Cristo

El apóstol San Pablo escribe:

«En los cuales el dios de este siglo cegó el entendimiento de los incrédulos, para que no les resplandezca la luz del evangelio *de la gloria de Cristo*, el cual es la imagen de Dios» (2 Co 4:4).

Los «russellistas» no quieren que Cristo tenga gloria, y en su *Traducción del Nuevo Mundo* vierten este texto así:

«*Entre quienes el dios de este sistema de cosas ha cegado las mentes de los incrédulos, para que la iluminación* de las gloriosas buenas nuevas acerca del Cristo, *que es la imagen de Dios, no resplandezca a través (a ellos)*».

Pero el original griego dice: *«ton photismon tou euaggeliou tes doxes tou Christou»*: *«el resplandor del Evangelio de la gloria de Cristo»*.

Cristo mismo afirma su gloria al decir: «Ahora, pues, Padre, glorifícame tú al lado tuyo, con aquella gloria que tuve contigo antes que el mundo fuese... Padre, aquellos que me has dado, quiero que donde yo estoy, también ellos estén conmigo, para que vean mi gloria que me has dado» (Jn 17:5 y 24). También Sal.24:7-10 con 1 Cor.2:7-8.

4. Suprimen la adoración al Señor Jesucristo

«Y cuando entraron en la casa vieron al niñito con María su madre, y, cayendo, le rindieron homenaje» (Mt 2:11. VNM).

«Y cuando lo vieron le rindieron homenaje, *mas algunos dudaron»* (Mt 28:17. VNM).

«Entonces dijo él: "Pongo fe en él, Señor". Y le rindió homenaje» (Jn 9:38. VNM).

El apóstol Juan ratifica esta igualdad divina que hace que Dios y Cristo sean uno en esencia, cuando escribe: «Pero sabemos que el Hijo de Dios ha venido, y nos ha dado entendimiento para conocer al que es verdadero; y estamos en el verdadero, en su Hijo Jesucristo. *Este es el verdadero Dios, y la vida eterna*»: «*outos estin ho alethinos Theos kai zoe aionios*» (1 Jn 5:20).

Pero también los «russellistas» han tergiversado maliciosamente este texto al traducir:

> «*Pero nosotros sabemos que el Hijo de Dios ha venido, y nos ha dado capacidad intelectual para que adquiramos el conocimiento del verdadero. Y estamos en* unión con *el verdadero,* por medio de *su Hijo Jesucristo. Este es el Dios verdadero y vida eterna*» (VNM).

La expresión «*unión con*» es otra interpolación injustificada, tampoco señalada con los corchetes. Y la frase «*por medio de*» cambia el sentido exacto del texto original, porque la preposición griega «*en*» que aquí se usa, por el contexto, significa «*en*», y en consecuencia no es correcto darle el valor de «*dia*» («*por medio de*»).

Sin embargo, a pesar de todos sus errores y deficiencias, la *Traducción del Nuevo Mundo* termina aquí afirmando literalmente que Cristo es Dios: «*Este (Jesucristo) es el Dios verdadero y vida eterna*».[1]

En estos textos aparece la palabra «*prosekunesan*» o «*prosekunesen*», aplicada a Cristo, que la versión *Nuevo Mundo* ha vertido —deliberadamente— por «rendir homenaje», cuando el vocablo original griego significa primordialmente: «*adorar arrodillándose*», porque la expresión «*proskuneseis*», literalmente, tiene el sentido de indicar un encorvamiento del cuerpo.

En cambio, en Mateo 4:9 («*proskuneses*»), Lucas 4:8 («*proskuneseis*»), Juan 4:20 («*proskunein*»), aplicado a Dios, y Hebreos 1:6 («*proskunesatosan*»), aplicado a Cristo, se han traducido correctamente dichos términos por: «*adoración*», «*adorar*» y «*adoren*».

La razón de estos cambios malintencionados es obvia: los traductores de la versión *Nuevo Mundo* no quieren reconocer que Cristo recibe la misma clase de adoración que se tributa a Dios. Dios autoriza la adoración divina de Cristo. Por eso en Juan 5:23 leemos: «*Para que todos honren al Hijo como honran al Padre. El que no honra al Hijo no honra al Padre que le envió*».

---

1. La partícula griega «*outos*» es pronombre masculino y se refiere siempre al nombre más próximo, en este caso, Jesucristo. De haberse referido a Dios el Padre y no al Hijo, el escritor sagrado habría dicho «Aquel» y no «Este». En efecto: según D. Vicente Amat Ortega, el término «*outos*» es literalmente «Ese» y significa «lo que acabo de decir». En cambio, el vocablo para «Este» es «*ode*», que significa «lo que voy a decir ahora». De ahí que «*outos*», «Ese», en este texto se refiera a Jesucristo.

Lamentablemente, también aquí los «Testigos de Jehová» han alterado el sentido del texto, introduciendo una partícula que parece insignificante: «Para que todos honren al Hijo *así* como honran al Padre». Leído superficialmente se diría que el significado es idéntico; pero si se observa bien la traducción se verá que no dice lo mismo y notaremos en seguida la diferencia: la partícula «*así*», interpolada en la versión *Nuevo Mundo*, desvirtúa la identidad de adoración debida a ambas Personas.

5. No quieren que Cristo sea la fuente de la vida

«Por medio de *él (el Verbo) era vida, y la vida era la luz de los hombres*» (Jn 1:4. VNM).

El texto original griego dice: «*en auto zoé en*»: «*en Él estaba la vida*», o más literalmente: «*en Él (la) vida era*».

La primera palabra griega (*«en»*) significa aquí «*en*» o «*entre*»; pero no «por medio de», que no aparece en nuestro versículo. La expresión original indica, pues, que el Verbo no es un mero transmisor de la vida (como pretenden hacer creer los «Testigos» con su traducción), sino que la posee «*en*» Sí mismo.

La misma idea vemos en Juan 5:26: «*Porque como el Padre tiene vida en sí mismo, así también ha dado al Hijo el tener vida en sí mismo*». «*Yo soy la vida*», dice Cristo. «*Matasteis al Autor de la vida*», dijo Pedro. «*Cristo, vuestra vida*», escribió Pablo. Por lo tanto, Cristo es la fuente de la vida y Él es también quien la sustenta (Hb 1:3).[2]

6. Desvirtúan la identidad divina existente entre el Padre y el Hijo

«*De modo que la Palabra vino a ser carne y residió entre nosotros, y tuvimos una vista de su gloria, gloria como* la que pertenece a un hijo *unigénito de parte de un padre; y estaba lleno de* bondad inmerecida *y verdad*» (Jn 1:14. VNM).

Las frases que hemos impreso en letra redonda no se hallan en el texto original griego; son interpolaciones para modificar el verdadero sentido.

---

2. Donde Pedro dice: «Matasteis al *Autor* de la vida», en Hechos 3:15, la versión *Nuevo Mundo* traduce: «Mataron al *Agente Principal* de la vida», para convertir la causa originadora en un instrumento subordinado. Pero el texto griego dice: «ton de *Arkhegon* tes zoes apekteinate». Y el término «*Arkhegon*» significa: jefe, fundador, dueño, causante, autor.

El versículo debe decir textualmente: «*Y aquel Verbo fue hecho carne, y habitó entre nosotros (y vimos su gloria, gloria como de unigénito de Padre), lleno de gracia y de verdad*».

Asimismo, la versión *Nuevo Mundo* vierte Juan 7:29 así:

«*Yo lo conozco porque soy* representante *de parte de él, y Aquel me envió*».

Aquí los traductores han interpolado la palabra «*representante*» con objeto de implicar subordinación personal de Cristo con respecto al Padre.

Sin embargo, el texto griego original dice exactamente: «*Yo conozco a Él, porque de junto a Él soy y Aquel me envió*». Es decir: en este versículo se afirma claramente la identidad divina existente entre el Padre y el Hijo.

Mencionemos ahora otros tres versículos más que la versión *Nuevo Mundo* traduce igualmente mal para disminuir la fuerza del original griego, que claramente revela también la perfecta identidad del Hijo con el Padre: Juan 10:38 y 14:10-11.

«*Pero si las hago (las obras), aun cuando no me crean a mí, crean las obras, a fin de que lleguen a saber y continúen sabiendo que el Padre está en* unión con*migo y yo estoy en* unión con *el Padre*».

«*¿No crees que yo estoy en* unión con *el Padre y el Padre está en* unión con*migo? Las cosas que les digo a ustedes no las hablo de por mí; sino que el Padre que permanece en* unión con*migo está haciendo sus obras*».

«*Créanme que yo estoy en* unión con *el Padre y el Padre está en* unión con*migo*».

La traducción del *Nuevo Mundo* ha interpolado «*unión con*», que no se halla en los textos griegos. Literalmente, el griego original dice: «*en emoi ho Pater kago en to Patri*»: «*en mí el Padre y yo en el Padre*» (Jn 10:38); «*ego en to Patri kai ho Pater en emoi*»: «*yo en el Padre y el Padre en mí*» (Jn 14:11).

Veamos otro botón de muestra:

«*Presten atención a ustedes mismos y a todo el rebaño, entre el cual el espíritu santo los ha nombrado superintendentes para pastorear la congregación de Dios, que él compró con la sangre del (Hijo) suyo*» (Hch 20:28. VNM).

Aquí los traductores de la versión *Nuevo Mundo* han hecho varios arreglos. Han escrito «espíritu santo» en minúscula; han sustituido la palabra griega «*episkopous*», «*obispos*», por el término «superintendentes»; han cambiado el vocablo «*ekklesian*», «*iglesia*», por la expresión «congregación». Y, finalmente, han añadido la interpolación «Hijo», encerrando esta vez la inserción entre corchetes; pero, lejos de complementar el sentido del texto para una mejor comprensión del mismo, modifica totalmente el significado del original, porque el griego dice: «*tou aimatos tou idiou*», es decir, exactamente: «*de la sangre (la) propia*», haciendo alusión a Dios.

Ahora bien: Dios es Espíritu, y como un espíritu carece de sangre, es evidente que el texto únicamente puede referirse a Cristo, el cual, al ser Dios hecho Hombre, tuvo sangre humana en virtud de su encarnación.

7. Niegan que Cristo sea Dios bendito sobre todas las cosas

Los «Testigos de Jehová» vierten Romanos 9:5 así:

«*a quienes pertenecen los antepasados y de quienes (provino) Cristo según la carne: Dios, que está sobre todos (sea) bendito para siempre. Amén*».

Con la interpolación «sea», que no se encuentra en el griego, se cambia por completo el sentido del original, que dice «*ho on*», y es participio del verbo *ser*, que, como ya sabemos, significa: «*el que es*» o «*el siendo*», expresión que aquí aplica a Cristo la divinidad.

Amañando de este modo el texto con sutileza diabólica, los «russellistas» pretenden que el versículo diga una cosa muy diferente y aun contraria de lo que afirma el griego. De esta manera, pues, la traducción del *Nuevo Mundo* consigue transformar el atributo de Cristo en una oración exclamativa, independiente del texto, con objeto de que, al anular así la relación atributo-sujeto, que aparece claramente en el griego entre Dios y Cristo, el lector no atribuya a Cristo la deidad que el original le confiere.

El texto griego dice: «*ho on epi panton Theos eulogetos eis tous aionas, amen*»: «*el siendo, sobre todas (las cosas), Dios bendito por los siglos, amén*».

Asimismo, nuestros textos recibidos están de acuerdo con el griego del *The Emphatic Diaglott*, en cuyo original de Romanos 9:5 también se afirma que *Cristo es Dios digno de alabanza*.

8. Sustituyen el nombre «Señor» por «Jehová» para despojar a Cristo de su Señorío

La palabra griega «*Kurios*», «*Señor*» (que en hebreo es «*Adonai*»), se usa en el Nuevo Testamento para referirse a la Deidad, sea hablando del Padre, del Hijo o del Espíritu Santo; aunque, preferentemente, se aplica a Cristo.

«*Adonai*», literalmente es en hebreo «Mis Señor»; de «*Adon*», «Señor», y «*ai*», «Mis». Y aunque se traduce o pronuncia en singular, esta expresión significa «Mis Señores». El detalle no deja de ser curioso, porque si bien es verdad que algunos ven aquí un plural de plenitud, fuerza y poder, o un plural de intensidad semítico para recalcar enfáticamente la idea trascendental de la Divinidad como quien encierra en sí la plenitud del ser y de todos los atributos, también es cierto que, al parecer, se trata de un plural que incluye la trinidad de Personas divinas, pues el plural de majestad era desconocido entre los hebreos y solo fue transmitido más tarde como propio de los reyes persas y griegos.

«*Kurios*» es un adjetivo que significa *tener poder* o *autoridad*, y es usado como nombre. También tiene el sentido de *dueño*. En Lucas 19:33-34, por ejemplo, se habla de los dueños del pollino y del Dueño: en griego «*kurioi*» y «*Kurios*».

En Lucas 8:39 leemos: «"Vuélvete a tu casa, y cuenta cuán grandes cosas *ha hecho Dios* contigo". Y él se fue, publicando por toda la ciudad cuán grandes cosas *había hecho Jesús* con él».

En este pasaje, Cristo asume el título de Señor (Dios) según el contenido del Antiguo Testamento. Véase también el Salmo 66:16. Ambos pasajes son paralelos.

Este pasaje lo traducen los testigos correctamente porque pueden darle explicación de que Dios hacía los milagros por medio de Jesús, no que Jesús fuese Dios.

Ahora bien, en los 14 primeros versículos del capítulo 14 de la Epístola a los Romanos, en los textos originales aparece 11 veces el vocablo «*kurios*», «*Señor*», aplicado a Cristo. El v. 9 nos da la clave de todo el contexto. Y también en el v. 14.

Pero está más que demostrado que los «Testigos de Jehová» son expertos en falsificaciones bíblicas; porque los traductores de la versión *Nuevo Mundo* han sustituido aquí ocho veces el término «*Kurios*» por el nombre «Jehová». (El lector puede hacer de por sí la debida comprobación). Es un artificio satánico para despojar a Cristo de su Señorío, ya que en los Evangelios los apóstoles llamaban constantemente Señor a Jesús, y no les conviene que el mismo título se encuentre aplicado instintivamente a Dios y a Jesucristo.

Sin embargo, ¿por qué los «russellistas» han vertido correctamente el último versículo? Veamos lo que dice el texto: «Yo sé y estoy persuadido en el *Señor* Jesús de que nada de sí mismo es contaminado» (Rm 14:14. VNM).

¿Qué habría dicho este versículo si los «Testigos» hubieran prolongado hasta aquí su táctica de sustituciones? «Yo sé y estoy persuadido en el

Jehová Jesús de que nada de sí mismo es contaminado». (Y esto de ningún modo les convenía).

Comparemos ahora Romanos 10:9 y 13. «Porque todo el que invoque el nombre de *Jehová* será salvo» (v. 13. VNM). El texto griego dice «*Kuriou*», «*Señor*». Tal vez esta traducción pudiera justificarse alegando que se trata de una cita del Antiguo Testamento, Joel 2:32, y allí, en efecto, aparece el nombre de Jehová en el original hebreo.

Pero, en cambio, la *Traducción del Nuevo Mundo* vierte el v. 9 así: «Porque si declaras públicamente aquella palabra en tu propia boca, que Jesús es *Señor*, y ejerces fe en tu corazón en que Dios lo levantó de entre los muertos, serás salvado».

El griego pone, efectivamente, «*Kurion*», «*Señor*». ¿Por qué aquí los «Testigos» han respetado el original? La razón es obvia: para eludir el compromiso de verse obligados a traducir: «Porque si declaras públicamente aquella palabra en tu propia boca, que Jesús es *Jehová*...».

Además, salta a la vista, según estos textos, que si para salvarse hay que invocar el nombre del Señor, título reverente que los escritores sagrados confieren a Jehová, y luego vemos que ese Señor resulta ser también Jesús, por cuanto el mismo título divino le es aplicado igualmente a Él, ¿no equivale esto a reconocer claramente que ambos son iguales, puesto que de otro modo no podrían compartir idénticos atributos, exclusivos de la Deidad?

El apóstol Pablo enfáticamente nos dice:

«Por tanto, os hago saber que nadie que hable por el Espíritu de Dios llama anatema a Jesús; y nadie puede llamar a Jesús *Señor*, sino por el Espíritu Santo» (1 Co 12:3). Y afirma también en Efesios 4:5 que tenemos un solo Señor. ¿Por qué, pues, los russellistas le niegan ese título? El que no honra al Hijo no honra al Padre —nos dice Jesucristo mismo (Jn 5:23)—. ¿Por qué? Porque Él conocía y sabía mejor que los russellistas la profunda identificación entre ambas personas divinas en el seno de la divinidad única y esencial, ello es lo que le hace exclamar: «*Yo y el Padre una cosa somos*» (Jn 10:30). Literalmente: "Yo y el Padre un somos".

9. Hacen del Creador una cosa creada

Un cúmulo de interpolaciones en cadena se ha introducido en el primer capítulo de la Epístola a los Colosenses para negar la divinidad de Jesucristo. Es verdad que aquí los traductores de la versión *Nuevo Mundo* han colocado las palabras añadidas entre corchetes. Pero dichas interpolaciones tienen como finalidad cambiar el sentido del original:

«Porque por medio de *él todas* (las otras) *cosas fueron creadas en los cielos y sobre la tierra, las cosas visibles y las cosas invisibles, no importa que sean tronos, o señoríos, o gobiernos, o autoridades. Todas* (las otras) *cosas han sido creadas mediante él y para él»* (Col 1:16. VNM).

Según esta traducción, Cristo no sería Dios, porque lo consideran una cosa creada con anterioridad a *«(las otras)»* cosas. Pero estas dos palabras, «las otras», no se hallan en el texto original griego. Esta expresión se encuentra intercalada cinco veces hasta el v. 20 y está en abierta contradicción con Juan 1:3, 1 Corintios 8:6 y Hebreos 2:10.

Con razón San Agustín ya argumentaba en su *Tratado I sobre Juan* de esta manera: «Si el Verbo de Dios fue creado, ya no fueron creadas por Él *todas* las cosas. Y si otro Verbo, no creado, lo creó, este es el Verbo de Dios que se encarnó».

Pero el manifiesto propósito de los «Testigos de Jehová» de tergiversar la Palabra de Dios según su conveniencia llega al colmo cuando en su libro *¿Qué ha hecho la religión para la Humanidad?* transcriben estos mismos textos sin separar con corchetes las palabras añadidas, para hacer así creer al confiado lector que se trata de una traducción directa y exacta de la Sagrada Escritura auténtica.

Por otra parte, sabemos que en Lógica y en Matemáticas hay un principio indiscutible que «si dos cosas son iguales a una tercera, son iguales entre sí». Es decir: si A es igual a 5 y B es también igual a 5, significa que A y B son iguales entre sí, aunque estas letras en su forma exterior sean aparentemente diferentes.

Trasladando este principio lógico-matemático a lo espiritual, comparemos Isaías 44:24 y Apocalipsis 4:11 con Juan 1:3 y Colosenses 1:16. Y tendremos que si, según la Biblia, *Jehová creó todas las cosas y el Verbo también creó todas las cosas,* matemáticamente significa, sin discusión alguna, que *JEHOVÁ Y EL VERBO SON IGUALES EN EL ACTO DIVINO CREADOR.* Isaías 43:10-11; 44:6; 45:5, 12, 18, 21-22 y 48-13.

Asimismo, de acuerdo con Juan 1:3, notemos que nada fue creado sin que Cristo lo hiciera. Por lo tanto, Cristo no pudo haber sido creado porque Él creó todo lo creado, sin excepción de ninguna cosa.

ILUSTRACIÓN GRÁFICA
ROMANOS 9:5

ROMANS 9:5-11

καὶ ἡ δόξα καὶ αἱ διαθῆκαι καὶ ἡ

and the glory and the covenants and the

νομοθεσία καὶ ἡ λατρεία καὶ αἱ

placing of law and the sacred service and the

ἐπαγγελίαι, **5** ὧν οἱ πατέρες, καὶ ἐξ

promises, of whom the fathers, and out of

ὧν ὁ χριστὸς τὸ κατὰ

whom the Christ the (thing) according to

σάρκα, ὁ ὢν ἐπὶ πάντων, θεὸς

flesh, the (one) being upon all (things), God

εὐλογητὸς εἰς τοὺς αἰῶνας; ἀμήν.

blessed (one) into the ages; amen.

6 Οὐχ οἷον δὲ ὅτι

Not (thing) of what sort but that

ἐκπέπτωκεν ὁ λόγος τοῦ θεοῦ. οὐ γὰρ

has fallen out the word of the God. Not for

πάντες οἱ ἐξ Ἰσραήλ, οὗτοι

all the (ones) out of Israel, these (ones)

718

and the glory and the covenants and the giving of the Law and the sacred service and the promises; 5 to whom the forefathers belong and from whom Christ [sprang] according to the flesh: God,[a] who is over all, [be] blessed forever. Amen.

6 However, it is not as though the word of God had failed. For not all who [spring] from Israel are really "Israel". 7 Neither because they are Abra

---

Obsérvese cómo la palabra *«be»*, «sea», que cambia todo el sentido del texto en Romanos 9:5, no se halla en el original griego; pero los «Testigos de Jehová» lo introducen entre vírgulas, tanto en su biblia inglesa como en su traducción española del *Nuevo Mundo*.

1 JUAN 5:20-21

20 οἴδαμεν δὲ ὅτι ὁ υἱὸς τοῦ θεοῦ
We have know but that the Son of the God

ἥκει, καὶ δέδωκεν ἡμῖν διάνοιαν
is come, and he has given to us mental perception

ἵνα γινώσκομεν τὸν ἀληθινόν
in order that we are knowing the true (one):

καὶ ἐσμεν ἐν τῷ ἀληθινῷ, ἐν τῷ υἱῷ αὐτοῦ
and we are in the true (one), in the Son of him

Ἰησοῦ Χριστῷ. οὗτός ἐστιν ὁ ἀληθινὸς
to Jesus Christ. This (one) is the true

θεὸς καὶ ζωὴ αἰώνιος. **21** Τεκνία,
God and life everlasting. Little children,

φυλάξατε ἑαυτὰ ἀπὸ τῶν εἰδώλων.
guard you selves from the idols.

the Son of God has come, and he has given us intellectual capacity that we may gain the knowledge of the true one. And we are in union with the true one, by means of his Son Jesus Christ. This is the true God and life everlasting. **21** Little children, guard yourselves from idols.

De nuevo tenemos que significar que aun cuando la traducción interlineal de este pasaje es correcta, hallamos, en la versión al margen, varias palabras añadidas que dan la impresión de que el verdadero Dios y la vida eterna no es Jesucristo, y son las palabras «estamos en unión», «por medio de». Una verdad que no negamos, pero que puesta aquí, en medio de un texto que no la contiene específicamente, da la impresión de que el verdadero Dios no es Jesucristo, sino que por medio de Él estamos en unión con el verdadero Dios. Pero el texto griego dice: «*outos*», «*este* (Jesucristo) es el verdadero Dios».

HECHOS 20:28-29

643	ACTS 20: 28-35
28 προσέχετε ἑαυτοῖς καὶ παντὶ	**28** Pay attention to
Be you paying attention to selves and to all	yourselves and to
τῷ ποιμνίῳ, ἐν ᾧ ὑμᾶς τὸ πνεῦμα τὸ	all the flock, among
the flock, in which you the spirit the	which the holy spirit
ἅγιον ἔθετο ἐπισκόπους, ποιμαίνειν τὴν	has appointed you
holy put overseers, to be shepherding the	overseers, to shep-
ἐκκλησίαν τοῦ θεοῦ, ἣν περιεποιήσατο	herd the congrega-
ecclesia of the God, which he reserved for self	tion of God, which
διὰ τοῦ αἵματος τοῦ ἰδίου. **29** ἐγὼ	he purchased with
through the blood of the own (one). I	the blood of his own
	[Son].[a] **29** I

Nótese cómo la palabra «*Son*» («hijo») que los traductores russellistas añaden entre vírgulas al texto no aparece en el original griego, ni en su traducción literal.

JUAN 14:9-11

9 λέγει   αὐτῷ ὁ Ἰησοῦς Τοσοῦτον χρόνον
Is saying to him the Jesus So much   time

μεθ᾽ ὑμῶν εἰμὶ καὶ οὐκ ἔγνωκάς   με,
with YOU I am and not YOU have known me,

Φίλιππε; ὁ   ἑωρακὼς ἐμὲ ἑώρακεν τὸν
Philip? The (one) having seen me has seen the

πατέρα· πῶς σὺ λέγεις Δεῖξον ἡμῖν τὸν
Father; how you are saying Show to us the

πατέρα; **10** οὐ πιστεύεις   ὅτι ἐγὼ ἐν
Father?   Not you are believing that I   in

τῷ πατρὶ καὶ ὁ πατὴρ ἐν ἐμοί ἐστιν; τὰ
the Father and the Father in me is? The

ῥήματα ἃ ἐγὼ λέγω   ὑμῖν ἀπ᾽
sayings which I am saying to YOU from

ἐμαυτοῦ οὐ λαλῶ· ὁ δὲ πατὴρ ἐν
myself not I am speaking: the but Father in

ἐμοὶ μένων ποιεῖ τὰ ἔργα αὐτοῦ.
me remaining is doing the Works of him.

11 πιστεύετέ   μοι ὅτι ἐγὼ ἐν τῷ πατρὶ
Be you believing to me that I in the Father

καὶ ὁ πατὴρ ἐν ἐμοί· εἰ δὲ μή, διὰ τὰ
and the Father in me; if but not, through the

ἔργα αὐτὰ πιστεύετε. **12** Ἀμὴν ἀμὴν
works them be YOU believing. Amen amen

YOU men so long a time, and yet. Philip, you have not come to know me? He that has seen me has seen the Father [also]. How is it you say "Show us the Father"? **10** Do you not believe that I am in union with the Father and the Father is in union with me? The things I say to YOU men I do not speak of my own originality; but the Father who remains in union with me is doing his works. **11** Belive me that I am in union with the Father and the Father is in union with me: otherwise, believe on account of the works themselves. **12** Most truly I say to YOU. He

Obsérvese cómo los traductores russellistas añaden las palabras «en unión de», cuando el texto original dice clara y simplemente: «Yo en el Padre y el Padre en Mí».

Nótese asimismo la palabra inglesa *also* («también»), que no está en el original, pero que la introducen los traductores russellistas para borrar la clara impresión que dan las enfáticas palabras de Jesús de ser una sola cosa con el Padre.

JUAN 10:38

γινώσκητε		ὅτι	ἐν	ἐμοὶ	ὁ	πατὴρ	tine knowing that the Father is in un-
you may be knowing		that	in	me	the	Father	ion with me and I
κἀγὼ	ἐν	τῷ	πατρί.	**39**		Ἐζήτουν	am in union with the Father." **39**
and I	in	the	Father.			They were seeking	Therefore they tried
οὖν	αὐτὸν	πάλιν	πιάσαι·		καὶ		again to seize him;
therefore	him	again	to get hold of;		and		but he got out of
ἐξῆλθεν	ἐκ	τῆς	χειρὸς	αὐτῶν.			their reach.
he went forth	out of	the	hand	of them.			

El texto griego y la traducción inglesa literal, interlineada, dicen: «That in me the Father and I in the Father» («Que en mí el Padre y Yo en el Padre»). La palabra *estoy* no se halla en el original, pero es claramente sobre-entendida. Sin embargo, los traductores russellistas añaden la frase «en unión con», que no está en el texto, para evitar la idea de una relación superior intrínseca entre Cristo y el Padre que denota divinidad esencial. Cualquier ser creado puede estar «en el Padre». Y esto es cabalmente lo que expresa el texto.

ROMANOS 14:6-9

735

6 ὁ   φρονῶν   τὴν   ἡμέραν   κυρίῳ
the (one)   minding   the   day   to Lord

φρονεῖ.   καὶ   ὁ   ἐσθίων   κυρίῳ
he is minding.   And   the (one)   eating   to Lord

ἐσθίει,   εὐχαριστεῖ   γὰρ   τῷ   θεῷ.
he is eating,   he is giving thanks   for   to the   God.

καὶ   ὁ   μὴ   ἐσθίων   κυρίῳ   οὐκ   ἐσθίει,
And   the (one)   not   eating   to Lord   not   he is eating,

καὶ   εὐχαριστεῖ   τῷ   θεῷ.   **7** Οὐδεὶς
and   he is giving thanks   to the   God.   No one

γὰρ   ἡμῶν   ἑαυτῷ   ζῇ,   καὶ   οὐδεὶς
for   of us   to himself   is living,   and   no one

ἑαυτῷ   ἀποθνήσκει·   **8** ἐάν   τε   γὰρ
to himself   is dying;   if ever   and   for

ζῶμεν,   τῷ   κυρίῳ   ζῶμεν,
we may be living,   to the   Lord   we are living,

ἐάν   τε   ἀποθνήσκωμεν,   τῷ   κυρίῳ
if ever   and   we may be dying,   to the   Lord

ἀποθνήσκομεν.   ἐάν   τε   οὖν
we are dying.   If ever   and   therefore

ζῶμεν   ἐάν   τε   ἀποθνήσκωμεν,
we may be living   if ever   and   we may be diying,

6 He who observes the day observes it to Jehovah.[a] Also, he who eats, eats to Jehovah,[a] for he gives thanks to God; and he who does not eat does not eat to Jehovah,[b] and yet gives thanks to God. **7** None of us, in fact, lives with regard to himself only, and no one dies with regard to himself only; **8** for both if we live, we live to Jehovah,[c] and if we die, we die to Jehovah.[c] Therefore both if we live and if we die,

τοῦ	κυρίου	ἐσμέν.	**9**	εἰς	τοῦτο	γὰρ		we	belong	to
of the	Lord	we are.		Into	this	for		Jehovah.°	**9**	For

Χριστὸς ἀπέθανεν καὶ ἔζησεν ἵνα καὶ

Christ died and he lived in order that and

to this end Christ died and came to life again, that he might be Lord over

νεκρῶν καὶ ζώντων κυριεύσῃ.

of dead (ones) and of living (ones) he migth be lord.

both the dead and the living.

En este trozo de la carta a los Romanos, la palabra griega *«Kurios»* (*Lord*-Señor) aparece repetidamente, con evidente referencia a Jesucristo, como lo demuestra el v. 9, donde se dice que él murió y resucitó para ser Señor de los vivos y de los muertos. Sin embargo, la palabra *«Señor»* es sustituida en la columna al margen por la palabra «Jehová». Da lo mismo para nosotros, que consideramos a Cristo como esencialmente divino, pero no para los «Testigos», que, por tener otro concepto de Cristo, al traducir este pasaje apartándose del texto original, muestran un marcado interés en disminuir el señorío de Cristo.

COLOSENSES 1:15-20

COLOSSIANS 1:16-21

εἰκὼν τοῦ θεοῦ τοῦ ἀοράτου, πρωτότοκος
image of the God the invisible, firstborn

πάσης κτίσεως, **16** ὅτι ἐν αὐτῷ
of all creation, because in him

ἐκτίσθη τὰ πάντα ἐν τοῖς οὐρανοῖς
it was created the all (things) in the heavens

καὶ ἐπὶ τῆς γῆς, τὰ ὁρατὰ καὶ
and upon the earth, the (things) visible and

τὰ ἀόρατα, εἴτε θρόνοι εἴτε
the (things) invisible, whether thrones or

κυριότητες εἴτε ἀρχαὶ εἴτε ἐξουσίαι·
lordships or governments or authorities;

τὰ πάντα δι᾽ αὐτοῦ καὶ εἰς αὐτὸν
the all (things) throug him and into him

ἔκτισται· **17** καὶ αὐτός ἐστιν πρὸ
it has been created; and he is before

πάντων καὶ τὰ πάντα ἐν αὐτῷ
all (things) and the all (things) in him

συνέστηκεν. **18** καὶ αὐτός ἐστιν ἡ
it has stood together, and he is the

κεφαλὴ τοῦ σώματος, τῆς ἐκκλησίας·
head of the body, of the ecclesia;

896

the image of the invisible God, the firstborn of all creation; **16** because by means of him all [other] things were created in the heavens and upon the earth, the things visible and the things invisible, no matter whether they are thrones or lordships or governments or authorities. All [other] things have been created through him and for him. **17** Also, he is before all [other] things and by means of him all [other] things were made to exist, **18** and he is the head of the body, the congregation.

ὅς ἐστιν ἡ ἀρχή, πρωτότοκος ἐκ
who is the beginning, firstborn out of

τῶν νεκρῶν, ἵνα γένηται ἐν
the dead (ones), in order that might become in

πᾶσιν αὐτὸς πρωτεύων,
all (things) he holding the first place,

19 ὅτι ἐν αὐτῷ εὐδόκησεν πᾶν τὸ
because in him he thought well all the

πλήρωμα κατοικῆσαι **20** καὶ δι᾽ αὐτοῦ
fullness to dwell down and through him

ἀποκαταλλάξαι τὰ πάντα εἰς αὐτόν,

He is the beginning, the firstborn from the dead, that he might become the one who is first in all things; **19** because [God] saw good for all fullness to dwell in him, **20** and through

Obsérvese cómo en este significativo pasaje, que nos habla de la primacía y plena divinidad de Cristo, los traductores russellistas han añadido por tres veces la palabra «*other*» («otras») a la simple palabra griega «*panta*» («todas las cosas») para dar la impresión de que el Verbo de Dios fue creado, como todas las otras cosas. Totalmente al revés de lo que indica el texto original.

TITO 2:13

11 Ἐπεφάνη γὰρ ἡ
Was made to appear for the

χάρις τοῦ θεοῦ σωτήριος πᾶσιν
undeserved kindness of the God [it] saving to all

ἀνθρώποις, **12** παιδεύουσα ἡμᾶς, ἵνα
men, [it] instructing us, in order that

ἀρνησάμενοι τὴν ἀσέβειαν καὶ τὰς κοσμικὰς
having denied the irreverence and the worldly

ἐπιθυμίας σωφρόνως καὶ δικαίως
desires with soundness of mind and righteously

καὶ εὐσεβῶς ζήσωμεν ἐν τῷ νῦν
and well-reveringly we should live in the now

αἰῶνι, **13** προσδεχόμενοι τὴν μακαρίαν ἐλπίδα
age, awaiting the happy hope

καὶ ἐπιφάνειαν τῆς δόξης τοῦ μεγάλου
and manifestation of the glory of the great

θεοῦ καὶ σωτῆρος ἡμῶν Χριστοῦ Ἰησοῦ,
God and of Savior of us of Christ Jesus,

14 ὃς ἔδωκεν ἑαυτὸν ὑπὲρ ἡμῶν ἵνα
who gave himself over us in order that

λυτρώσηται ἡμᾶς ἀπὸ πάσης
he might loose by ransom us from all

ἀνομίας καὶ καθαρίσῃ ἑαυτῷ
lawlessness and he might cleanse to himself

vation to all sorts of men has been manifested, **12** instructing us to repudiate ungodliness and worldly desires and to live with soundness of mind and righteousness and godly devotion[a] amid this present system of things, **13** while we wait for the happy hope and glorious manifestation of the great God and of [the] Savior of us, Christ Jesus,[a] **14** who gave himself for us that he might deliver us from every sort of lawlessness and cleanse for himself a people

13ª The margin of the Westcott-Hort Greek text renders this: "manifestation of our great God and Savior, Jesus Christ". However, see Titus 1:4 and 2 Peter 1:1. Also see Appendix under Titus 2:13.

Obsérvese cómo el artículo *«The»* («el») que ponen los traductores russellistas con vírgulas entre las palabras «Dios» y «Salvador» no está en el original, donde leemos las palabras escuetas: *«tis doxis tou megalou Theou kai soteros emon Xriston Jesou»* (lit. «la gloria del gran Dios y Salvador nuestro Cristo Jesús»). Véase también en la nota cómo los propios «Testigos de Jehová» confiesan que el texto marginal de Westcott-Hort traduce: «manifestación de nuestro gran Dios y Salvador».

Más textos falsificados

Descubrimos nuevas sutilezas tendenciosas para alterar el sentido original de otros pasajes, lo cual pone de manifiesto una vez más el espíritu diabólico de los sectarios de Brooklyn.

a) «Antes de mí no fue formado Dios, ni lo será después de mí» (Is 43:10). Pero los «Testigos» traducen: *«Antes de mí no fue formado Dios alguno, y después de mí continuó sin que lo hubiese».*

Al suprimir el énfasis a la frase «ni lo será», dejan una puerta abierta y tienen así terreno abonado para más tarde preparar la creación de «un dios».

b) «¿Cuánto más la sangre de Cristo, el cual mediante el Espíritu eterno se ofreció a sí mismo sin mancha a Dios…» (Hb 9:14). La versión *Nuevo Mundo* vierte: *«¿Cuánto más la sangre de Cristo, que por un espíritu eterno se ofreció a sí mismo sin tacha a Dios…».*

El texto griego dice: *«os dia pneumatos aioniou»*: *«quien por espíritu de las edades (eterno)»*, y como todo el énfasis recae sobre la palabra «espíritu», que por referirse al Espíritu de Dios tiene personalidad y eternidad divina —el Espíritu Santo—, de ahí que lo correcto desde el punto de vista gramatical es traducir dicho término anteponiéndole legalmente el artículo «el», a fin de transcribir fielmente el énfasis del original. El artículo indeterminado «un» borraría este énfasis.

c) «Pero anhelaban una mejor (patria), esto es, celestial» (Hb 11:16). Brooklyn traduce: *«Pero ahora están haciendo esfuerzos para obtener un (lugar) mejor, es decir, uno que pertenece al cielo».*

Pero el griego dice: *«Nun de kreittonos oregontai tout estin epouraniou»*. Y el vocablo *«oregontai»* nada tiene que ver con la idea de obrar o esforzarse, sino que, literalmente, expresa el sentido de: «deseaban», «anhelaban», «aspiraban», «suspiraban», «inquirían» (indicando la dirección que llevan sus deseos), o «aspiraban con vehemencia».

d) «*Escudriñando qué persona y qué tiempo indicaba el Espíritu de Cristo que estaba en ellos (los profetas)...*» (1 P 1:11). La organización de los «Testigos» tiene la desfachatez de traducir: «*Siguieron investigando qué época en particular o qué suerte de (época) indicaba respecto de Cristo el espíritu que había en ellos...*».

Y el texto griego de Westcott y Hort dice literalmente: «*Eraunontes eis tina he poion kairon edelou to en autois pneuma Christou*», o sea, «*que en ellos (los profetas) estaba el Espíritu de Cristo*». La diferencia es notable, porque en el griego original es un hecho la preexistencia del Espíritu de Cristo en tiempos del Antiguo Testamento; sin embargo, en la «biblia» confeccionada por Brooklyn este matiz ha desaparecido del texto.

¿No es una vergüenza que circule por el mundo una «biblia» que ha sido tan descaradamente falsificada? ¿No merece la «Sociedad del *Nuevo Mundo* de los Testigos de Jehová» ser llevada a los tribunales de justicia, sentarla en el banquillo de los acusados y ser en verdad procesada por el delito de haber adulterado premeditada y alevosamente nada menos que la misma Palabra de Dios?

e) En Isaías 65:16 leemos: «*El que se bendijere en la tierra, en el Dios de verdad se bendecirá; y el que jurare en la tierra, por el Dios de verdad jurará*». La expresión «Dios de verdad» es, en el texto hebreo, «*Jehová-Elohe*»: «*Jehová-Amén*», es decir, firme, fiel, veraz, garante divino de lo que es verdadero. Precisamente el nombre sagrado de Dios, «*Elohim*», está formado de «*El*», «poder», o «el que es poderoso», y «*Alah*», que significa «jurar», «comprometerse a sí mismo por medio de un voto», e implica, por lo tanto, la idea de fidelidad. De ahí Jehová-Elohe, Jehová-Amén. Y una vez más, como siempre, un nombre exclusivo de Jehová es aplicado también con toda verdad a Jesús: «*He aquí el Amén, el testigo fiel y verdadero, el principio (la causa originadora) de la creación de Dios*» (Ap 3:14); y: «*Porque el Hijo de Dios, Jesucristo..., no ha sido Sí y No; mas ha sido Sí en él; porque todas las promesas de Dios son en él Sí, y en él Amén..., para la gloria de Dios*» (2 Co 1:17-20).

Pero con el fin de desvirtuar esta conexión e identificación entre Jehová-Jesús, los «eruditos» (?) y «humildes» (!) traductores del comité de Brooklyn han hecho nuevamente gala de esa intención malévola tan reiterada y a la que ya nos tienen acostumbrados en su «flamante» versión *Nuevo Mundo*, y vierten el texto de Isaías así: «*De manera que cualquiera que se bendiga en la tierra se bendecirá por el Dios de fe, y cualquiera que haga una declaración jurada en la tierra jurará por el Dios de fe*». Pero las palabras hebreas para «fe» son: «*amunah*», «*emun*», «*tudah*» y «*neamanuh*».

Las versiones de la traducción del "Nuevo Mundo".

Por otra parte, en la Atalaya del 15 de mayo de 1978, el comité de traducción de la Watch Tower reconoce que al traducir el texto de Juan 1:1, los traductores "hicieron corrección gramatical y doctrinal". Dicha traducción se hizo, pues, bajo la influencia de una interpretación basada en prejuicios dogmáticos.

Asimismo, la Sociedad de los Testigos de Jehová declaró también que la traducción e interpretación de su "biblia" fue supervisada por Dios y comunicada en forma invisible al departamento de publicaciones por medio de ángeles, de distinto rango, que controlaban a los traductores bajo guía angelical.

(Edmond Grus, en "Apostles of Denial": "An Examination and Claims of the Jehovah's Witnesses", p.p. 136-137, Grand Rapids, Mi: Baker, 1972).

Y además para justificar su versión de Juan 1:1, la Watch Tower dijo que apoyó esta traducción en el Nuevo Testamento del exsacerdote católico alemán, Johannes Greber, edición del año 1937.

(Atalayas 15/9/62, 15/10/75, y 15/4/76. "El Verbo ¿quién es?", p.5, edición 1962. "Asegúrense de todas las cosas", p.491 edición 1965 -1970. "Ayuda para entender la Biblia", edición 1969).

Pero resultó que Greber era espiritista, y él y su esposa, que era médium, afirmaron que en estado de trance ¡los espíritus les mostraban qué palabras debían usar para que su traducción fuera verdadera!

IV

Cristo, tabernáculo de la plenitud de Dios

Porque en Él (Cristo) habita la plenitud de la Divinidad corporalmente.
Colosenses 2:9

E1 significado de «Theotes» en Colosenses 2:9

«Porque en Él (Cristo) *habita corporalmente toda la plenitud de la Deidad»* (Col 2:9).

Pero la versión *Nuevo Mundo* de los «Testigos» traduce este versículo así:

«Porque es en él que mora corporalmente toda la plenitud de la cualidad divina».

Vayamos ahora al texto griego: *«oti en auto KATOIKEI pan to pleroma tes THEOTETOS somatikos».*

Comprendemos las razones que han movido a los traductores de la versión *Nuevo Mundo* y la confesión honesta de que consideraciones dogmáticas han influido en ellos al elegir la frase «cualidad divina» para traducir el término griego *«Theotes»* que aparece en Colosenses 2:9. Aunque por cuestiones filológicas y de amor a la Verdad revelada no compartimos dichas razones ni estamos conformes con esta traducción.

En primer lugar, dudamos del principio de que el traductor de cualquier libro debe dejarse influir por consideraciones dogmáticas. Al contrario, un traductor que se encuentra confrontado con varias maneras posibles de traducir una palabra griega debe procurar encontrar la traducción más segura y más fiel al texto original, dejándose guiar en la elección del vocablo apropiado únicamente por consideraciones puramente filológicas, y no doctrinales. Esto es lo científico. Es el dogma el que debe sujetarse a las verdades reveladas en la Sagrada Escritura y no al revés. Por esto, el traductor debe investigar, acerca de la derivación y construcción de la palabra en cuestión, su relación con otras palabras de la misma raíz, su uso en el griego clásico, en la Versión de los Setenta y en otros pasajes del Nuevo Testamento, y el término hebreo con que corresponda, etc. Luego, hay que buscar en el idioma al cual se vierte la expresión original el vocablo que más y mejor le corresponda en cuanto a su derivación y uso.

Una justificación falsa

La Sociedad del *Nuevo Mundo*, para justificarse, afirma que el significado que ha de darse a esta palabra, «*Theotes*», y a otra palabra griega semejante, «*theiotes*», que aparece en Romanos 1:20, y que la traducción de los «Testigos» vierte por «*calidad de Dios*», «depende de lo que la Biblia entera dice con respecto a Jehová Dios y Jesucristo». (Véase *La Atalaya* de 1 de marzo de 1963).

Sin embargo, estamos seguros de que los «russellistas» no ignoran que gran número de personas están en desacuerdo con ellos y con la organización religiosa que representan, en cuanto a «lo que la Biblia dice con respecto a Jehová Dios y Jesucristo». Si todos los traductores de la Biblia se dejaran influir por sus opiniones (prejuicios) de lo que creen que ella dice referente a Cristo, no podríamos saber, a fin de cuentas, qué es lo que realmente la Biblia afirma acerca de Cristo, pues toda enseñanza cristológica debe basarse en traducciones fieles al idioma original y no precisamente favorables al credo de tal o cual división de la cristiandad. Si los traductores siguieran, pues, el método aconsejado por la Sociedad del Nuevo Mundo, habría tantas traducciones como opiniones, y entonces no sabríamos la verdad de lo que dice la Biblia.

La erudición científica —repetimos— se muestra en el estudio serio de las lenguas bíblicas originales hasta llegar a un entendimiento más exacto y por consiguiente a una traducción lingüísticamente lo más perfecta posible y cercana a los textos originales al transcribirlos, trasladarlos o adaptarlos a las lenguas de habla moderna. Y esto, dejando a un lado las propias creencias particulares, y aun cuando la traducción que resulte vaya en contra de toda consideración dogmática de antemano establecida. Solamente quien así obra se somete de veras a la autoridad e infalibilidad de la Palabra de Dios.

¿Qué dicen los diccionarios?

Después de estas consideraciones, y antes de pasar al fondo del pasaje bíblico que nos ocupa, veamos lo que autoridades del griego dicen en cuanto a «*Theotes*» y «*theiotes*», según citan los «Testigos de Jehová» para apoyar y defender su traducción. Así, *A Greek and English Lexicon* (*Léxico de Griego e Inglés*, 1845), de Parkhurst, define «*theiotes*» como «*divinidad*» (pág. 261), y «*Theotes*» como «*deidad, divinidad, naturaleza divina*» (pág. 264). Obsérvese la definición «*naturaleza divina*», así como «*Divinidad*».

A Greek English Lexicon, de Liddell y Scott, en su edición novena, completada en 1940 y reimpresa en 1948, tomo I, define esos dos términos a la luz de antiguos usos aparte de las Escrituras. Define *«theiotes»* como *«naturaleza divina, divinidad»* (pág. 788). Define *«Theotes»* exactamente de la misma manera, como *«divinidad, naturaleza divina»*, y luego cita como ejemplo Colosenses 2:9. En conexión con esto muestra que la expresión griega semejante, *«dia theoteta»* significa *«por razones religiosas»* (pág. 792).

Es decir, que como los «Testigos» no creen en la Trinidad, tratan, a la luz de las definiciones que dan esos Léxicos, de traducir estas palabras haciendo que solo demuestren cualidades, y por eso procuran por todos los medios lingüísticos a su alcance no atribuirles personalidad. Pero no estamos de acuerdo con el método empleado ni con el esfuerzo que hace la Sociedad de Nuevo Mundo para distinguir de manera impropia entre los términos *«Deidad»*, *«Divinidad»* y las expresiones *«naturaleza divina»*, *«cualidad divina»* y *«calidad de Dios»*, como si estas últimas significasen menos que *«Deidad»* o *«Divinidad»*. En realidad, los «Testigos» caen aquí en una confusión de términos inadmisibles.

A fin de obtener un punto de vista objetivo del asunto, consultemos el *Diccionario General Ilustrado de la Lengua Española VOX* para examinar los términos en cuestión.

«Naturaleza divina» significa: «Divinidad»

En primer lugar, *«naturaleza»*, en una frase como *«naturaleza divina»*, quiere decir: *«esencia, atributos propios de un ser»*; y el adjetivo *«divina»* significa: *«perteneciente a Dios»*. Por consiguiente, cuando las Escrituras dicen que *«en Cristo habita toda la plenitud de la naturaleza divina»*, es igual que decir que *«en Él habita toda la plenitud de la esencia de Dios o de los atributos de Dios»*. Por tanto, si en Cristo habita toda la plenitud de la esencia de Dios, difícilmente podemos negar que esto quiere decir que CRISTO ES DIOS, si tomamos las palabras en su sentido natural.

Ahora bien, lo que no admitimos es que en la versión *Nuevo Mundo* hayan logrado lo que confesaban buscar sus autores, es decir: negar que Cristo es divino o, dicho de otra manera: que *«cualidad divina»* o *«calidad de Dios»* no quiere decir lo mismo que *«Deidad»* o *«Divinidad»*. Porque el mismo *Diccionario VOX* (y cualquier otro que tomemos, como el *Diccionario Ideológico de la Lengua Española*, de don Julio Casares, de la Real Academia) define la palabra *«cualidad»* como *«cada uno de los caracteres o propiedades que distinguen a las personas o cosas»*, de lo que se sigue que la frase *«cualidad divina»* ha de significar: *«Aquel carácter o conjunto de cada una de las propiedades que distingue a la persona referida* (Cristo) *como Dios»*.

Vemos, pues, que el vocablo «*Theotes*» que Pablo usa en Colosenses 2:9 establece claramente —en armonía con la cristología paulina— que «*en Cristo habita toda la corporal plenitud de aquel carácter que le distingue como Dios*». O sea, que los dos términos («*naturaleza*» y «*cualidad*») vienen a decir lo mismo y nos dan el mismo resultado: CRISTO ES DIOS.

Calidad divina: implica lo mismo

En cuanto a la tercera expresión, «*calidad de Dios*», los diccionarios definen así la palabra «*calidad*»: «*Conjunto de cualidades de una cosa; cualidad, índole, manera de ser una persona o cosa; conjunto de cualidades que constituyen la manera de ser de una persona o cosa*». Lo cual significa que, por extensión, «*calidad de Dios*» quiere decir: «*Aquel conjunto de caracteres distintivos que constituyen la manera de ser de la persona a que nos referimos (Cristo)*».

Tenemos, pues, en Colosenses 2:9, si usamos esta frase para sustituir con ella la palabra «*Theotes*», que el texto dice literalmente: «*En Él, toda la plenitud del conjunto de caracteres distintivos que constituyen su manera de ser como la de Dios, habita corporalmente*». Ahora bien: sabemos que la manera de ser de una persona o cosa significa lo que en realidad tal persona o cosa es. Por lo tanto, la frase también aquí dice lo mismo: CRISTO ES DIOS.

En efecto. Ya hemos visto que en el griego la palabra que los «Testigos» traducen por «*cualidad divina*» tiene el significado literal de «*Divinidad*», o lo que es lo mismo, «*Naturaleza divina*». Pero también nos percatamos de que la Sociedad del Nuevo Mundo da la impresión de desconocer el significado de la palabra en su propio idioma, y así parece que con el vocablo «*cualidad*» quiera darnos a entender un atributo o carácter que se puede dar o quitar de una persona o cosa que lo tiene.

Vemos asimismo que, al parecer, la susodicha Sociedad desea igualmente que entendamos la palabra «*calidad*» en su sentido alternativo de «*rango, posición en la sociedad, título*», etc. Con esto se pretende decir que Cristo no es Dios en su ser, sino solamente que tiene la «*cualidad divina*» como atributo o carácter sobreañadido a su persona y dado por Jehová Dios, en virtud de lo cual tiene «*calidad de Dios*», o sea, el rango o posición de Dios, de la misma manera que los romanos atribuían divinidad a sus emperadores, dándoles así el rango o posición de dioses.

Pero aun reconociendo que los dos términos «*cualidad*» y «*calidad*» puedan permitir en algunos casos tales interpretaciones y ofrecer, por consiguiente, una doble opción, no ocurre así con el término «*naturaleza*», el cual solo puede interpretarse de una manera única: la naturaleza de una persona o cosa es lo que en realidad la tal persona o cosa es. Y es aquí donde precisamente los «Testigos de Jehová» emplean una confusión de términos.

Los vocablos *«cualidad»* y *«calidad»* se pueden entender de dos maneras. En una interpretación son casi sinónimos del término *«naturaleza»*; pero en la interpretación que la Sociedad del Nuevo Mundo ofrece, ambos términos no son equivalentes con el vocablo *«naturaleza»*. Y es precisamente para evitar la ambigüedad de unas expresiones como *«cualidad»* o *«calidad»* por lo que todas las autoridades lingüísticas que se citan las evitan y prefieren usar solamente la palabra *«naturaleza»*.

Ahora bien: los equivalentes dados en los diccionarios citados son el resultado de todo el trabajo lingüístico que antes mencionamos y que es necesario para una traducción correcta del texto original. Los «Testigos» apelan a dichos diccionarios como no sectarios. Pues bien, tanto Parkhurst como Liddell y Scott definen *«Theotes»* como *«naturaleza divina»*, término que no permite malentendidos, y no mencionan nunca *«cualidad»* ni *«calidad»*. Tenemos, pues, que estos diccionarios no dogmáticos no apoyan en absoluto la traducción del *Nuevo Mundo*.

La misma palabra aplicada a Dios Padre en el Nuevo Testamento

Parece, además, que los «Testigos de Jehová» han pasado por alto el significado de la aplicación del término *«theiotes»* a Dios en Romanos 1:20. Como se dice correctamente, *«Theotes»* y *«theiotes»* son sinónimos. ¿No es, por tanto, significativo que se aplique a Dios un término que es equivalente con el término que se aplica a Jesucristo? El argumento en Romanos 1:20 es que los hombres pecaminosos no querían reconocer a Dios por lo que en realidad Él era y le negaron el honor y la adoración debida al Ser divino. Aplicar un término sinónimo a Cristo quiere decir, en consecuencia, que Él, en su propia naturaleza, es Dios. ¿No se han dado cuenta de esto los «Testigos»? ¿No será que, en el fondo, los «russellistas» se están haciendo culpables del mismo pecado que los hombres de los cuales habla Pablo en Romanos 1:20?

Antes de concluir este análisis, quiero aportar otras breves confirmaciones más que nos dan también la razón, tomadas esta vez del *Lexicon Graecum Novi Testamenti*, de Francisco Zorell, S. J., publicado en París en el año 1931.

Página 588: *«Theotetos*, genitivo de *Theotes*, Deidad, Divinidad, equivalente a ser Dios, esencia divina (Col 2:9)».

Página 581: *«Theiotes*, Divinidad, perfección infinita de la naturaleza divina (Rm 1:20)».

Y aun cuando ahora hemos recurrido al testimonio de un lexicógrafo religioso, vemos que este está igualmente de acuerdo con las autoridades profanas.

Sin embargo, toda una autoridad como J. H. Thayer, unitario, establece una marcada diferencia entre «*Theotes*» y «*theiotes*». Pero aun esta distinción no solamente no favorece tampoco la interpretación de los «Testigos», sino que hasta incluso viene en nuestro apoyo. Veámoslo. En el *Comentario del Nuevo Testamento en Griego*, de J. H. Thayer, leemos: «*Theotes* difiere de *theiotes* como la *esencia* difiere de la *cualidad* o *atributo*. De ahí que, autoridades como Trench, Lightfoot, Meyer, Fritzsche, traducen así Colosenses 2:9, como haciendo referencia a la esencia divina».

Asimismo, es interesante observar también que tanto Weymouth como *Una traducción americana* vierten el pasaje: «*La plenitud de la naturaleza de Dios*». Convincente, ¿no? Porque, como ya se ha enfatizado, la naturaleza o esencia es lo que verdaderamente hace que una cosa sea algo y tenga su razón de ser. Y el atributo o cualidad no altera la naturaleza misma de la cosa.

Veamos algunos ejemplos prácticos. Una mesa es una superficie plana que se apoya sobre unos soportes; esto es la esencia; pero la forma, el color, las medidas y las propiedades físico-químicas del material empleado son las cualidades. El hombre es un animal racional dotado de cuerpo, alma y espíritu; esto es su naturaleza; la raza, el color y la estatura son sus atributos físicos; su mentalidad y su carácter son sus atributos psíquicos. Un libro es un conjunto de hojas cosidas conteniendo algo escrito; esto es la esencia; pero el tamaño, el número de hojas y el tipo de letra son las cualidades. Un elefante es un paquidermo mamífero que tiene el labio superior soldado en la nariz; esto es su naturaleza; el peso, el tamaño y el color son sus atributos físicos.

Significado del término «habita»

Y para terminar no podemos pasar por alto la palabra «*kaitoikei*» que aparece también en nuestro texto de Colosenses 2:9 y que presenta unos matices filológicos tan interesantes que no debemos omitir, pues dada su importancia en el asunto que estamos considerando viene a constituir el broche de oro que cerrará este estudio. El vocablo «*katoikei*», traducido «*habita*» en nuestras versiones, es palabra compuesta del verbo «*oikeo*», reforzado con el prefijo «*kata*».

Pero leamos lo que sobre este texto ha escrito K. S. Wuest: «La declaración de Pablo tiene un significado muy rico en el texto griego. Deidad aquí es *Theotetos* y habla de deidad absoluta. *Habita* es la palabra compuesta *kataoikeo*. *Oikeo* significa *vivir en una casa*, y la preposición *kata* añade la idea de *permanencia* al acto de vivir en una casa. Pablo, en el uso de esta palabra (*kataoikeo*), no está diciendo que la plenitud de la absoluta deidad reside en Cristo como algo conferido sobre Él, sino que la esencia de la absoluta deidad habita en Cristo como en su propia casa. Esta deidad reside en Él por virtud de quien Él es y lo que Él es, y eso de manera permanente. La traducción lee: *Porque en Él reside permanentemente y habita toda la plenitud de la absoluta deidad corporalmente*».

Y apurando hasta el máximo el literalismo textual de este pasaje, podríamos verter el riquísimo contenido griego así: «*Porque en Él* (Cristo), *y en Él solamente* (posición enfática) *está permanente y perdurablemente toda* (no solo una parte) *la esencia misma de la Deidad, el estado de ser Dios, en forma corporal*», es decir, visible y tangible. De esta manera, pues, aunque mal les pese a los «Testigos de Jehová», todas las evidencias convergen para demostrarnos que todo el conjunto de los atributos y perfecciones de Dios concurren en Cristo. Nótese cuán claramente afirma Pablo que esta plenitud divina *«habita»* ahora (no dice: «habitó», corporalmente en Cristo. Es decir: ha tomado un cuerpo en Cristo (Ga 4:4).

Y es así como en Jesucristo la naturaleza divina real y perfecta, unida a la naturaleza humana constituyendo una sola Persona, nos ofrece el caso singular de un Ser en quien habita corporalmente, aun ahora en que este Ser está glorificado (Flp 3:21). Y, precisamente porque la divinidad de Cristo es algo real y no simbólico, pudo Él decir: «*Yo y el Padre uno somos*» (Jn 10:30).

Los «Testigos de Jehová» confiesan que, en efecto, los traductores de la versión *Nuevo Mundo* se dejaron influir por sus prejuicios dogmáticos al confeccionar su propia traducción de la Biblia. En *La Atalaya* del 1 de marzo de 1963, en un intento de justificar su versión de Colosenses 2:9, leemos este párrafo que transcribimos:

«La manera en que estas dos palabras han sido traducidas en la *Traducción del Nuevo Mundo* ha hecho surgir la acusación de que los del Comité de Traducción de la Biblia del Nuevo Mundo permitieron que sus creencias religiosas influyeran en ellos. *Esta acusación es cierta*, mas no lo hicieron incorrecta o indebidamente (?). El significado que ha de darse a estas dos palabras griegas depende de lo que la entera Biblia dice con respecto a Jehová Dios y Jesucristo».

ILUSTRACIÓN GRÁFICA
COLOSENSES 2:9

8 Βλέπετε   μή τις   ὑμᾶς ἔσται
Be you looking at not someone you will be

ὁ   συλαγωγῶν   διὰ   τῆς
the (one) leading as booty through   the

φιλοσοφίας καὶ κενῆς ἀπάτης κατὰ
philosophy and empty seduction according to

τὴν παράδοσιν τῶν ἀνθρώπων, κατὰ
the   tradition of the   men,   according to

τὰ   στοιχεῖα   τοῦ κόσμου καὶ οὐ
the elementary things of the world and not

κατὰ   Χριστόν· 9 ὅτι   ἐν   αὐτῷ
according to   Christ; because in   him

κατοικεῖ   πᾶν τὸ πλήρωμα τῆς θεότητος
is dwelling down all the fullness of the godship

σωματικῶς, 10 καὶ   ἐστὲ ἐν αὐτῷ
bodily,   and you are in   him

who will   carry you off as his prey through the philosophy and empty deception according to the tradition of men, according to the elementary things of the world and not according to Christ; 9 because it is in him that all the fullness of the divine quality dwells bodily. 10 And so you are possessed of a fullness by means of him, who is the head of all

Obsérvese cómo la palabra griega *«Theotetos»* aparece en el griego seguida de la palabra *«somaticos»* («corporalmente»), sin ir acompañada de la palabra *«cualidad»* que los russellistas añaden al texto sin razón alguna, tanto en la versión inglesa de la columna de al lado como en la española.

V

Cristo, el ser subsistente por sí mismo

Jesús les dijo: «De cierto, de cierto os digo:
antes que Abraham fuese, yo soy».
Juan 8:58

El «Yo Soy» de Juan 8:58 y Éxodo 3:14, ¿son idénticos?

«Y respondió Dios a Moisés: "YO SOY EL QUE SOY". Y dijo: "Así dirás a los hijos de Israel: YO SOY me envió a vosotros"» (Ex 3:14).

«Jesús les dijo: "De cierto, de cierto os digo: antes que Abraham fuese, YO SOY"» (Jn 8:58).

Pero la *Traducción del Nuevo Mundo de las Santas Escrituras*, intencionadamente y con malicia, vierte de la siguiente manera estos pasajes:

> *«Ante esto, Dios le dijo a Moisés: "YO RESULTARÉ SER LO QUE RESULTARÉ SER". Y añadió: "Esto es lo que has de decir a los hijos de Israel: YO RESULTARÉ SER me ha enviado a ustedes"»* (Ex 3:14). *«Jesús les dijo: "Muy verdaderamente les digo: antes que Abraham viniese a existir, yo he sido"»* (Jn 8:58).

¿Podemos entender las palabras de Cristo en este versículo como una afirmación más de su Deidad? ¿Se identificó Jesucristo aquí con el «YO SOY» de Éxodo 3:14? Si nos atenemos a la autoridad de los textos hebreo y griego, forzosamente hemos de llegar a esta conclusión. Por eso los traductores de la versión *Nuevo Mundo* han modificado una vez más el texto original del Éxodo, tanto como el de Juan 8:58, para impedir que el lector pudiera por sí mismo descubrir la conexión y analogía existente entre los dos textos del Antiguo y Nuevo Testamento, alterando así el sentido de identificación que los enlaza y unifica.

Consultemos ahora el texto griego de Juan 8:58: *«eipen autois Iesous, Amen amen lego unim, prin Abraam genesthai ego eimi»*. Y lo primero que descubrimos es que *«ego* (sujeto) *eimi»* (verbo), *«yo soy»*, no puede traducirse *«yo he sido»*, porque el verbo *«eimi»* (*«soy»*) es defectivo y no tiene pretérito perfecto ni aoristo. Por lo tanto, *«yo soy»* es presente sustantivo de eternidad y no admite ninguna otra traducción. En efecto. Si Cristo hubiera dicho «*yo era*», hubiese indicado su copresencia con Abraham. Pero al decir «*yo soy*», la pone por encima de Abraham.

Ahora bien, «*ego eimi*» significa «*yo soy*», reconocen los «Testigos». Entonces, ¿por qué la versión *Nuevo Mundo* vierte Juan 8:58 «*yo he sido*»? En réplica arguyen que «*ego eimi*» significa «*yo soy*» por sí mismo, es decir, cuando esta expresión se usa sin materia introductoria alguna antes de ella. Sin embargo, vemos que con materia introductoria «*ego eimi*» significa también «*yo soy*»: Juan 8:24 y 28. ¡Y aquí los «Testigos» han traducido correctamente la palabra!

Otro ejemplo ilustrativo

«*Judas, pues, tomando una compañía de soldados, y alguaciles de los principales sacerdotes y de los fariseos, sabiendo todas las cosas que le habían de sobrevenir, se fue allí con linternas y antorchas, y con armas. Pero Jesús, adelantó y les dijo: "Yo soy…" Cuando les dijo: "Yo soy", retrocedieron, y cayeron a tierra*» (Jn 18:3 al 6).

También aquí los «russellistas» han vertido «*ego eimi*» por «*yo soy*». Y notemos el poderoso impacto que esta declaración de Jesús produjo en sus enemigos: cayeron todos a tierra como derribados por una fuerza misteriosa y sobrenatural. ¡Es que Cristo estaba revelando abiertamente su Deidad al aplicarse a sí mismo el «*YO SOY*» que le identificaba plenamente con el propio Jehová del Antiguo Testamento! Y quienes le iban a prender no pudieron resistir la terrible y sagrada pronunciación de aquel Nombre que los enfrentaba cara a cara con Dios mismo.

¿Por qué, pues, la versión *Nuevo Mundo* ha traducido el «*ego eimi*» de Juan 8:58 por «*yo he sido*», habiéndose comprobado que el término griego en cuestión significa siempre «*yo soy*»? Pues porque esta palabra recuerda claramente a Jehová pronunciando exactamente la misma expresión en el Éxodo 3:14, con lo cual Cristo afirma ser Dios, por lo que siendo eterno es, por tanto, siempre presente. Y es precisamente para impedir que el lector llegue a entender esta verdad que los «Testigos» han evitado traducir literalmente el vocablo «*ego eimi*» por «*yo soy*», en Juan 8:58.

El propio testimonio de Cristo acerca de sí mismo

Porque Cristo tenía, a pesar de su voluntaria *kenosis*, este sublime y supremo concepto acerca de sí mismo, es que podía, sin que fuera atrevimiento ni usurpación de su parte, pronunciar palabras tales como: «*Yo y el Padre una cosa somos*» (Jn 10:30), «*El que me ha visto, ha visto al Padre*» (Jn 14:9), y en el extenso y autoritario sermón del Monte que tenemos en los sinópticos:

«Oísteis que fue dicho a los antiguos… mas yo os digo» (Mt 5:20, 32, 34, 39 y 44), porque el cumplidor de la Ley (Mt 5:17) era también el dador de la Ley. Ningún rabino judío se habría atrevido a expresarse de semejante forma, ni tampoco ningún Cristo angélico, pero no divino; pues los mismos ángeles son muy cautelosos en no sobreponer su voluntad a la de Dios. Esto observamos en el mismo arcángel Miguel (que los «Testigos» dicen ser Cristo) en la epístola de Judas v. 9. Pero en el Cristo divino, en el verdadero Dios hecho hombre, no había reticencia o temor. ¿Por qué? Porque Él mismo era «Dios sobre todas las cosas, bendito por los siglos. Amén» (Rm 9:5).

Subterfugios vanos

Veamos ahora los argumentos que presentan los «Testigos de Jehová». Si examinamos el texto hebreo de Éxodo 3:14 —dicen—, encontramos las palabras *«Ehyeh asher ehyeh»*, *«Yo soy el que soy»*. Aquí el término *«Yo soy»* es *«Ehyeh»*. Pero si miramos en un Nuevo Testamento hebreo el texto de Juan 8:58, hallamos las siguientes palabras: *«Ani* (pronombre) *hayithi»* (verbo). Por lo tanto —concluyen—, no es el mismo *«Yo soy»*, *«Ehyeh»*, de Éxodo 3:14. Luego, Jesús no quería identificarse aquí con el Jehová del Antiguo Testamento. La similitud es debida solamente a la traducción de la versión castellana que ha traducido dos expresiones diferentes de la misma manera.

Sin embargo, lo que intencionadamente omiten decir aquellos que emplean tal argumento es que en el Nuevo Testamento hebreo se trata solamente de una traducción hecha recientemente, y está muy lejos de ser el texto original del Nuevo Testamento. Es sobradamente sabido que el Nuevo Testamento fue escrito originalmente en griego helénico o koiné, y que Jesucristo hablaba el dialecto galileo de la lengua aramea.

También los que quieren negar la divinidad de Cristo llaman la atención al hecho de que ni siquiera en el texto griego son idénticos el *«YO SOY»* de Éxodo 3:14 y el de Juan 8:58. Ya hemos visto que en el griego original del Nuevo Testamento las palabras en cuestión son, en Juan 8:58: *«Ego eimi»*. No obstante, en la versión de los Setenta, traducción del Antiguo Testamento hebreo original a la lengua griega, hecha en Alejandría en los siglos III y II antes de Jesucristo, el *«Yo soy»* de Éxodo 3:14 se traduce por *«ho On»*, expresión que significa: *«el Ente»*, *«el Ser»*, *«el que Es»*, porque es participio del verbo ser. Me pregunto si tal vez una versión más literal debiera verter el texto: *«YO SOY EL SER»* o: *«YO SOY EL EXISTENTE»*.

Ahora bien. Los «russellistas» pretenden convertir este juego de traducciones, aparentemente dispares, en una prueba adicional de que el «Yo soy» de Juan 8:58 y el «Yo soy» de Éxodo 3:14 no son idénticos, y que Jesús no se estaba identificando con el Jehová del Antiguo Testamento al pronunciar estas palabras. Pero en realidad vemos que aquí se trata, otra vez, de una traducción. En efecto: los traductores de la versión de los Setenta rindieron el término hebreo «*Ehyeh*» en Éxodo 3:14 por el vocablo griego «*ho On*»; y el apóstol Juan vertió las palabras arameas de Jesús por la expresión griega «*Ego eimi*».

Entonces, ¿hay discrepancia entre estos términos griegos? En modo alguno. La versión de los Setenta, en Éxodo 3:14, cuando Dios le dice a Moisés: «*Yo soy me envió a vosotros*», no usa los vocablos «*Ego eimi*» para el nombre del Señor, sino que emplea la expresión «*ho On*» (predicado nominal del verbo ser), porque con el participio presente se quiere indicar la esencia del sujeto. Por eso la primera parte de este versículo se vierte en el texto griego de dicha versión por: «*Ego eimi ho On*»; lo cual permitiría, sin forzar la filología de la frase, la traducción sugerida: «*Yo soy el Ser*», o: «*Yo soy el Esente*».

En Juan 8:58 descubrimos que el apóstol no parece querer destacar la forma nominal en esta frase pronunciada por el Señor, sino más bien se diría que tiende a enfatizar la idea verbal, porque Jesús, al decir «*yo soy*», contrastando así su presencia con la existencia de Abraham, más que compararse con el nombre de Dios, lo que realmente hace es igualarse al atributo de eternidad de Jehová, lo que en el fondo viene a significar su identificación con la Deidad, ya que si Cristo posee un atributo en común con Dios, quiere decir que lo tiene porque Él también es Dios. Es como si Jesús declarase: «*Antes que Abraham existiese, YO SOY PRESENTE*».[1]

Por lo tanto, hay absoluta armonía entre las palabras que estamos estudiando, pues la forma verbal de Juan 8:58, que designa a Jesús, se acopla perfectamente, por asociación filológica, con la forma nominal de Éxodo 3:14, que se aplica a Dios, complementándose ambas; por lo cual los dos términos quedan identificados entre sí en su sentido de expresar la divinidad y eternidad de Jehová y Cristo como siendo iguales y uno en esencia.

En resumen, pues, los hechos son así: Dios dio a Moisés la palabra «*Ehyeh*» («*Yahweh*») como su nombre divino. Luego, en el siglo III antes de Cristo, este vocablo se tradujo por las palabras «*ho On*» en griego. Jesucristo habló algo en arameo que el apóstol Juan, escribiendo en griego, rindió por los términos «*Ego eimi*». Finalmente, en el siglo pasado, un traductor,

---

1. Un profesor de hebreo de nacionalidad israelita me informó de que el tetragramaton hebreo que contiene el nombre divino incluye los tres tiempos verbales de pasado, presente y futuro, sinónimo de eternidad e inmutabilidad. Es decir, que el nombre divino puede traducirse perfectamente por: «*El que Era, el que Es y el que Será*». (Véase la misma raíz en Ap 1:8). Por eso, la *Bible*, traducida del texto original por los miembros del rabinato francés, bajo la dirección de M. Sadoc Kahan, gran rabino, vierte Éxodo 3:14 así: «*Yo soy el Ser invariable*» (Librairie Durlacher, París 1960). — (N. del A.)

vertiendo el Nuevo Testamento griego a la lengua hebrea, tradujo las palabras griegas de Juan por los vocablos hebreos «*Ani hayithi*».

¿Acaso debemos sobre estas bases, es decir, apoyándonos solamente en la manera en que diferentes traductores del texto sagrado tradujeron determinados términos de ciertas frases, decidir un punto de doctrina tan importante como es la deidad de Cristo? Podemos hacerlo si las suplementamos con otros fundamentos textuales que aparecen en la misma Escritura y con los cuales se compaginan admirablemente. Porque —insistimos— las supuestas antinomias de los referidos textos lo son solo por expresión filológica, pero no por sentido interpretativo.

La reacción de los enemigos de Cristo

La identificación del «*Yo soy*» de Juan 8:58 con el de Éxodo 3:14 tiene, además, otras bases. Y uno de los fundamentos más cercanos descansa precisamente en la reacción de aquellos que oyeron hablar a Jesús. Aunque quienes niegan la divinidad de Cristo no admitan esa identidad, los judíos que escucharon cómo Jesús pronunciaba estas palabras (fuesen las que fuesen en arameo) sí entendieron inmediatamente tal identificación, y a causa de eso quisieron apedrearlo: «*Tomaron entonces piedras para arrojárselas; pero Jesús se escondió y salió del templo; y atravesando por en medio de ellos, se fue*» (Jn 8:59).

El incidente se repitió otras veces. «*Entonces los judíos volvieron a tomar piedras para apedrearle. Jesús les respondió: "Muchas buenas obras os he mostrado de mi Padre, ¿por cuál de ellas me apedreáis?". Le respondieron los judíos diciendo: "Por buena obra no te apedreamos, sino por la blasfemia, porque tú, siendo hombre, te haces Dios"*» (Jn 10:31 al 33).

¿Por qué esta reacción tan hostil? Es que Cristo acababa de afirmar también aquí su deidad al declarar abiertamente: «*Yo y el Padre uno somos*». Y la frase griega está tan cargada de significado que no puede ser más rica en contenido doctrinal: «*Ego kai ho Pater en esmen*». En efecto: en el griego, gramaticalmente hablando, dos masculinos no pueden tener un predicado neutro. Por lo tanto, el adjetivo numeral cardinal «*en*», «*un*» (que es neutro y desempeña aquí la función de predicado), expresa la esencia divina de ambos sujetos. Literalmente: «*Yo y el Padre UN somos*». Además se usa el verbo en presente, «*esmen*», «*somos*», sin limitación alguna de tiempo. Los judíos supieron entender claramente que Jesús se comparaba a Jehová como si fuese igual a Él, y de ahí que quisieran apedrearle. Juan supo captar muy bien esta identificación; y por eso el apóstol usa aquí un numeral griego neutro: porque así enfatiza la unidad de naturaleza común, no de personas. El Padre y el Hijo no son una misma persona, sino dos; pero sí son «*una unidad de esencia y naturaleza*». Y esta unidad queda perfectamente expresada por la partícula numeral neutra.[2]

¿Dios, o un dios?

Sin embargo, los «russellistas» han tenido la desfachatez de traducir el texto de Juan 10:33, en su versión *Nuevo Mundo*, del siguiente modo: «*Le contestaron los judíos: "No por obra excelente te apedreamos, sino por blasfemia, sí, porque tú, aunque eres hombre, te haces a ti mismo un dios"*». Pero esta traducción es inadmisible. En primer lugar, porque el artículo indeterminado «*un*» no aparece en el texto original griego; esta partícula indefinida ha sido intencionadamente interpolada para tergiversar el verdadero sentido de la acusación. Y, por otra parte, si Cristo — según la versión de los «Testigos» — tan solo se hacía semejante a un dios cualquiera, no se comprende que esto pudiera considerarse una blasfemia, puesto que existiendo en aquellos tiempos multiplicidad de dioses, en tal caso Jesús habría podido ser calificado por sus opositores simplemente como otro dios, o sea, uno más entre tantos; y mientras no se entendiera que Él se identificaba realmente con el Dios verdadero, no había motivo legal para acusarle de blasfemia. (Máxime teniendo en cuenta que Jesucristo, para defenderse de la acusación y confundir a sus adversarios, les puso una sagaz comparación y refutó el cargo que contra Él esgrimieron recordándoles que Dios mismo había llamado dioses a aquellos a quienes fue enviada su palabra divina: Jn 10:34 al 36).

Cómo entendieron los judíos la declaración de «Hijo de Dios»

En Juan 5:18 volvemos a leer: «*Por esto los judíos aún más procuraban matarle, porque no solo quebrantaba el día de reposo, sino que también decía que Dios era su propio Padre, haciéndose igual a Dios*». No obstante, los traductores de

2. Parménides, en el siglo v a. de C., escribía: «Es menester escoger entre el ser o el no-ser, pero el no-ser no se puede conocer ni expresar; luego hay que admitir el ser. Pero el ser no tiene principio ni fin; es de una sola especie, es inmóvil y sin límites, es todo entero a la vez, es uno» (en el texto griego: «*en*», neutro, «*un*»). Por tanto, el neutro «*en*» de Juan 10:30 lleva implícito el participio sustantivo «*on*», «*ser*», con lo que la frase solo puede tener un sentido: «*Yo y el Padre somos un solo ser, una sola esencia, una sola sustancia*» («*ousia*»).

Sobre esta frase de Juan 10:30 nos informan algunos entendidos en gramática griega que el infinitivo de «*eimi*», «*soy*», es «*einai*», «*ser*»; así, «*to einai*» significa «*el ser*». Ahora bien: el hecho de que aquí aparezca un neutro, «*en*», «*un*», indica que debe entenderse que dicha partícula puede ir acompañada del infinitivo de «*eimi*», el cual ha sido, sin duda, suprimido en el texto porque el verbo «*ser*» casi siempre se omite en las lenguas clásicas. Por tanto, la idea literal es: «*Yo y el Padre un Ser somos*».

la versión *Nuevo Mundo* han tenido la honradez de respetar aquí la expresión original y han vertido el texto correctamente. La palabra griega original es *«ison»*, y significa: EXACTA IGUALDAD. Véase el uso del mismo término en Hch 11:17, Flp 2:6 y Ap 21:16.

Luego fue precisamente por este mismo motivo por el que los judíos condenaron a muerte a Jesús y le denunciaron ante Pilato: «Los judíos le respondieron: "Nosotros tenemos una ley, y según nuestra ley debe morir, porque se hizo a sí mismo Hijo de Dios"» (Jn 19:7).

Vemos, pues, que este título de *«Hijo de Dios»* era sinónimo de «Deidad» y equivalía a declararse igual a Dios, ya que al apropiárselo Cristo de un modo exclusivo estaba demostrando una identidad única con Jehová mismo.

«Entonces el sumo sacerdote le dijo: "Te conjuro por el Dios viviente, que nos digas si eres tú el Cristo, el Hijo de Dios". Jesús le dijo: "Tú lo has dicho; y además os digo, que desde ahora veréis al Hijo del Hombre sentado a la diestra del poder de Dios, y viniendo en las nubes del cielo". Entonces el sumo sacerdote rasgó sus vestiduras, diciendo: "¡Ha blasfemado! ¿Qué más necesidad tenemos de testigos? He aquí, ahora mismo habéis oído su blasfemia"» (Mt 26:63 al 65).

Si esto era una interpretación errónea de los judíos, ¡es extraño que Jesús no protestara y se dejase crucificar por una equivocación! No; la explicación natural es que todos entendían muy bien que Jesús pretendía ser Dios. Y si Cristo dio a entender esto a los judíos, una de dos: o era lo que pretendía ser, o les engañaba deliberadamente. Por nuestra parte difícilmente podemos creer que Jesús empleaba el engaño usurpando una divinidad que no le pertenecía; lo más obvio es aceptar que Él era en verdad la Deidad misma encarnada.

La interpretación del propio autor: el apóstol Juan

Además, todas las evidencias que poseemos indican que el apóstol Juan entendía que Jesús se quería identificar con el *«Yo Soy»* de Éxodo 3:14. Declara el escritor sagrado que su propósito al escribir su Evangelio era *«para que creáis que Jesús es el Cristo, el Hijo de Dios»* (Jn 20:31). Y tenemos que enfatizar aquí el valor absoluto del artículo determinado: «*el* Hijo de Dios». ¿Quién se tomaría la ardua ocupación de escribir todo un Evangelio para demostrar esto, si no fuera una cosa de significado e importancia trascendentales?

Escuchemos, finalmente, las palabras solemnes de este mismo apóstol en su primera Epístola, cap. 2, vs. 22 y 23: *«¿Quién es el mentiroso, sino el que niega que Jesús es el Cristo? Este es anticristo, el que niega al Padre y al Hijo. Todo aquel que niega al Hijo, tampoco tiene al Padre. El que confiesa al Hijo, tiene también al Padre».*

ILUSTRACIÓN GRÁFICA
JUAN 8:57-59

ἴδη   τὴν ἡμέραν τὴν ἐμήν,   καὶ   εἶδεν

he might see   the   day   the   mine,   and   he saw

καὶ   ἐχάρη.   **57** εἶπαν   οὖν   οἱ   Ἰουδαῖοι

and rejoiced.   Said   therefore   the   Jews

πρὸς   αὐτόν   Πεντήκοντα   ἔτη   οὔπω

toward   him   Fifty   years   not yet

ἔχεις   καὶ   Ἀβραὰμ   ἑώρακας;

you are having   and   Abraham   you have seen?

58 εἶπεν   αὐτοῖς   Ἰησοῦς,   Ἀμὴν   ἀμὴν

Said   to them   Jesus   Amen   amen

λέγω   ὑμῖν   πρὶν   Ἀβραὰμ   γενέσθαι

I am saying   to you   Before   Abraham   to become

ἐγὼ εἰμί.   **59**   ἦραν   οὖν   λίθους

I   am.   They lifted up   therefore   stones

ἵνα   βάλωσιν   ἐπ'   αὐτόν·

in order that   they might throw   upon   him;

Ἰησοῦς   δὲ   ἐκρύβη   καὶ   ἐξῆλθεν   ἐκ τοῦ ἱεροῦ.

Jesus   but   hid   and   went out   of   the   temple.

day, and he saw it and rejoiced". 57 Therefore the Jews said to him: "You are not yet fifty years old, and still you have seen Abraham?". 58 Jesus said to them: "Most truly I say to you, Before Abraham came into existence, I have been."[a] 59 Therefore they picked up stones to hurl [them] at him; but Jesus hid and went out of the temple.

VI
Cristo, la forma de Jehová

El que me ha visto, ha visto al Padre;
¿Cómo, pues, dices tú: «Muéstranos el Padre»?
Juan 14:9

¿Afirmó Pablo que Cristo era Dios ya antes de su Encarnación?

El apóstol Pablo, escribiendo a los Filipenses acerca del estado de Cristo antes de su encarnación, afirma en su carta que *«siendo en forma de Dios, no tuvo por usurpación ser igual a Dios»*. ¿Qué quiso decir exactamente con estas palabras? Según los «Testigos de Jehová», que Cristo no pretendió ser Dios, no quiso usurpar a Dios su divinidad haciéndose igual a Él.

Pero un examen no prejuzgado del texto revela precisamente lo contrario. Cualquier lector que considere dicho texto sin prejuicios, descubrirá que lo que Pablo afirma es lo que leemos en la antigua versión de Valera: EL SER IGUAL A DIOS, CRISTO NO LO CONSIDERÓ UNA USURPACIÓN, PORQUE YA ERA DIOS. Y esto no lo decimos nosotros: es lo que escribió el apóstol.

La versión revisada de 1960 lo pone en estas palabras: *«El cual, siendo en forma de Dios, no estimó el ser igual a Dios, como cosa a que aferrarse, sino que se despojó a sí mismo, tomando forma de siervo».*

Esta versión relaciona el v. 6 con el 7, haciendo de ambos un solo argumento: Cristo, siendo en forma de Dios, no se empeñó en mantener aquel sublime estado divino, rehusando entrar en su kenosis («vaciamiento»), sino que se prestó voluntariamente a tal sacrificio en nuestro favor.[1]

Pero los «Testigos de Jehová», cambiando sin escrúpulo alguno las palabras del texto original, lo traducen de la siguiente manera:

---

1. El texto de Miqueas 5:2, que consideramos en el cap. XIII de este libro, nos aclara mucho el profundo significado de esta declaración paulina. Parece que el Verbo revelador de la divinidad invisible había hecho manifiesto a Dios muchas veces, desde los días de la eternidad, pero en ninguna de sus anteriores «theofanías» se había identificado tan profunda e intensamente con una raza creada como lo hizo en favor del hombre al tomar carne humana, haciéndose siervo el que era Señor de todo.

«*Retengan en ustedes esta actitud mental que también hubo en Cristo Jesús, quien, aunque existía en la forma de Dios, no dio consideración a un arrebatamiento, a saber, que debiera ser igual a Dios*».

¿Puede existir mayor osadía que esta de hacer decir a un texto bíblico exactamente al revés de lo que dice? Examinemos ahora el texto original palabra por palabra, sin añadirle palabras adecuadas a algún dogma preconcebido, sino aceptando llanamente lo que dice. En Filipenses 2:6 leemos: «*Os en morphe Theou uparkhon ouj arpagmon egesato to einai isa Theo*».

El análisis de estas palabras nos dará la razón por sí mismo de cada una de ellas. Veamos. En primer lugar, ¿por qué se usa esta expresión «*en forma de Dios*»? Porque antes de venir a la tierra Cristo ya existía en su esencia divina. Nótese cuán claramente dice el texto que Jesús ERA y ES IGUAL A DIOS. Si Cristo forma parte de la Deidad era natural que existiera en forma de Dios. ¿Y qué forma tiene Dios?

En Colosenses 1:15 leemos: «*Él (Cristo) es la imagen del Dios invisible*». Pablo, en 2 Corintios 4:4, afirma también que Cristo es la imagen de Dios. Y en Hebreos 1:3 se nos dice que es el «*resplandor de su gloria y la imagen misma de su sustancia*».

Quizá la idea bíblica cobra mayor significado en nuestros días, cuando la Física nos ilustra el sentido de la palabra «*imagen*». Nosotros solo percibimos los objetos que están fuera de nosotros y a cierta distancia por la imagen que se dibuja en la retina del ojo. El objeto, repetimos, está fuera de nosotros; la imagen, dentro.

Al pensar en Dios, un Dios trascendente, ¿cómo nos lo representaríamos? ¿Cómo lo veríamos? Nuestro anhelo de que pudiera manifestarse «*en nosotros*» de alguna manera y pudiéramos captar su imagen halla respuesta en el hecho glorioso de la encarnación del Verbo. Cristo, imagen de Dios. ¡Y qué imagen! Emanuel, Dios con nosotros.

El término griego «*eikon*», «imagen», significa: semejanza, imagen reflejada en el espejo, descripción personal, representación viva, imagen mental, concepto, arquetipo, modelo, realidad arquetípica y eterna, expresando la realidad esencial de una cosa, la real y esencial incorporación, identidad de naturaleza. Implica también la reproducción del carácter del original y una identificación de naturaleza entre los dos: la imagen y el original.

En cambio, la palabra que en griego se usa para expresar la idea de semejanza, similitud, figura, parecer externo, es «*homoioma*».

En el seno de nuestra raza humana Cristo viene a ser «*la imagen*» visible del Dios invisible, el Revelador por excelencia de Aquel a quien los hombres habían buscado palpando sin llegar a conocerle. No es de extrañar que Jesús dijera al desconcertado Felipe: «*¿Tanto tiempo hace que estoy con* *vosotros, y no me has conocido, Felipe? El que me ha visto a mí, ha visto al Padre»* (Jn 14:9).

«UPARKHON». - Existiendo, preexistiendo, subsistiendo. Es el participio presente del verbo *«uparkho»*, un participio activo en el que la noción del tiempo no interviene. (Dr. Carballosa)

Y aunque, en efecto, en su sentido primario quiere decir *«comenzar»* o *«empezar»*, aquí adquiere un significado secundario, pues el uso del participio presente indica continuidad perpetua, expresando la idea de *«ser»* o *«existir»*, o sea: *SIENDO O EXISTIENDO EN ESENCIA Y EN MANIFESTACIÓN DE DIOS,* sin ninguna idea de empezar o terminar, ya que si se quisiera señalar que tuvo principio, se hubiera usado el pretérito o aoristo griego.

Literalmente, pues: existo, estoy presente, soy desde el principio tal esencia por naturaleza, como en Hechos 17:24: *«El Dios que hizo el mundo y todas las cosas que en él hay, siendo (UPARKHON) Señor del cielo y de la tierra».*

De hecho, esta expresión de Filipenses 2:6 es el equivalente del «kai Theos en ho Logos», «y Dios era el Verbo», de Juan 1:1, donde *«era»*, *«en»*, también implica continuidad, sin principio ni fin. Pablo aquí está hablando como «un momento» de la eternidad, y nos dice que en el momento de llevar a cabo la redención y su humillación, Cristo no quiso mantener la externa manifestación majestuosa del Dios del Sinaí, sino que en vez de retener su posición —no su naturaleza— se desprendió de ella. Así, «os en morphe Theou uparkhon», quiere decir: *SIENDO ESENCIALMENTE Y MANIFIESTAMENTE DIOS.*

«MORPHE». — Todo gira alrededor de esta palabra y de su significado, palabra que se traduce *«forma»*, pero cuyo uso aquí tiene un sentido más amplio. Según Thayer, en su *Léxico del Nuevo Testamento Griego-Inglés,* significa: «la forma por la cual una persona o cosa afecta la visión óptica; es decir, la apariencia externa de dicha persona o cosa». Esto es cierto. Pero no agota toda la interpretación.

Porque en griego el vocablo *«morphe»* no significa solamente el parecido externo de una cosa, sino que dicho término indica también la naturaleza o el carácter que describe o presenta el ser a quien pertenece dicha apariencia; es decir: la esencia de la vida interior de la apariencia externa de esa misma cosa, lo que hace que un objeto tenga su esencia específica (*«húle»*: *«morphe»*, de donde procede la palabra *«Hilemorphismo»*).

Por lo tanto, siendo la palabra *«forma»* —en griego— equivalente a *«naturaleza»*, se usaba en el sentido de expresar una realidad interna, y de ahí que, sinónimamente, los padres de la Iglesia identificaban *«morphe»* con el vocablo *«ousia»*, término que también significa *«esencia».*

De todo esto se saca en claro que Cristo es Dios porque Él existía eternamente en su forma de Dios. Su existencia en la forma divina es el hecho que prueba que Él era y es la Deidad misma por esencia y naturaleza, por cuanto literalmente la expresión griega «*morphe*», «*forma*», en la pluma de Pablo, tiene el sentido de «*esencia en manifestación*», lo que es algo; por esto quiere decir: «*ver a Dios manifestado en Cristo en la carne*», indicando su uso aquí que *ambos eran verdaderamente iguales en esencia y en manifestación*, es decir, que *CRISTO ERA DIOS VERDADERAMENTE Y MANIFIESTAMENTE*.

Por ejemplo: sabemos que cualquier artículo se nombra según su forma. Especificando un poco más: un reloj es un reloj porque tiene la forma estructural de un reloj. El mismo material pudo ser empleado para formar otro objeto. Si este hubiese sido el caso, la forma hubiera sido otro objeto y no un reloj; por lo que cuando se afirma que una cosa tiene la forma de cierto objeto, se afirma que es el objeto mismo.

En consecuencia, pues, cuando Pablo afirma que Cristo estaba en la forma de Dios, afirma, sin dar lugar a duda alguna, que Él era y es Dios. En efecto: si al decir que Cristo *tomó «forma ("MORPHE") de siervo, hecho semejante a los hombres»* (Flp 2:7), se quiere indicar que Jesús era realmente siervo y verdadero hombre, entonces también la expresión «*forma ("MORPHE") de Dios*» equivale, de la misma manera, a declarar que Cristo es Dios.

Por lo tanto, cuando el gran apóstol de los gentiles enseña que Cristo Jesús existió en la forma de Dios, la idea de *deidad* está implícita intrínsecamente en el término «*morphe*», porque observamos que «la forma de una cosa es el modo en que se revela, y eso está determinado por su naturaleza». Hace muchos siglos que Juan Crisóstomo, uno de los padres de la Iglesia, dijo que «no es posible ser de una esencia y tener la forma de otra persona u objeto». Cristo existió en la forma de Dios porque Él es Dios; Pablo está afirmando, pues, claramente que Jesús era y es el igual de Dios.[2]

«*ARPAGMON*». — Una cosa retenida con avaricia y ansia, con rapiña, de que se aproveche con celo y avidez. Algo que se ha robado injustamente o la acción de arrebatar con rapiña una cosa, robar algo ajeno por la fuerza (Mt 11:23; 13:19). Es decir: *que el ser igual a Dios no lo consideró un robo o una usurpación*.

2. «Cara a cara hablaré con él, y claramente, y no por figuras; y verá la *APARIENCIA de Jehová*» (Nm 12:8). La versión griega de los Setenta traduce: «...y verá la *FORMA —"morphe"—* de Jehová». Por tanto, ¿qué quiso significar Pablo cuando escribió que Cristo existía ya en *FORMA* de Dios? Cuando Moisés habló con Dios, vio la *FORMA* de Jehová. Pero si Cristo ya existía en *FORMA* de Dios, preguntamos: «¿Cuál fue la *FORMA* que vio Moisés? ¿La de Jehová Dios o la de Cristo Dios? Apelamos al buen sentido interpretativo del lector, confiando en que no le será demasiado difícil hallar la verdadera respuesta.

La palabra que en griego se usa para indicar *forma* en el sentido de aspecto exterior y accidental es «*skema*».

¿Y por qué Cristo no tuvo por usurpación ser igual a Dios? Pues por la sencilla razón de que Él no usurpaba nada de Dios. Todo lo que tenía y tiene Dios lo tiene Cristo, porque Él es Dios. Sí, efectivamente: Cristo es divino. No era un ángel ni un hombre que aprovechándose de las circunstancias pretendió ser Dios, engañando a los hombres y usurpando a Dios su divinidad. Por tanto, este hecho de ser igual a Dios no lo consideró como cosa que debía de «*retener*» o «*aferrarse a ella*», no era un robo, un acto de rapiña lo que hacía, porque Él era y es en verdad como una de las Personas de la Trinidad.

Literalmente la idea teológica de Pablo es que Cristo, «*teniendo la naturaleza de Dios, no reputó codiciable tesoro mantenerse en su posición de Deidad majestuosa, no lo consideró como una presa arrebatada, no fue por usurpación, sino por esencia, el ser igual a Dios*». Tal vez la estructura gramatical del texto permitiera traducirlo mejor así: «*EL CUAL, SUBSISTIENDO EN LA ESENCIA DE DIOS, NO SE AFERRÓ AL SER IGUAL A DIOS; NO QUISO RETENERSE A RECIBIR LOS HONORES PROPIOS DE SU DIVINIDAD EN BENEFICIO PROPIO*».

«*EKENOSEN*». — Ahora bien: leemos en el v. 7 que Cristo «*se anonadó*», «*se humilló*», «*se vació*», «*se despojó*», «*se desprendió*», «*se negó a sí mismo*» (la expresión original griega es: «*euaton ekénosen*»). O sea, que en su humillación o anonadamiento, Cristo no quiso conservar su igualdad divina, sino que se despojó de ella y asumió la forma humilde de un siervo.

En efecto, nosotros preguntamos: ¿De qué se anonadó? ¿Por qué lo hizo Jesús? Pues precisamente porque era divino. De lo contrario, ¿de qué se vaciaba? ¿De qué se despojaba? Es evidente, pues, que su humillación presuponía desprenderse de su gloria, dignidad y grandeza que tenía antes de su encarnación. ¿No es verdad que si el Señor hubiese sido una criatura creada, ángel u hombre, no hubiera tenido que anonadarse a sí mismo ni le habría sido necesario desprenderse de nada? Pero, en cambio, sí necesitaba hacerlo el Ser divino que iba a aparecer entre los hombres como un ser humano.

Por otra parte, si Cristo no hubiese sido infinitamente más que un ser creado, no hubiera sido un acto de renunciamiento haber llegado a ser siervo, porque según la falsa doctrina russellista, Él ya lo era. Nunca podría haber surgido de semejante condición. El más elevado ángel del cielo no solo no puede abajarse hasta llegar a ser siervo, sino que ya es un servidor y no puede llegar a ser otra cosa. Sin embargo, el hecho de que el Señor Jesús se humillara a Sí mismo, y hasta la muerte de cruz, es prueba evidente y positiva de que Él no es un ser creado; de que no es un mero hombre, sino Dios sobre todas las cosas, bendito para siempre (Rm 9:5).

Pero, aun en su maravillosa humillación, Él no renunció a sus atributos gloriosos como Persona Divina: Él los escondió debajo de su vestidura humana y los exhibió cuando la ocasión lo demandó.

El lenguaje divino de Cristo

Es cierto que algunas veces Jesús expresó limitaciones de carácter humano, como cuando dijo: «El Padre mayor es que yo» (Jn 14:28); o bien: «Del día ni la hora nadie lo sabe; ni aun el Hijo, sino el Padre» (Mt 24:36), o cuando exclamó en Getsemaní: «Si es posible pase de mí este vaso»; y en la cruz: «¡Dios mío, Dios mío!, ¿por qué me has desamparado?». Pero todos comprendemos que Jesús estaba hablando desde un punto de vista humano (durante su temporal kenosis voluntariamente asumida por amor a nosotros), pero no porque Él no poseyera, como Verbo divino, la omnipotencia, la omnipresencia y la omnisciencia, aun durante su temporaria manifestación carnal.

Así, leemos aun en los mismos sinópticos (donde algunos piensan hallar menos pruebas de la divinidad de Cristo que en el Evangelio de Juan) frases tan eminentemente divinas como: «*Donde están dos o tres congregados en mi nombre, allí estoy yo en medio de ellos*» (Mt 18:20). No «*yo estaré*», sino «*estoy*», en tiempo presente. ¡Qué extraña debería sonar esta palabra a oídos de sus primeros discípulos!; pero nosotros la comprendemos bien y fruimos su profundísimo significado. También leemos en Juan 2:25: «*Y no tenía necesidad de que nadie le diese testimonio del hombre, pues Él sabía lo que había en el hombre*».

La conversación de Jesús con Nicodemo está repleta de autoridad, majestad y omnisciencia divina. Basta con notar la declaración: «De cierto, de cierto te digo que lo que *sabemos* (plural que nos recuerda el de Génesis 1:26) hablamos, y lo que *hemos visto* testificamos y no recibís nuestro testimonio. Si os he dicho cosas terrenales y no creéis, ¿cómo creeréis si os dijere las celestiales? Nadie subió al cielo sino el que descendió del cielo, el Hijo del hombre que está en el cielo».[3] Ciertamente,

---

3. Aun cuando esta última frase, «que está en el cielo», no se encuentra en algunos manuscritos, es interesante observar que, desde el punto de vista gramatical, al decir Jesús «*subió*» antes que «*descendió*», y teniendo en cuenta que habla así con anterioridad a su ascensión al cielo, es evidente la implicación de que aquí no se trata de un ascenso físico, no se refiere a su ascensión corporal; y, por tanto, no cabe más que la idea de una presencia actual en los cielos mediante la cual podía Cristo dar testimonio de primera fuente de los misterios celestiales que estaba revelando a Nicodemo.

En todos los pocos casos de omisión del texto evangélico en manuscritos antiguos cabe siempre preguntarse si ello significa ausencia del texto en los originales, y por tanto interpolación, o bien una omisión de algún copista transmitida por los sucesivos. Tal

Jesús hizo claras alusiones a su omnipotencia, omnipresencia y omnisciencia mientras estuvo aquí en la tierra, y varias veces las reveló ante los hombres.

omisión puede ser debida a un olvido involuntario, o bien voluntario, debido a ideas heréticas del copista o por parecerle demasiado misteriosa e incomprensible para los lectores el párrafo o palabra en cuestión. Es mucho más fácil, empero, la omisión involuntaria de alguna palabra o frase (y esto lo saben muy bien los actuales linotipistas que sustituyen a los pacientes escritores manuales de la antigüedad) que la interpolación, siempre voluntaria, por parte de aquellos escritores que tanto respeto tenían por los preciosos volúmenes que con veneración llamaban «Memorias de los Apóstoles», que hasta algunos daban sus vidas para conservar tales manuscritos.

Por tales razones, ninguna omisión es argumento decisivo mientras el texto se halle en otros manuscritos, o en la mayoría; y por esto los editores bíblicos de todas las iglesias cristianas, sin excepción, no dudan en publicarlos, aun cuando hagan la observación de ausencia en ciertos manuscritos en nota al margen.

Esta consideración se aplica, al igual que a la citada frase, a 1 Juan 5:8, que los «Testigos de Jehová» aducen como prueba en contra de la doctrina de la Trinidad; así como a Marcos 16:9-19, a Juan 5:4, a Mateo 16:18-19, etc.

Lo cierto es que la omisión de una frase o porción, en algunos manuscritos, no es ninguna prueba concluyente de doctrina. El sentido general del contexto, las referencias paralelas, o sea, el conjunto de enseñanza de la Sagrada Escritura, es lo que tiene autoridad para fijar el sentido del pasaje, y en este caso la expresión *que está en el cielo* es bien lógica y parece desprenderse de todo el contexto. La expresión paralela: «Allí estoy yo en medio de ellos», de Mateo 18:20, que indica igualmente omnipresencia, no se halla omitida en ningún manuscrito. Aunque el énfasis aquí radica en la manifestación de la asistencia especial de la acción del Señor allí donde están congregados los suyos.

ILUSTRACIÓN GRÁFICA
FILIPENSES 2:5-11

5 τοῦτο   φρονεῖτε   ἐν   ὑμῖν   ὃ   καὶ
This   be you minding   in   you   which   also

ἐν   Χριστῷ   Ἰησοῦ,   6 ὃς   ἐν   μορφῇ   θεοῦ
in   Christ   Jesus,   who   in   form   of God

ὑπάρχων   οὐχ   ἁρπαγμὸν   ἡγήσατο   τὸ   εἶναι
existing   not   snatching   he considered   the   to be

ἴσα   θεῷ,   7 ἀλλὰ   ἑαυτὸν   ἐκένωσεν
equal (things)   to God,   but   himself   he emptied

μορφὴν   δούλου   λαβών,   ἐν   ὁμοιώματι
form   of slave   having taken,   in   likeness

ἀνθρώπων   γενόμενος·   8 καὶ   σχήματι
of men   having become;   and   to fashion

εὑρεθεὶς   ὡς   ἄνθρωπος   ἐταπείνωσεν
having been found   as   man   he made lowly

ἑαυτὸν   γενόμενος   ὑπήκοος   μέχρι θανάτου,
himself   having become   obedient   until   death,

he was existing in God's form, gave no consideration to a seizure, namely, that he should be equal to God. 7 No, but he emptied himself and took a slave's form and came to be in the likeness of men. 8 More than that, when he found himself in fashion as a man, he humbled himself and became obedient as far as death,

Obsérvese en este pasaje lo natural (tanto en el original griego como en la traducción literal inglesa) de la expresión: «Who in form of God existing, not snatching He considered the to be equal to God» («Quien en la forma de Dios existiendo no usurpación consideró el ser igual a Dios»). Bien diferente, por cierto, de la traducción amañada que aparece al lado y de la versión española del *Nuevo Mundo*.

VII

Cristo, el preeminente

*Él (Cristo) es la imagen del Dios invisible,
el primogénito de toda creación.*
Colosenses 1:15

El Primogénito de la creación de Dios

Las palabras para *«primogénito»* son, en hebreo, *«becor»*, y en griego, *«prototokos»*. Pero no siempre tienen la idea de *«primero»*, ni se usan exclusivamente, en ambos idiomas, en un sentido cronológico estricto de creación o nacimiento. En efecto: hay que distinguir entre:

a) El *primogénito de la madre*, que abre el seno materno. Lo propio del primogénito de la madre era que debía consagrarse a Jehová.

b) El *primogénito del padre*, que supone la existencia de otros hijos. Lo propio del primogénito del padre era que tenía derecho a una porción doble de la herencia con respecto a sus hermanos (Dt 21:15-17-27). Pero incluía también la responsabilidad de jefe de la familia en lugar del padre difunto (2 Cr 21:3).

Por lo tanto, el vocablo *«primogénito»*, según el uso que la Biblia hace del mismo, tiene, sobre todo, un sentido cualitativo de importancia, grado o intensidad, y se emplea para indicar: *soberanía, regencia, dignidad, prerrogativa, preeminencia, sentido de posición, derecho de primogenitura, heredero.* Veamos algunos ejemplos.

Ejemplos bíblicos de la palabra «primogénito»

En el Antiguo Testamento, Jehová llama primogénito a su pueblo Israel (Ex 4:22), y con el mismo nombre se dirige a la tribu de Efraín. ¿Quién se atrevería a decir que estos textos afirman que Israel fue el primer pueblo creado por Dios, o que Efraín fue la primera tribu? En Jeremías 31:9, Jehová exclama: «Efraín es mi *primogénito*». Pero Efraín no era el primer nacido de la familia de José, sino el segundo. El primero fue Manasés. En el v. 20, Dios mismo explica lo que da a entender por esta designación:

«¿No es Efraín hijo precioso para mí?, ¿no es niño en quien me deleito?» Es en el sentido de preeminencia que Efraín era el primogénito de Dios (Gn 48:17-20).

En el Salmo 89:27, hablando de David, dice el Señor: «Yo también le pondré por *primogénito*, el más excelso de los reyes de la tierra», con lo que da a entender, no que David haya sido el primer rey que ha existido (ni siquiera en Israel), sino que será el más grande, así como Efraín es primogénito por ser la tribu más querida.

Pero, además, notemos que se trata de un Salmo de tema mesiánico, en cuyo citado versículo el inspirado salmista habla proféticamente de la preeminencia de Cristo, aun antes de que viniese a este mundo, y está expresando el derecho de primogenitura del Mesías como heredero de todo.

En Isaías 14:30 se dice que «los *primogénitos* de los pobres serán apacentados, y los menesterosos se acostarán confiados; aquí *«primogénitos»* se usa como sinónimo de «menesterosos en grado sumo» porque se refiere a los pobres.

En Zacarías 12:10 leemos: «Y derramaré sobre la casa de David, y sobre los moradores de Jerusalén, espíritu de gracia y de oración; y mirarán a mí, a quien traspasaron, y llorarán como se llora por hijo *unigénito*, afligiéndose por él como quien se aflige por el *primogénito*». La profecía tuvo su fiel y exacto cumplimiento con la crucifixión de Cristo (Jn 19:31 al 37). Y es interesante destacar que los términos *«primogénito»* y *«unigénito»* se emplean aquí como equivalentes.

Cierto que en Mateo 1:25 y Lucas 2:7, Jesús es mencionado como *«primogénito»* en relación con su nacimiento humano. Ello está en perfecta armonía con lo que venimos afirmando, pues tal expresión se usa para referirse a Cristo como el primogénito de su madre. Mas, según demuestran los textos aplicados más arriba, este sentido cronológico de nacimiento no es el único que tiene dicha palabra.

Sabemos muy bien que, tratándose de los hijos de un matrimonio, el primogénito es el que nace antes de los hijos que le siguen. Pero tratándose de Jesucristo no podemos entender que Él sea el primer ser creado, porque tal interpretación chocaría con otros pasajes que indican que Cristo, por ser Dios, ya existía eternamente desde antes del principio de la creación.

Si Jesucristo fuese un ser creado, como el hombre o los ángeles, no sería el unigénito de Dios, porque todos sabemos que el mencionado vocablo significa *«único engendrado»*; y si es único no es creado, porque si lo fuese ya no sería único, sino uno más entre los llamados hijos de Dios por creación.

La palabra *«primogénito»*, aplicada a Cristo, significa lo mismo que la expresión: «Y Él *es antes* de todas las cosas, y todas las cosas en Él subsisten», de Colosenses 1:17; es decir: el supremo sobre todas las criaturas: «Porque en Él fueron creadas todas las cosas, las que hay en los cielos y las que hay en la tierra, visibles e invisibles; sean tronos, sean dominios, sean principados, sean potestades; todo fue creado por Él y *para Él*» (v. 16).

E1 primero en autoridad, no en orden de sucesión

La frase *«el primogénito de toda criatura»* señala, pues, a su autoridad sobre todas las criaturas, pero no implica que Él mismo haya sido creado, sino todo lo contrario, ya que en los versículos citados se nos explica que Cristo es aquel por quien y para quien todas las cosas han sido creadas y subsisten. ¿Cómo puede ser Él, a su vez, un ser creado?

En el v. 18, Pablo prosigue enfatizando la primacía de Cristo sobre todo y por encima de todos: «Y Él es la cabeza del cuerpo que es la iglesia, Él que es el principio, el primogénito de entre los muertos, para que en todo tenga la preeminencia». Por su resurrección, Jesucristo ha sido constituido *«el primogénito de entre los muertos»*, no porque haya sido el primero en morir, sino todo lo contrario: el primero en resucitar (1 Co 15:20), como convenía a quien *«siendo la cabeza del cuerpo que es la iglesia»* es menester que *«en todo tenga el primado»*.

El significado de todos estos textos es, sencillamente, que así como el primogénito de un matrimonio es anterior a los hijos que le siguen, Cristo, por ser eterno, es anterior al principio de la creación, es el origen (Ap 3:14), la fuente y la causa de la creación (Jn 1:3; Gn 1:1), es decir: Dios mismo.

En efecto: «La razón de estos términos *primogénito de la creación*, sigue inmediatamente después: "Porque en Él han sido creadas todas las cosas". Del mismo modo es llamado el *primogénito de entre los muertos*, porque en Él todos resucitaremos.[1] En el v. 15, Cristo es presentado como el origen de la creación material; en el v. 18, como el origen de la nueva creación espiritual que él obra en sus redimidos. En él debemos buscar todas las cosas: la vida, la salvación, y a él debe ser sujeto todo» (Bonnet-Schroeder).

---

1. Es cierto que hallamos en la Biblia otros resucitados temporalmente, y Cristo mismo usó su poder divino para prolongar la vida física por algunos años a personas que habían traspasado los umbrales de la muerte, pero aquello no era la resurrección definitiva que esperamos, con la glorificación del cuerpo mortal.

Sin embargo, esta es la maravilla que tuvo lugar en el caso de la resurrección de Cristo, quien poseía después de aquel glorioso suceso un cuerpo físico totalmente semejante a su anterior cuerpo (Lc 24:38-44), pero que trascendía la materia (véase Jn 20:19 y 26). Él fue, pues, el primero en la resurrección para inmortalidad. (Véase el cap. X de este mismo libro).

Por tanto, la idea básica predominante en estos textos es que Cristo es el preeminente de la creación; o sea: Él es sobre toda la creación: «De quienes son los patriarcas, y de los cuales, según la carne, vino Cristo, el cual es Dios sobre todas las cosas, bendito por los siglos. Amén» (Rm 9:5).

El gran exegeta J. B. Lightfoot, en *Paul's Epistles to the Colossians and to Philemon*, Zondervan's Publishing House, pág. 147, ha escrito: «El primogénito de Dios es el regidor natural, el cabeza reconocida de la casa de Dios. El derecho de primogenitura sobre todas las cosas creadas le pertenece al Mesías…». En su referencia mesiánica (Sal 89:27) esta segunda idea de soberanía predomina en la palabra *«prototokos»* («primogénito»), así que desde este punto de vista «primogénito de toda creación» significaría «soberano Señor sobre toda la creación en virtud de primogenitura».

El mismo sentido de preeminencia prevalece también en Romanos 8:29, pues Cristo es nuestro Hermano mayor, y tampoco debemos pensar aquí que Él fue el primero en ser redimido, por cuanto no tenía pecado. Otra vez vemos que el término «primogénito» aplicado a Jesucristo vuelve a significar que, por el hecho de que Él haya asumido la naturaleza humana (Hb 2:14-17), ha sido constituido primogénito, el primero, entre muchos hermanos (es decir: entre sus redimidos tomados de esta misma raza de cuya naturaleza Él ha querido participar) en el sentido de ser Él su máxima autoridad y su Señor Soberano (Hb 1:6). Es muy revelador el hecho de que en Lc 2:29, Hch 4:24, Ap 6:10, Dios es nombrado con el título de «Déspota», que significa: Amo, Dueño, Señor Soberano Absoluto. Y esto excluye a cualquier otro regente. Como Soberano Absoluto, Dios no puede compartir su Soberanía con nadie. Y, sin embargo, Cristo es designado también con el mismo título de *«Déspota»*: 2 P 2:1, Jud 4. Entonces, ¿cuántos Soberanos Absolutos hay?

También en Hebreos 12:23 vemos que todos los creyentes redimidos, cuyos nombres están escritos en el libro de la vida, son llamados «*los primogénitos*», porque son los más privilegiados de todos los seres, puesto *«que están alistados en los cielos»*.

Jehová es llamado también «Primogénito»

«Entre los judíos, *"Primogénito"* llegó a utilizarse para designar a Dios mismo. A Jehová se le llamó *"el Primogénito del mundo"*. R. Bechai, en Pent. 124.4, hablando de Dios, el Padre, dice: "Quien es *primogenitus mundi"*: y en Pent. 74.4, el gran rabino cambia el sentido de Éxodo (v. 13:2), de modo que Dios se llama *"Primogénito"* a Sí mismo (Lightfoot, *Colossians*, Macmillan, 1886, pág. 148). El título indicaba que Él era antes de toda criatura y toda creación, que Él las hizo, y que Él poseía toda la autoridad y toda la dignidad de la primogenitura. ¡Pero nadie (ni los «Testigos de Jehová») dirá que Dios el Padre también es una criatura! Esto refleja el significado corriente de la expresión *"el Primogénito de toda criatura"* en una forma tan final que es absolutamente imposible inferir de ella que Cristo es una criatura; más bien es necesario concluir que Él es Dios» (J. Stam, *Pensamiento Cristiano*, Buenos Aires, 1957, págs. 169 y 170).

Finalmente, permítaseme exponer una última consideración que puede interesar a los «Testigos»: en el griego existe la palabra *«protoktistos»* que significa *«la primera cosa creada»*. Y este vocablo se hubiera usado aquí si el inspirado escritor hubiese querido indicar que Cristo fue la primera cosa creada, y no «el Ser superior a todo lo creado».

El principio de la creación de Dios

«Y escribe al ángel de la iglesia en Laodicea: "He aquí el Amén, el testigo fiel y verdadero, *el principio de la creación de Dios"*»: «Kai to aggelo tes en Laodikia ekkesias grapson Tade legei ho Amen, ho martus ho pistos kai aletinos, *He arkhe tes ktiseos tou Theou*» (Ap 3:14).

Aquí aparece la misma palabra *«arkhe»*, *«principio»*, de Juan 1:1. Este vocablo lo encontramos también en Colosenses 1:18, donde se dice de Cristo: *«Él que es el principio»*: *«os estin arkhe»*. Ahora bien: para poder captar con exactitud el significado del término *«arkhe»*, es necesario ver cómo es usado a través del Nuevo Testamento. Esta palabra se emplea, por lo menos, en tres diferentes sentidos:

a) En sentido temporal: principio, comienzo, origen de una cosa. Se usa en este sentido en Lc 1:2, Mc 1:1 y 1 Jn 1:1. En efecto: según el *Diccionario Griego-Inglés de Liddell and Scott's* (12.ª edición, Oxford), *«arkhe»* quiere decir: primera causa u origen, principio, primero, primero de todos en cuanto a número o lugar, primero en el tiempo, el más antiguo en el orden.

b) En sentido de posición: como uno que ocupa un primer lugar o preeminencia en rango, uno investido de autoridad; significando entonces: príncipe, principado, autoridad, reinante, primacía, primado, dominio, regidor, soberanía. Es decir, que se emplea para referirse a personas que ocupan lugares de importancia. Por ejemplo: en Lucas 12:11 se traduce «magistrados»; en Tito 3:1, «gobernantes» o «príncipes»; en Judas 6, «dignidad»; en Efesios 1:21, 3:10 y Colosenses 2:10, «principado-s».

c) En sentido de origen: primera causa, principiador, originador, iniciador. De ahí que el mismo diccionario ya citado más arriba dice también que el significado literal de esta expresión, *«el principio de la creación de Dios»*, es en el griego: *«el autor de la creación de Dios»*. O sea, que el término *«arkhe»* aplicado a Cristo nos enseña que en y por Él tuvo principio o comienzo la creación, idea plenamente corroborada por Juan 1:3.

Encontramos este mismo significado en el uso de esta palabra en la literatura griega no bíblica y refiriéndose precisamente a Jehová Dios. Por ejemplo, Josefo, en su libro *Contra Apion*, dice que Dios «es el *arkhe* de todas las cosas». En el evangelio apócrifo de Nicodemo se dice también que «el diablo es el *arkhe* de la muerte».

De la misma manera vemos, pues, a la luz de los textos del Nuevo Testamento, que Cristo es el principiador u originador de la creación (Col 1:16), es decir, que Él es la causa o motivo de la creación de Dios. Esta es la interpretación que muchos de los exegetas dan a la frase *«principio de la creación»* en Apocalipsis 3:14.

El doctor A. T. Robertson, una de las más reconocidas autoridades máximas en cuanto al griego del Nuevo Testamento de la generación pasada, interpreta la frase del modo siguiente: Cristo es «la fuente originadora de la creación». Así también afirman los lexicógrafos serios del griego novotestamentario, como Grimm-Thayer y Arndt-Gingrich.

Pero no nos quedemos en la superficie; profundicemos un poco más en las raíces etimológicas del término *«principio»*, a fin de estar bien seguros de que nuestra interpretación es correcta. Esta palabra en hebreo es *«reshit»*, vocablo derivado de *«rosh»*, que significa *«cabeza»*. Por lo tanto, comprobamos que, efectivamente, no solo contiene el valor de una duración temporal, sino que, intrínsecamente, implica un principio cualitativo, una recapitulación potencial que lleva inherente la manifestación de las cosas que seguirán después.

En Juan 2:11 leemos: «Este *principio* de señales hizo Jesús: "Tauten epoiesen *arkhen* ton semeion ho Iesous"». Es decir: la primera señal, pero no en el sentido de una sola y única, sino que, en potencia, ya contiene la sucesión de todas las demás señales que van a venir. Es como la mente que genera el pensamiento, no en su máximo desarrollo total de expresión generado instantáneamente en un mismo momento, sino potencialmente conteniendo la causalidad capaz de engendrar todo el conjunto de pensamientos que, sucesivamente, van a ser elaborados y originariamente se derivarán de esa mente.

Como resultado del análisis científico de todos estos antecedentes etimológicos, podemos constatar y verificar, pues, que, en efecto, con la expresión *«arkhe»*, aplicada a Jesucristo, se quiere significar: «el arquetipo de Dios», o sea: «el medio personal por el cual creó Dios en Cristo»; es decir: «el principio (soberano) de la creación de Dios», porque ya hemos visto con las Escrituras que Cristo es la causa originadora de todo lo creado y Él tiene soberanía y potestad sobre toda la creación. «Y Jesús se acercó y les habló diciendo: "Toda potestad me es dada en el cielo y en la tierra"» (Mt 28:18).

Por tanto, queda bien claramente demostrado que Cristo no es el primero (*«protos»*) en haber sido creado, sino que Él es el regidor (*«arkhe»*) de la creación, porque Cristo fue quien dio comienzo a toda la creación de Dios. A la luz de todas estas consideraciones de carácter estrictamente filológico, el texto de Apocalipsis 3:14 podría admitir perfectamente las siguientes transcripciones por vía de traducción: «el origen de la creación de Dios», o «el autor de la creación de Dios», o «el jefe de la creación de Dios».

Además, por otra parte, la palabra *«arkhe»* es usada igualmente en forma compuesta en expresiones que nos son familiares a nosotros, y que nos ayudan a comprender todavía más y mejor su exacto significado, apoyando nuestro discernimiento y contribuyendo así a corroborar la tesis del asunto. Por ejemplo, el «sumo sacerdote» es el *«arkhiereus»*; el «presidente de la sinagoga» es el *«arkhisunagogos»*; el «maestro constructor» es el *«arkhitekton»*. Y, como es lógico, sería insensato pensar que el sumo sacerdote (*«arkhiereus»*) de cada año fuese el primer sacerdote en existir.

Si los «Testigos de Jehová» no quieren hacer caso de las leyes de la hermenéutica o de la filología e insisten en que el término *«principio»* siempre ha de tener significado temporal, les llamaremos la atención al hecho de que en Apocalipsis 21:6 se dice que Dios también es *«el principio»* (*«he arkhe»*) y *«el fin»* (*«to telos»*). Si el vocablo *«arkhe»* siempre tiene que tener sentido temporal, entonces resulta que Jehová Dios también ha tenido principio, y lo que es peor: ¡tendrá fin!

El sustentador de la creación de Dios

«Y todas las cosas en él *subsisten*»: «kai ta panta en auto *sunestaken*» (Col 1:17).

Con estas palabras divinamente inspiradas, el apóstol Pablo afirma aquí que no solo fue Cristo quien hizo el universo, sino que es Él también quien la mantiene en existencia y en orden.

La palabra *«subsisten»* traduce el verbo griego *«sunistemi»*, que quiere decir: poner juntos, combinar, arreglar en orden (como las líneas de un ejército en batalla), coherirse, adherirse. La frase, entonces, permite la traducción: «en Él todas las cosas se adhieren», y así se mantienen en su existencia organizada. «Él es el principio de cohesión en el universo. Él imprime en la creación la unidad y la solidaridad que lo hacen un cosmos, en vez de un caos» (Lightfood, *Colossians*, Macmillan, 1886, página 154).

En relación con los datos que nos suministra la ciencia natural, nuestro texto adquiere un interés muy significativo hoy en día. Según la ciencia nuclear, la estructura atómica es básicamente inestable y tiende a desintegrarse. Parece que nadie puede explicar exactamente por qué el átomo se adhiere en vez de descomponerse, pero sabemos que la fuerza unificadora del átomo es tan tremenda que su liberación produce el poder nuclear, que se ejerce en su nueva integración (fusión) con mucha más fuerza que en su desintegración (fisión).

Últimamente la ciencia moderna ha concluido que tiene que haber alguna fuerza central que una todas las demás fuerzas físicas del universo. El ilustre físico Albert Einstein, quien estableció la interconvertibilidad de la materia y la energía, también redujo todas las fuerzas eléctricas, magnéticas y de gravitación. En las últimas décadas de su vida, Einstein se esforzó en descubrir «una teoría de un campo unificado» que pudiera centrar conjuntamente estas tres clases de fuerzas. El famoso científico buscó el gran principio básico del universo, sin hallarlo.

Pero de nuestro texto parece desprenderse que este gran principio central del universo se relaciona inseparablemente con la persona y el poder de Jesucristo, en quien «todas las cosas subsisten y se adhieren». Él es el centro y el foco de toda la creación y el secreto misterioso de toda existencia, «sustentando todas las cosas con la palabra de su potencia» (Hb 1:3). Él es la coherencia y la cohesión del cosmos.

Ahora bien: en esta obra providencial y preservadora de Cristo descubrimos otra evidencia clara de su deidad. Porque si Cristo no fuera Dios, si no fuera infinito y absoluto, no sería posible que todas las cosas tuvieran su subsistencia en Él (Hb 2:10; Ne 9:6; Sal 36:6; 66:8-9; 104:29-30).

Lamentablemente, los traductores de la versión *Nuevo Mundo* han tenido la osadía de mutilar el texto de Colosenses 1:17, suprimiendo la segunda parte del versículo, que literalmente dice: «*kai ta panta en auto sunesteken*»: «*y las todas (las cosas) en Él subsisten*». Los «Testigos de Jehová» vierten este texto así: «*y por medio de él se hizo que todas (las otras) cosas existieran*». Como puede comprobarse, el sentido del original ha sido totalmente alterado, y, además, se han interpolado dos expresiones que son ajenas al contenido genuino del griego: «*por medio de*» y «*las otras*».

VIII

Cristo, la deidad suprema

Indiscutiblemente, grande es el misterio de la piedad:
Dios fue manifestado en carne, justificado en el Espíritu,
visto de los ángeles, predicado a los gentiles,
creído en el mundo, recibido arriba en gloria.
1 Timoteo 3:16

Dios manifestado en carne

En 1 Timoteo 3:16 leemos: «*E indiscutiblemente, grande es el misterio de la piedad: Dios fue manifestado en carne, justificado en el Espíritu, visto de los ángeles, predicado a los gentiles, creído en el mundo, recibido arriba en gloria*». Pero la versión *Nuevo Mundo* traduce: «Realmente, el secreto sagrado de esta devoción piadosa es reconocidamente grande: *Fue* puesto de manifiesto en carne...». Se ha suprimido «*Dios*», sustituyéndolo por «Fue». Ahora bien: en honor a la verdad debe decirse, sinceramente, que en algunas copias griegas no aparece, en efecto, la palabra «*Dios*», aunque —al parecer— afirman algunos que la autoridad de los antiguos manuscritos justifica nuestra versión Reina-Valera. No obstante, aun reconociendo que los mejores documentos requieren una sustitución, tampoco podría ponerse la palabra «Fue» en lugar de «*Dios*», porque los textos griegos que presentan alguna variante dicen: «*Os ephanerothe en sarki*». Y el vocablo «*Os*» significa «*Quien*» o «*El cual*». Esto en nada cambia el sentido de la frase. Porque es evidente que hubo una manifestación en la carne, y fue la manifestación de un ser. ¿Quién fue este ser? Si el lector examina el contexto que antecede, comprobará que Pablo está hablando de Dios (v. 15), y a Él mismo sigue refiriéndose el apóstol en el v. 16 cuando escribe que alguien fue manifestado en carne.

El misterio séxtuplo, según Spurgeon

Spurgeon, en su sermón sobre este versículo, titulado *El misterio séxtuplo*, ha resuelto el problema con una luz tan clara que cualquiera puede entenderlo. Dice: «Hay muy poco lugar para discutir acerca de este asunto, porque si el texto no dice que Dios fue manifestado en la carne, ¿quién dice, entonces, que fue? Fue un hombre, o un ángel, o un demonio. ¿Nos dice que un hombre fue manifestado en la carne? Con seguridad que no puede ser esta la enseñanza, porque todo hombre es manifestado en la carne, y no hay sentido al hacer tal afirmación referente a un mero hombre y luego llamarle un misterio. ¿Fue, entonces, un ángel? Pero ¿qué ángel se ha manifestado nunca en la carne? Y si lo fue, ¿sería, por cierto, un misterio que hubiera sido visto de los ángeles? ¿Es una maravilla para un ángel ver a otro ángel? ¿Podrá ser que el demonio fuera manifestado en la carne? Si es así, él ha sido recibido arriba en gloria, lo que esperamos no habrá sucedido. Por lo tanto, si el que fue manifestado en la carne no fue un hombre, ni un ángel, ni un demonio, con seguridad debe haber sido Dios; y así, si la palabra no está allí, debe estar el sentido, o hay un contrasentido. Creemos que si la crítica pasara el texto por un molino, no sacaría ni más ni menos que el sentido expresado en nuestra magnífica versión antigua: "Dios fue manifestado en carne"».

Ni una palabra es necesario añadir a esta notable interpretación de Spurgeon, y cualquier objeción la atacaría en vano.

El «Hijo de Dios» y los «hijos de Dios»

El Dr. James Orr, hablando del título de «Hijo de Dios», según se aplica a Cristo, dice: «No puede existir comparación o analogía alguna con este título. La unidad con Dios que el título designa no es una influencia refleja del pensamiento y carácter divinos como la que puedan obtener los ángeles o los hombres, sino una identidad de esencia que le hace no solo semejante a Dios, sino Dios. Otros pueden ser hijos de Dios en un sentido moral; pero únicamente Él lo puede ser por naturaleza esencial. Él es, por consiguiente, el Hijo *único*, tan estrechamente unido a la íntima naturaleza divina que Él expresa, que está en el mismo seno del Padre. Este modo de hablar indica dos entidades (relativas, decimos nosotros), que son enteramente una, y ambas tan esenciales a la divinidad que ninguna de ellas puede omitirse cuando afirmamos algo de ella».

Los mismos «Testigos de Jehová» se dan cuenta de esta diferencia esencial entre el que es llamado Hijo unigénito de Dios y los hijos de Dios en general, y tratan de explicarlo, sin reconocer la divinidad esencial de Cristo, del modo siguiente:

«De igual manera el "Hijo unigénito de Dios" puede hablar de sí mismo como el "principio de la creación de Dios". Dios su Padre celestial lo engendró en el sentido de que Dios lo produjo de sí mismo sin intermediario alguno y así lo creó. Como quien es engendrado o generado o quien es creado, el "Hijo unigénito" tuvo principio en cuanto a su vida y existencia. Debido a que fue creado semejante a Dios o con parecido a Dios, más bien que creado como alguna creación inanimada o sin vida, se le llamó Hijo de Dios y por lo tanto

Dios era su Padre y Engendrador. No fue entonces producido o creado como criatura humana, terrestre, sino que fue creado como criatura, llegando a ser una persona espíritu como su Padre Celestial. En la tierra el profeta Jesucristo dijo: "Dios es un espíritu (o Dios es espíritu), y los que le adoran tienen que adorarlo con espíritu y verdad" (Jn 4:24). El "Hijo unigénito de Dios" era semejante a Dios su Padre celestial por ser espíritu y así ser sobrehumano».[1]

Pero es en vano esta explicación, pues si Cristo fue creado, es esencialmente igual que los ángeles y que los hombres, una criatura de Dios. El que fuera creado como espíritu y no como materia no hace diferencia alguna, puesto que también a los ángeles, y aun a los demonios, se les llama espíritus en la Sagrada Escritura, y son sobrehumanos; pero sería una blasfemia si tales seres asumiesen, como hizo Cristo, el carácter de Dios. El ser de mayor rango no le da el carácter de único que la palabra «Hijo unigénito» sugiere. Una criatura ensalzada sobre todas las demás continuaría siendo criatura y podría ser reemplazada en su rango por otra, si tal fuera la voluntad del Soberano Creador. El título de unigénito es inadecuado y sin significado alguno en este caso, a menos que indique divinidad esencial; ser parte del mismo Creador, como le expresa el apóstol Juan: «El unigénito Hijo que está en el seno del Padre, Él lo declaró» (Jn 1:18).

El llamar a Jesucristo «profeta», después de que Él ha venido ya al mundo y se ha declarado como Dios, nos parece otra irreverencia de parte de los «Testigos», a la luz de Mateo 16:13-17. El que Moisés usara esta palabra aplicándola al futuro Mesías, según Hechos 7:37, es un caso diferente, teniendo en cuenta el limitado conocimiento que tenían los antiguos hebreos acerca del profundo misterio mesiánico, pero este no es el caso con los actuales «Testigos de Jehová».

«El que me ha visto ha visto al Padre»

Hay un lugar en el Evangelio de San Juan en el que Jesús explica, diáfanamente, la identidad de su persona con la del Padre y, por ende, su deidad suprema.

Cuando Felipe le hace la atrevida sugerencia: «*Señor, muéstranos al Padre y nos basta*», Jesús no le responde: «Es imposible, Felipe, pues Dios es espíritu, y no puede ser visto por ojos humanos». Ni tampoco: «Es el Ser supremo,

---

1. *Cosas en las cuales es imposible que Dios mienta*, pág. 125.

Con esta explicación tratan de confundir a sus adeptos como si reconocieran la divinidad de Jesús, pero en realidad no es así, ya que le hacen un ser divino de segundo orden entre muchos espíritus tan divinos como Jesús mismo. Es para apoyar su teoría de «el Verbo era un dios» que pretenden hallar en Juan 1:1, pero falsificando el texto original, como hemos tenido ocasión de constatar.

cuya grandeza no puedes imaginarte». O bien: «Él es Soberano y yo no puedo apoyar semejante petición cuando tú sabes que fue dicho a Moisés: "No me verá ojo y vivirá"». Esto es lo natural y lógico que hubiese respondido Jesús si hubiese sido un ser creado, un mensajero del Padre por elevado que fuera. Pero ved lo que responde Jesucristo: *«¿Tanto tiempo hace que estoy con vosotros, y no me has conocido, Felipe? El que me ha visto a Mí ha visto al Padre, ¿cómo, pues, dices tú: muéstranos al Padre? ¿No crees que yo soy en el Padre y el Padre en mí? Las palabras que yo os hablo, no las hablo por mi propia cuenta, sino que el Padre que mora en mí Él hace las obras. Creedme que yo soy en el Padre y el Padre en mí; de otra manera creedme por las mismas obras»* (Jn 14:9-11).

Esta declaración de Jesucristo acerca de su identidad con el Padre y de su divinidad esencial es demasiado clara y enfática para que puedan tolerarla los jefes russellistas. Por tal motivo tergiversan el texto y hacen a Jesús decir:

> *«El que me ha visto a Mí, ha visto al Padre (también). ¿Cómo es que dices: "Muéstranos al Padre"? ¿No crees que yo estoy en unión con el Padre y el Padre está en unión conmigo? Las cosas que digo a ustedes no las hablo de por mí; sino que el Padre que permanece en unión conmigo está haciendo sus obras. Créanme que yo estoy en unión con el Padre y el Padre está en unión conmigo, de otra manera, crean a causa de las obras mismas».*

Pero las palabras *«unión de»* no están en el original griego; son puro invento de los traductores russellistas, como podrá ver el lector por los documentos gráficos que damos a continuación.

Por esto nosotros preferimos atenernos al dictamen de nuestro Señor Jesucristo que a las forzadas interpretaciones y tergiversaciones del texto original de los evangelios que nos ofrecen los «Testigos de Jehová». Por misterioso que sea el hecho de su deidad suprema, tenemos que concretarnos a decir que Él lo sabía mejor que todos nosotros, y su autoridad es infinitamente superior a la de Taze Russell, Rutherford, Natahan H. Knorr y demás corifeos del russellismo.

Aclarando un texto: ¿Puede Dios ser visto?

> *«Y llamó Jacob el nombre de aquel lugar, Peniel: porque vi a Dios cara a cara, y fue librada mi alma»* (Gn 32:30).
>
> *«A Dios nadie le vio jamás»* (Jn 1:18).

Además de los pasajes mencionados, pueden tomarse en consideración otros como Éxodo 33:20, donde Dios dice a Moisés: «No podrás ver mi rostro; porque no me verá hombre, y vivirá». Por otra parte, leemos en Éxodo 24:9 y 10: «Y subieron Moisés y Aarón, Nadab y Abiú, y 70 de los ancianos de Israel; y vieron al Dios de Israel...».

Pudiera parecer que los pasajes citados estuvieran en un total desacuerdo; sin embargo, la armonización de ellos no es nada difícil. Jesús dice que Dios es Espíritu (Jn 4:24), de lo que se deduce que no puede ser visto. Su esencia es invisible; esto es un hecho inalterable. Sin embargo, este glorioso invisible Dios puede permitir ciertas manifestaciones especiales que reflejan su gloria, ciertas señales inequívocas que demuestran su presencia. Puede también, para beneficio de los hombres, tomar forma humana para hacerse visible a ellos. Ante la comprobación de estas manifestaciones, los hombres han expresado que han visto a Dios y se les puede justificar al decir esto, aunque no han visto al todo omnisciente solo sabio y bendito Espíritu, sino meras manifestaciones de él o de la forma que él temporariamente haya tomado. Para usar una humilde ilustración, cuando vemos algunas chispas que salen de un alambre cargado con electricidad, o cuando observamos un relámpago que cruza el cielo, decimos que hemos visto electricidad; pero sabemos muy bien que la electricidad no puede ser vista; este misterioso poder no puede ser sino observado a través de las indicaciones que prueban su existencia. Así, en un sentido, Dios puede ser visto, es decir, cuando Él condesciende en manifestarse en forma corporal, y en otro sentido Él no puede ser visto, vale decir con respecto a la infinita esencia de su Espíritu.

Además, una traducción literal de Juan 1:18 viene a reforzar aún más la doctrina de la deidad de Cristo, pues textualmente tendría que ser vertido así: «*A Dios* (enfático) *nadie ha visto jamás hasta ahora; el unigénito Dios, que está continuamente en el seno del Padre, Él* (enfático) *(lo) exegetó*».

Aquí el verbo «está» es un presente eterno e indica una relación y una comunión ininterrumpida con el Padre, aun durante el ministerio terrenal del Hijo.

Esta idea está claramente reforzada por la preposición griega, la cual no expresa una posición estática, sino el movimiento desde una posición a otra, tal como la empleamos nosotros al decir que entramos en un edificio.

Así que el Hijo de Dios, que, literalmente, había estado «hacia Dios» o «cara a Dios» en la eternidad, siguió gozando de la misma relación íntima en la tierra, como si estuviera todavía «en el seno del Padre».

Es decir: constantemente tenía entrada en la presencia de Dios.

ILUSTRACIÓN GRÁFICA
1 TIMOTEO 3:15

14 Ταῦτά   σοι   γράφω,   ἐλπίζων
These (things) to you I am writing, hoping

ἐλθεῖν   πρὸς σὲ ἐν τάχει, **15** ἐὰν   δὲ
to come toward you in quickness, if ever but

βραδύνω,   ἵνα   εἰδῆς   πῶς
I may be slow, in order that you may know how

δεῖ   ἐν   οἴκῳ   θεοῦ
it is binding in   houselhold   of God

ἀναστρέφεσθαι,   ἥτις   ἐστὶν   ἐκκλησία
to be turning self up, which is   ecclesia

θεοῦ   ζῶντος, στῦλος καὶ ἑδραίωμα τῆς
of God   living,   pillar   and support   of the

ἀληθείας· **16** καὶ ὁμολογουμένως μέγα ἐστὶν
truth;   and   confessedly   great is

τὸ   τῆς   εὐσεβείας   μυστήριον· Ὃς
the of the revering well mystery;   Who

ἐφανερώθη   ἐν σαρκί, ἐδικαιώθη ἐν
was manifested in flesh, was justified in

πνεύματι, ὤφθη ἀγγέλοις, ἐκηρύχθη   ἐν
spirit,   was seen to angels, was preached in

ἔθνεσιν, ἐπιστεύθη ἐν κόσμῳ, ἀνελήμφθη
nations, was believed in world, was taken up

ἐν   δόξῃ.
in   glory.

14 I am writing you these things, though I am hoping to come to you shortly, **15** but in case I am delayed, that you may know how you ought to conduct yourself in God's household, which is the congregation of [the] living God, a pillar and support of the truth. **16** Indeed, the sacred secret of this godly devotion[a] is admittedly great: 'He was made manifest in flesh, was declared righteous in spirit, appeared to angels, was preached about among nations, was believed upon in [the] world, was received up in glory'.

Los «Testigos de Jehová», aprovechándose de una «variante» que nada varía, reproducen uno de los textos griegos que omite en este versículo la palabra «*Dios*», aunque hay otros manuscritos que lo tienen. No obstante, puede verse en el versículo anterior que el apóstol está hablando de Dios («la iglesia del Dios vivo»); por consiguiente, es evidente que el adverbio personal «*os*» («quien») no puede aplicarse a nadie más que a Dios.

El texto griego, después de mencionar la «Iglesia del Dios vivo», añade: «*Os ephaneron en sarki*», que el inglés interlineado traduce correctamente *«who was manifested in flesh»* («quien fue manifestado en carne»). Pero la traducción inglesa de la columna lateral evita el pronombre «quien», que identifica el Ser encarnado con Dios, y traduce simplemente: «Él fue manifestado en carne». Y la versión española del *Nuevo Mundo* va mucho más lejos que la inglesa en la tergiversación, pues evita incluso el artículo personal «El» y pone simplemente: «Fue puesto de manifiesto en carne», sin definir a quién se refiere, evitando relacionar esta frase con la cláusula «el Dios vivo» al separarlas con punto y mayúscula.

IX

Jehová y Cristo

Yo y el Padre una cosa somos.
Juan 10:30

Jesús es Jehová Dios

¿Quién es el Autor de la creación? Jehová Dios: «*Así dice Jehová Dios, Creador de los cielos, y el que los despliega; el que extiende la tierra y sus productos; el que da aliento al pueblo que mora sobre ella, y espíritu a los que por ella andan*» (Is 42:5). Jehová lo creó todo, Él hizo cuanto existe y aparte de Él nada existiría. (Véase también: Gn 1:1; Sal 19:1; 136:5-9; Pr 3:19; Jr 10:12 y 16). Pero aún más: según Isaías 44:24, Jehová no usó ningún «socio» o «colaborador» (como afirman los «Testigos») que le ayudase: «*Así dice Jehová, tu Redentor, que te formó desde el vientre: "Yo Jehová, que lo hago todo, que extiendo solo los cielos, que extiendo la tierra por mí mismo"*». Notemos el énfasis: «*Yo Jehová... que extiendo solo... por mí mismo*». En efecto: si Dios es Todopoderoso y Todosuficiente, ¿necesitaba de algún «socio» o «ayudante» para decir: «¡Sea la luz!»»?

Y cuando pasamos al Nuevo Testamento leemos: «*Todas las cosas por Él (Cristo) fueron hechas, y sin Él nada de lo que ha sido hecho, fue hecho*» (Jn 1:3). «*Porque en Él (Cristo) fueron creadas todas las cosas, las que hay en los cielos y las que hay en la tierra, visibles e invisibles; sean tronos, sean dominios, sean principados, sean potestades; todo fue creado por Él y para Él*» (Col 1:16).

¿Cómo compaginar estos textos con Isaías 44:24? Llegamos irremisiblemente a la conclusión de que *Jesús es Jehová mismo*, pues Dios no tuvo ningún ayudante al estilo de lo que afirman los «russellistas», sino que hizo todas las cosas por medio del Hijo (Hb 1:2), el cual es «*una cosa*» con Jehová, Dios Padre. Y, por lo tanto, Jehová puede decir con toda propiedad que la creación es obra suya, que Él hizo solo, por sí mismo, sin ayuda de nadie.

Muchos otros textos prueban que Jesús es Jehová Dios. En Juan 12:41 leemos: «*Isaías dijo esto cuando vio su gloria, y habló acerca de Él*». ¿De quién habló? Juan, indudablemente, se refiere a Cristo en este pasaje. En cambio, Isaías escribió: «*...vi yo al Señor sentado sobre un trono alto y sublime... Por encima de Él había serafines... Y el uno al otro daba voces, diciendo: "Santo, santo, santo, Jehová de los ejércitos; toda la tierra está llena de su gloria"*» (6:1-3). Y en 42:8 se lee: «*Yo Jehová; este es mi nombre; y a otro no daré mi gloria*».

Por lo tanto, si —según el apóstol Juan— Isaías contempló la gloria de Cristo, y el profeta, en cambio, nos dice que la gloria que vio fue la de Jehová y que el Señor no transfiere a nadie esta gloria, se ve bien claro que el Jesucristo del Evangelio de Juan es el mismo Jehová del profeta Isaías.

Compárese ahora 1 Pedro 3:15 con Isaías 8:13. Leamos los textos. Isaías dice: «*A Jehová de los ejércitos, a Él santificad*». Y Pedro escribe: «*Santificad a Cristo el Señor en vuestros corazones*». Literalmente, en griego: «*Kurion de ton Christon agiasate en tais kardiais umon*». Es decir: Pedro desea que los creyentes de su tiempo santifiquen a Jesús como los del tiempo de Isaías santificaban a Jehová. Otra expresión muy singular y única en el Nuevo Testamento, aplicada a Cristo, se halla en Efesios 5:21, donde el griego dice: «*Upotassomenoi allelois en phobo Christou*», o sea: «*Someteos unos a otros en el temor de Cristo*».

El mismo profeta escribió también: «*… sea Él (Jehová) vuestro temor, y Él sea vuestro miedo. Entonces Él será por santuario; pero a las dos casas de Israel, por piedra para tropezar, y por tropezadero para caer*» (Is 8:13-14). Y en el Salmo 118:22 leemos: «*La piedra que desecharon los edificadores ha venido a ser cabeza del ángulo*». Cristo mismo comentó estos textos en Mateo 21:42-45. Ahora bien: el apóstol Pedro aplica los mismos textos a Jesucristo en 2:6-8 de su 1.ª Carta, en donde, sin lugar a dudas, Cristo es la piedra para tropezar en la que caerán los incrédulos, la piedra que, según Isaías, es Jehová.

La venida de Jehová

Este profeta anunció que Jehová mismo en persona vendría a salvarnos: «*Decid a los de corazón apocado: "Esforzaos, no temáis; he aquí que vuestro Dios viene con retribución, con pago; Dios mismo vendrá, y os salvará"*»; «*Y se dirá en aquel día: "He aquí, este es nuestro Dios, le hemos esperado, y nos salvará; este es Jehová a quien hemos esperado, nos gozaremos y nos alegraremos en su salvación"*» (Is 35:4; 25:9).

Es verdad que parte de esta profecía se refiere también al futuro glorioso de Sión. Pero el vocablo hebreo que aquí se usa para «*venir*», «*bo*», es el mismo que aparece en Zacarías 9:9, donde se habla de la entrada triunfal de Jesús en Jerusalén, que como sabemos históricamente tuvo lugar al pie de la letra. Así pues, este pasaje de Isaías ha tenido ya un cumplimiento parcial con la primera venida de Cristo, cuando Jehová se manifestó físicamente a los hombres por medio de la encarnación del Verbo. Sí: Dios visitó la tierra y pasó un tiempo entre nosotros para que pudiéramos relacionarnos con Él. Esta es la gran buena nueva que los cristianos tenemos para proclamar al mundo. Por eso, de acuerdo con lo que anuncia Isaías, María exclama en su Magnificat: «*Mi espíritu se regocija en Dios mi Salvador*» (Lc 1:47); y el anciano Simeón, tomando en sus brazos al Niño, dice: «*Han visto mis ojos tu salvación*» (Lc 2:30).

Además, que esta primera venida de Dios al mundo sería personal, y no meramente espiritual, nos lo demuestra el propio profeta al añadir a continuación: «*Entonces los ojos de los ciegos serán abiertos, y los oídos de los sordos se abrirán. Entonces el cojo saltará como un ciervo, y cantará la lengua del mudo*» (Is 35:5-6). Estas serían las señales que literalmente acompañarían a Dios durante su estancia en la tierra. Y estos fueron precisamente los milagros que Jesús realizó durante su ministerio público.

El precursor de Jehová

En Isaías 40:3 se dice proféticamente que Jehová tendría un precursor que prepararía su llegada: «*Voz que clama en el desierto: Preparad camino a Jehová; enderezad calzada en la soledad a nuestro Dios*». Esta profecía se cumplió en el ministerio de Juan el Bautista (Mt 3:3, Mc 1:3, Lc 3:4 y Jn 1:23), el cual aparejó el camino del Señor, es decir: preparó el camino de Jesús. Pero fijémonos bien que, en la profecía de Isaías, el Señor a quien hay que preparar el camino es «*Jehová... nuestro Dios*». Esto prueba también que Jesucristo es Jehová.

Jehová habitaría en la tierra

El profeta Zacarías igualmente nos anuncia que Jehová habitaría entre los hombres: «*Canta y alégrate, hija de Sión, porque he aquí vengo, y moraré en medio de ti, ha dicho Jehová. Y se unirán muchas naciones a Jehová en aquel día, y me serán por pueblo, y moraré en medio de ti*» (2:10-11). Aunque el evento pertenece también al futuro, por cuanto la profecía se refiere a la restauración de Israel y al establecimiento del Reino mesiánico, el hecho de la presencia de Jehová entre los hombres ya tuvo un cumplimiento parcial cuando Dios se encarnó: «*Y aquel Verbo (que era Dios) fue hecho carne, y habitó entre nosotros*» (Jn 1:14). Luego la conclusión es obvia: Cristo es Jehová.

Jehová sería vendido

Más adelante, el mismo escritor sagrado nos dice que Jehová sería vendido: «*Y les dije: "Si os parece bien, dadme mi salario; y si no, dejadlo". Y pesaron por mi salario treinta piezas de plata. Y me dijo Jehová: "Échalo al tesoro; ¡hermoso precio con que me han apreciado!". Y tomé las treinta piezas de plata, y las eché en la casa de Jehová al tesoro*» (Za 11:12-13). Léase también todo el contexto en el mismo capítulo y se comprobará que quien está hablando en este pasaje es Jehová. Pasemos ahora al Nuevo Testamento: «*Entonces uno de los doce, que se llamaba Judas Iscariote, fue a los principales sacerdotes, y les dijo: "¿Qué me queréis dar, y yo os lo entregaré?". Y ellos le asignaron treinta piezas de plata*».

«*Así se cumplió lo dicho por el profeta... cuando dijo: "Y tomaron las treinta piezas de plata, precio del apreciado, según precio puesto por los hijos de Israel; y las dieron para el campo del alfarero, como me ordenó el Señor"*» (Mt 26:14-15; 27:9-10). Vemos aquí cómo el evangelista aplica el cumplimiento de la profecía a Jesús. ¿No constituye esto otra evidencia de que Jesucristo es Jehová? En el v. 11 del cap. 11 de Zacarías, el texto hebreo dice, en efecto, «*miraban a mí*», o sea, a Jehová. La palabra es «*oti*», de «*ot*»: a; «*i*»: mí. Pero el texto ha sido igualmente adulterado por los «Testigos».

En el v. 12 aparece el término «*sejari*», de «*sejar*»: salario; «*i*»: mi. Es decir: «Mi salario», expresión aplicada también a Jehová.

Jehová sería traspasado

Pero aún hay más: Jehová tenía también que ser traspasado. En Juan 19:33-37 leemos: «*Mas cuando llegaron a Jesús, como le vieron ya muerto, no le quebraron las piernas. Pero uno de los soldados le abrió el costado con una lanza... Porque estas cosas sucedieron para que se cumpliese la Escritura: "No será quebrado hueso suyo". Y también otra Escritura dice: "Mirarán al que traspasaron"*». ¿No se han dado cuenta los «Testigos» de que en la profecía del Antiguo Testamento es Jehová mismo aquel a quien traspasaron? En efecto: «*Y derramaré sobre la casa de David, y sobre los moradores de Jerusalén, espíritu de gracia y de oración; y mirarán a mí, a quien traspasaron*» (Za 12:10). Quien habla aquí es Jehová. Los judíos interpretaron siempre este texto como alusivo al Mesías, pero como que no podían escapar a la evidencia de que este Mesías tenía que ser divino, entonces algunos de ellos cambiaron el texto en algunos manuscritos. Sin embargo, los investigadores judíos más eminentes rechazan la interpolación y admiten como único y verdadero el texto de las versiones cristianas y las antiguas hebreas. Ningún erudito de talla, incluso entre los críticos no creyentes, admite la interpolación. Por consiguiente, el pasaje de Zacarías enseña que los habitantes de Jerusalén mirarán a Jehová a quien traspasaron. Una profecía que solo a la luz de la cruz de Cristo halla su interpretación y cumplimiento. Vemos, pues, que en el Antiguo Testamento Jehová habla de sí mismo como Aquel a quien han de traspasar los moradores de Jerusalén, y en el Nuevo Testamento esta profecía se cumple en Cristo, como enseña el apóstol Juan en su Evangelio. El hebreo dice, en efecto, en Zacarías 12:10: «*vehibitu elai*», de «*ve*»: y; «*hibitu*»: mirarán; «*el*»: a; «*ai*»: mí. O sea, literalmente: «*Y mirarán a mí*»; es decir: a Jehová. Pero los «Testigos» traducen: «*y ciertamente mirarán a Aquel*». Cuando la palabra para «aquel» es en hebreo «*hahu*».

En Apocalipsis 1:7-8 leemos: «*He aquí que viene con las nubes, y todo ojo le verá, y los que le traspasaron; y todos los linajes de la tierra harán lamenta-*

ción por él. Sí, amén. Yo soy el Alfa y la Omega, principio y fin, dice el Señor, el que es y que era y que ha de venir, el Todopoderoso». El Dr. A. J. Gordon cita un interesante comentario del erudito hebreo-cristiano Dr. Rabinowitz, quien compara estos textos apocalípticos con Zacarías 12:10 y dice que los judíos sostienen una gran controversia sobre el significado de la voz *«quien»* en Zacarías. El original hebreo usa aquí simplemente la primera letra y la última del alfabeto hebreo: *«Alef»* y *«Tau»*. Puede uno imaginarse, entonces, la sorpresa del Dr. Rabinowitz cuando leyó por primera vez Apocalipsis 1:7-8, donde el Señor Jesús dice que Él mismo es el *«Alfa»* y la *«Omega»*, la primera letra y la última del alfabeto griego. Es como si dijera: *«Yo soy el Quien de que habló Zacarías. Los judíos me mirarán a Mí a Quien traspasaron»*. ¿Qué evidencia más clara podemos desear de que Jesús es Jehová Dios?

Además, no olvidemos que el nombre de Jehová significa precisamente: *«el que era, el que es y será o ha de ser»*, lo que exactamente afirma con claridad el pasaje apocalíptico citado antes, aplicándolo a Cristo. En efecto: ¿Quién es *«el Alfa y la Omega… que ha de venir»* de Apocalipsis 1:8? El versículo anterior, el 7, lo dice: Jesucristo. Y más adelante, en los vs. 17 y 18, leemos: *«Cuando le vi, caí como muerto a sus pies. Y él puso su diestra sobre mí, diciéndome: "No temas; yo soy el primero y el último; y el que vivo, y estuve muerto; mas he aquí que vivo por los siglos de los siglos, amén. Y tengo las llaves de la muerte y del Hades"»*. Ahora bien: el mismo título de *«el primero y el último»* se lo aplica Jehová a Sí mismo en el Antiguo Testamento. (Véanse: Is 41:4, 43:10, 44:6 y 48:12). Entonces, si esto es así, si idéntico título se usa para describir a Jehová y para referirse a Jesús, preguntamos: ¿Cuántos primeros y últimos hay? La respuesta es obvia: Uno solo. Lo que ocurre es que los dos, el Padre y el Hijo, son igualmente eternos, siendo siempre ambos el Ser que no tuvo principio ni tendrá fin. No puede haber momento en que ninguno de los dos no haya sido o deje de ser. Por eso el Señor Jesucristo reclama para Sí los mismos títulos divinos que pertenecen a Jehová.

Pero tal vez los «russellistas», tratando de eludir esta verdad, pudieran objetar que tales textos se refieren al Padre y no al Hijo. No obstante, volvemos a preguntar: ¿Quién es Alfa y Omega? Ya hemos dicho que estas dos palabras son la primera y la última letra del alfabeto griego. Y, por lo tanto, no se pueden referir a otro, sino a Jesucristo, porque Él es el Verbo, o sea, la PALABRA. «Verbo» quiere decir «palabra». Como las palabras que expresan el pensamiento se componen de letras y la palabra es el medio de comunicación entre los hombres, así el Verbo es el que expresa todo lo que se sabe acerca de Dios, y Cristo es el medio de comunicación entre el hombre y Dios (Jn 1:18).

De vuelta a Juan 1:1

Volvamos de nuevo a Juan 1:1. Ahora es el Dr. Herschell H. Hobbs quien nos revela datos interesantes sobre la divinidad eterna de Cristo. *«En el principio era el Verbo»*. No dice: *«En el principio fue hecho el Verbo»*, sino: *«era el Verbo»*. En Juan 1:14, donde se habla de la encarnación, se usa la construcción verbal «fue hecho», porque en verdad la humanidad de Jesucristo tuvo principio. Pero su Deidad nunca lo tuvo, y por tanto se emplea el verbo que implica existencia eterna, *«era»*. Efectivamente: la voz *«era»*, usada tres veces en Juan 1:1, ya se dijo que es la forma del imperfecto de *«eimi»*, el verbo de ser esencial como nuestro verbo «ser». No se refiere a ningún principio ni fin, sino sencillamente a ser esencial o existencia. Literalmente se lee: *«SIEMPRE FUE»*. Así que: *«En el principio siempre fue el Verbo»*.

«Y el Verbo era con Dios». La expresión *«con Dios»* es traducida de *«pros ton Theon»*. *«Pros»* —como se dijo también— significa «cara a cara, frente a frente». Este vocablo es una preposición que indica en Aristóteles la categoría de «relación», pero es también preposición de movimiento en esta frase sustantiva, porque está el verbo «ser». La idea literal que expresa el término es la de la corriente que circula entre ánodos y cátodos que están situados el uno frente al otro. Esto sugiere la corriente divina que continuamente se establece entre Dios y el Verbo al estar ambos cara a cara, por lo que expresa igualdad e intimidad. En aquellos tiempos antiguos era costumbre en Oriente que, si hospedaban a dos gobernantes de igual poder, pero de diferente estatura, al más bajito lo sentaban sobre almohadones. De esta manera ninguno tenía que dirigir la vista hacia arriba o hacia abajo. Se podían ver cara a cara o *«pros»*. Nosotros diríamos frente a frente, o en línea recta, o al mismo nivel. Esto indica que eran iguales. Así que Cristo era *«pros ton Theon»*, cara a cara con Dios o igual a Dios. Siempre fue igual a Dios. Literalmente: *«y el Verbo siempre fue con Dios»*.

«Y el Verbo era Dios». Uno de los propósitos del Evangelio de Juan fue el de refutar la filosofía gnóstica, que cuando se refería a Cristo lo consideraba como un ser creado, divino, pero muy inferior a Dios. Así que el apóstol tiene cuidado de expresar en lenguaje bien claro que Cristo no fue un ser creado ni un ser divino, aunque inferior a Dios; sino que fue un Ser eterno, Él era Dios mismo en su ser esencial. Por eso Juan usa aquí lo que se llama un hipérbaton de interés, es decir, que en el texto griego la palabra *«Dios»* está en la posición enfática: *«y Dios era el Verbo»*. Teniendo esto en cuenta y lo que antecede, literalmente se vierte: *«y el Verbo siempre fue Dios mismo»*. De ahí, pues, que Cristo pueda llamarse a Sí mismo, con toda propiedad, *«el Alfa y la Omega»*.

Además —permítaseme insistir otra vez en ello—, la expresión de nuestro texto de Apocalipsis 1:8, «*el que es y que era y que ha de venir*», necesariamente tiene que referirse al Señor Jesús, porque Él es quien ha de venir (Ap 1:10-13; 2:8; 4:8; 11:15-17; 21:6-7 comparado con Jn 4:14 y 7:37-39).

Jehová, el galardonador

Leamos ahora en Apocalipsis 22:12, 13 y 20: «*He aquí yo vengo pronto, y mi galardón conmigo, para recompensar a cada uno según sea su obra. Yo soy el Alfa y la Omega, el principio y el fin, el primero y el último... El que da testimonio de estas cosas dice: "Ciertamente vengo en breve". Amén; sí, ven, Señor Jesús*». Si el lector lee atentamente todo el capítulo, comprobará que desde el v. 12 hasta la primera parte del 20 es Jesucristo quien está hablando, y vemos que nuevamente se arroga los títulos divinos que sólo a Jehová corresponden. Y para que no haya duda alguna acerca de la identidad del personaje que habla en estos nueve versículos, el mismo apóstol Juan nos dice en la segunda parte del 20 que el que ha de venir pronto es Jesús.

Notemos también que la frase «*y mi galardón conmigo, para recompensar a cada uno según sea su obra*», son palabras dirigidas a aquellos que le esperan y aman su venida. De manera que el regreso en gloria del Señor Jesucristo ha de ser el tiempo cuando cada cristiano dará cuenta de lo que haya hecho desde el día en que creyó en el divino Salvador, e igualmente para recibir su galardón según lo merezca. Pero he aquí que, en Isaías 40:10, se nos dice que quien ha de distribuir esos galardones será Jehová mismo: «*He aquí que Jehová el Señor vendrá con poder, y su brazo señoreará; he aquí que su recompensa viene con él, y su paga delante de su rostro*». Y en 62:11-12 volvemos a leer: «*He aquí que Jehová hizo oír hasta lo último desde la tierra: "Decid a la hija de Sión: He aquí su recompensa con él, y delante de él su obra". Y les llamarán Pueblo Santo, Redimidos de Jehová*». Entonces se cumplirá lo que se lee en el Salmo 84:7: «*Irán de poder en poder; verán a Dios en Sión*». (Compárese también Is 45:21 con Mt 1:21 y 23). Todos estos textos estarían en contradicción unos con otros si Jesucristo y Jehová no fueran el mismo Ser.

Jehová, el escudriñador

Por otra parte, vemos que Cristo conoce como Dios los corazones humanos, lo cual sería imposible si Él no fuese Dios. «*... porque Jehová escudriña los corazones de todos, y entiende todo intento de los pensamientos*» (1 Cr 28:9). «*Tú oirás desde los cielos, desde el lugar de tu morada, y perdonarás, y darás a cada uno conforme a sus caminos, habiendo conocido su corazón; porque SOLO TÚ CONOCES el corazón de los hijos de los hombres*» (2 Cr 6:30). «*Pero, oh Jehová de los ejércitos, que juzgas con justicia, que escudriñas la mente y el* *corazón…».* «*Engañoso es el corazón más que todas las cosas, y perverso; ¿quién lo conocerá? Yo Jehová, que escudriño la mente, que pruebo el corazón, para dar a cada uno según su camino, según el fruto de sus obras*» (Jr 11:20; 17:9-10).

Consideremos ahora, a la luz del Nuevo Testamento, lo que los escritores sagrados dicen de Cristo al respecto: «*Y conociendo luego Jesús en su espíritu que cavilaban de esta manera dentro de sí mismos, les dijo: "¿Por qué caviláis así en vuestros corazones?"*» (Mc 2:8). «*Y escribe al ángel de la iglesia en Tiatira: "El Hijo de Dios, el que tiene ojos como llama de fuego, y pies semejantes al bronce bruñido, dice esto: '… Y a sus hijos heriré de muerte, y todas las iglesias sabrán que soy el que escudriña la mente y el corazón; y os daré a cada uno según vuestras obras"*» (Ap 2:18 y 23).

Postrándonos ante Jehová

También nos revelan las Escrituras que habrá un día cuando todos los seres humanos y todas las criaturas angélicas se postrarán ante Jehová; y cuando se cita este pasaje en el Nuevo Testamento, el apóstol Pablo afirma que ante quien se postrarán todos será Jesucristo. «*Por mí mismo hice juramento, de mi boca salió palabra en justicia, y no será revocada: "Que a mí* (Jehová) *se doblará toda rodilla, y jurará toda lengua"*» (Is 45:23). «*Porque escrito está: "Vivo yo, dice el Señor* (Jehová), *que ante mí se doblará toda rodilla, y toda lengua confesará a Dios"*» (Rm 14:11). «*…para que en el nombre de Jesús se doble toda rodilla de los que están en los cielos, y en la tierra, y debajo de la tierra; y toda lengua confiese que Jesucristo es el Señor, para gloria de Dios Padre*» (Flp 2:10-11).

Jehová volverá

Finalmente, las profecías mesiánicas anunciaban que Jehová aparecería otra vez y volvería a ser visto: «*Por cuanto Jehová habrá edificado a Sión, y en su gloria será visto*» (Sal 102-16). Y Zacarías nos dice: «*Después saldrá Jehová y peleará con aquellas naciones, como peleó en el día de la batalla. Y se afirmarán sus pies en aquel día sobre el monte de los Olivos, que está enfrente de Jerusalén al oriente… Y Jehová será rey sobre toda la tierra. En aquel día Jehová será uno, y uno su nombre*» (14-3-4 y 9).

Si pasamos ahora al Nuevo Testamento veremos que quien cumplirá históricamente este evento será Jesucristo en su segunda venida: «*… Varones galileos, ¿por qué estáis mirando al cielo? Este mismo Jesús, que ha sido tomado de vosotros al cielo, así vendrá como le habéis visto ir al cielo*» (Hch 1:11). Y el propio Señor Jesús afirma: «*Entonces aparecerá la señal del Hijo del Hombre en el cielo; y entonces lamentarán todas las tribus de la tierra, y verán al Hijo del Hombre viniendo sobre las nubes del cielo, con poder y gran gloria*» (Mt 24:30). El apóstol Pablo escribe sobre el mismo acontecimiento: «*Porque el Señor* *mismo con voz de mando, con voz de arcángel, y con trompeta de Dios, descenderá del cielo; y los muertos en Cristo resucitarán primero. Luego nosotros los que vivimos, los que hayamos quedado, seremos arrebatados juntamente con ellos en las nubes para recibir al Señor en el aire, y así estaremos siempre con el Señor»* (1 Ts 4:16-17).

Y el apóstol Juan nos describe la segunda venida de Cristo con pinceladas magistrales: *«Entonces vi el cielo abierto; y he aquí un caballo blanco, y el que lo montaba se llamaba Fiel y Verdadero, y con justicia juzga y pelea. Sus ojos eran como llama de fuego, y había en su cabeza muchas diademas; y tenía un nombre escrito que ninguno conocía sino él mismo. Estaba vestido de una ropa teñida en sangre; y su nombre es: EL VERBO DE DIOS. Y los ejércitos celestiales, vestidos de lino finísimo, blanco y limpio, le seguían en caballos blancos. De su boca sale una espada aguda, para herir con ella a las naciones, y él las regirá con vara de hierro; y él pisa el lagar del vino del furor y de la ira del Dios Todopoderoso. Y en su vestidura y en su muslo tiene escrito este nombre: REY DE REYES Y SEÑOR DE SEÑORES»* (Ap 19:11 al 16).

¿Quién es este Rey de reyes y Señor de señores que viene victorioso? Según Juan, acabamos de ver que es el Verbo, el Hijo de Dios. Pero si consultamos a Pablo, quien en 1 Timoteo 6:14-16 alude también a la segunda venida de Cristo, observaremos que el apóstol aplica el mismo título a Dios el Padre: *«... que guardes el mandamiento sin mácula ni reprensión, hasta la aparición de nuestro Señor Jesucristo, la cual a su tiempo mostrará el bienaventurado y solo Soberano, Rey de reyes, y Señor de señores, el único que tiene inmortalidad, que habita en luz inaccesible; a quien ninguno de los hombres ha visto ni puede ver, al cual sea la honra y el imperio sempiterno. Amén».* Entonces, si esto es así, preguntamos: ¿cuántos Reyes de reyes y Señores de señores hay? Evidentemente, Uno solo, puesto que las Escrituras claramente nos revelan que ambos, Jehová y Jesucristo, son el mismo Ser.

El vocablo griego *«parousía»* no tiene solamente el sentido de «presencia», sino también de «venida», aunque acompañado de la idea de estancia. El Dr. Joseph Henry Thayer, erudito del idioma griego, nos informa que «en el Nuevo Testamento esta palabra se usa especialmente para referirse al regreso futuro y visible de Cristo a la tierra» (*Léxico Griego-Inglés del Nuevo Testamento. Grimm's Wilke's Clavis Novi Testamenti*, traducido por J. H. Thayer).

La venida de Cristo será física y no espiritual. *«Parousía»*: literalmente: una presencia, estar con alguien, estar presente con, presencia física. Denota un estado de permanencia y no una acción momentánea: 2 Co 10:10; Flp 1:26; 2:12; 1 Ts 4:15.

En cambio, en oposición tenemos *«apousía»*: ausencia. En Colosenses 3:4 aparece el término *«phanerothe»*, «manifieste», que es una forma verbal de «*phaneroo*», y que en este versículo «se refiere a Cristo, quien ahora está escondido de nuestra vista física, en los cielos, pero que después ha de aparecer en forma visible» (Thayer).

Por otra parte, recordemos aquí una vez más que en tiempo de Cristo, y desde hacía algunos siglos, los judíos pensaban que era señal de reverencia el no pronunciar el nombre de Dios, Jehová. Con el transcurso del tiempo vino a ser sustituido por el de «*Señor*», como ya sabemos. Es digno de tener en cuenta que este nombre, «*Señor*» («*Adonai*», en hebreo, y «*Kurios*», en griego), que es el equivalente para Jehová, se usa constantemente en el Nuevo Testamento —según hemos visto— para Cristo (Rm 10:9; 1 Co 12:3). Santiago, el más marcadamente judío de los discípulos y hermano de Jesús, usa la palabra «*Señor*» indistintamente para Dios el Padre y Cristo el Hijo. (Comparar Santiago 1:1 con 1:7). Y esto hubiera sido imposible si Santiago no hubiese creído en la unidad esencial del Hijo con el Padre.

La Escritura llama al Mesías Dios y Padre eterno

El autor de la Epístola a los Hebreos, citando el Salmo 45:6-7, transcribe en el primer capítulo, vs. 8-9: «*Mas del Hijo dice: "Tu trono, oh Dios, por el siglo del siglo… Por lo cual te ungió Dios, el Dios tuyo"*».

Los traductores de la versión *Nuevo Mundo* tienen el diabólico cinismo de tergiversar el v. 8 de un modo repugnante y vierten así este texto: «Pero con respecto al Hijo: *Dios es tu trono* para siempre».

Acerca de esta traducción hemos consultado al doctor Edward J. Young, del Westminster Theological Seminary (Filadelfia, EE. UU.), uno de los mejores especialistas del mundo en hebreo y semíticas y experto erudito bíblico, quien nos ha manifestado que dicha traducción es completamente errónea.[1]

Aparte de las razones lingüísticas que se oponen a esta versión de la «Sociedad del Nuevo Mundo», resulta, en efecto, imposible concebir que Dios pueda servir de trono, es decir: de asiento a nadie. ¿Podemos imagi-

---

1. En principio no hay inconveniente en admitir que, gramaticalmente, una diferente puntuación en el texto griego permitiría traducir: «Dios es tu trono». Literalmente el texto hebreo dice: «Tu trono Dios para siempre jamás». Pero teniendo en cuenta el contexto de fondo, es imposible adoptar la traducción de los «Testigos». En efecto: los judíos siempre colocaban a Dios por encima de todo y de todos. Nunca se les habría ocurrido la idea blasfema de ponerlo en un grado de inferioridad con respecto a algo, como sería en el caso de convertir a Dios en trono de alguien, cuando Él está siempre por encima de todos los tronos. Además, la tal versión en nada favorece a los russellistas, sino todo lo contrario; equivale a reconocer que Cristo es más que Dios, ya que según la *Traducción del Nuevo Mundo* resultaría que el Hijo está sentado encima del Padre. Es interesante, sin embargo, observar que la versión de los Setenta puntúa el texto griego correctamente: «*Ho thronos sou, ho Theos, eis ton aiona tou aionos*»: «*Tu trono, oh Dios, por el siglo del siglo*».

narnos a un rey haciendo de silla a su primer ministro y esto para siempre? Lo que para un rey de este mundo resultaría ridículo, aplicado a Jehová Dios, como pretenden sus falsos «Testigos», es una blasfemia.

El original griego dice: «*pros de ton Uion: Ho tronos sou ho Theos eis ton aiona tou aionos*»: «*mas en relación al Hijo: El trono de ti, el Dios, hasta el siglo del siglo*»; y: «*dia touto egrisen se, ho Theos, ho Theos sou*»: «*por esa causa ungiote (a ti), el Dios, el Dios de ti*».

Ahora bien: hay aquí unos hechos que, dada su importancia, no podemos pasar por alto su consideración para un análisis más profundo del tema que nos ocupa. Notemos, ante todo, que en el v. 8 Cristo es llamado «*el Dios*», porque la partícula griega que se usa en el texto original es el artículo «*ho*», «*el*», precediendo el nombre Dios, y puede tomarse como vocativo con la forma nminativa. (A.T. Robertson).

Don Vicente Amat Ortega nos aclara lo siguiente: «Además, es costumbre en griego, para una mayor rapidez en la redacción, suprimir frecuentemente los verbos copulativos, ya que en su significado suelen ser tan secundarios que solo sirven para enlazar el sujeto y el predicado». Por tanto, se puede introducir aquí perfectamente el participio del verbo «*ser*», lo cual, gramaticalmente, permitiría traducir esta frase así: «*El trono de ti que eres el Dios*».

Asimismo, se nos dice también que el trono del Hijo es para siempre, o sea: que el Hijo-Dios reinará eternamente. La misma idea de existencia eterna se repite en Hebreos 7:1 al 3, donde al establecerse un paralelo, por vía de comparación, entre Melquisedec y Cristo, se hace constar muy claramente que el Hijo de Dios es «*sin padre, sin madre, sin genealogía; que ni tiene principio de días, ni fin de vida*».

Todo ello está en perfecta armonía con las profecías mesiánicas del Antiguo Testamento. El profeta Isaías, por ejemplo, hablando de la venida de Cristo, le llama «*Dios fuerte*» («El-Guibbor», muy distinto de «Fibreel» o «Gabriel»: «Fortaleza de Dios») y «*Padre eterno*» (9:6). Compruébese cómo la expresión «fuerte» o «héroe» aplicada aquí a Jesucristo es la misma que se usa para Jehová en Isaías 10:21. Idéntica idea aparece en 44:8: «*tsur*»: roca.

Después, en el v. 9 de Hebreos 1, observamos que aparece en escena el Dios eterno, y que unge al Hijo-Dios del v. 8. Aquí tenemos, pues, a dos personajes divinos que son llamados por igual «*el Dios*». Lo mismo vemos en el Salmo 110:1 y en Mateo 22:44, donde dos personas —Jehová y Cristo— son igualmente denominadas con el mismo título de «*Señor*».

Siguiendo esta línea de conexiones llegamos al curioso lenguaje que descubrimos en Zacarías 3:2 y que parece describirnos la actuación de dos personajes llamados, ambos, Jehová: «*Y dijo Jehová a Satanás: "Jehová te reprenda, oh Satanás; Jehová que ha escogido a Jerusalén te reprenda"*». (Véanse también: 10:12; Gn 19:24; 22:11-12; Ex 34:5 y Dt 9:10).

El ángel Jehová como «theofanía» del Verbo

Entonces, pues, ¿quién es este otro Jehová? Encontramos la respuesta en Zacarías 3:1: *«Me mostró el sumo sacerdote Josué, el cual estaba delante del ángel de Jehová, y Satanás estaba a su mano derecha para acusarle»*. Era el ángel de Jehová. La preposición *«de»* no existe en el original hebreo. De modo que el texto dice: *«del ángel Jehová»*. Es una de las *«Theofanías»* o manifestaciones antropomórficas de Dios. Algunos intérpretes han visto en él una Cristofanía, la segunda persona de la Trinidad: el Verbo. Excepcionalmente aparece claramente diferenciado de Dios en Números 22:22 y ss.; Dios actúa desde el cielo; su ángel se aparece y habla directamente en la tierra con un gentil (igualmente en Gn 16 y 21). Pero generalmente este ángel habla y actúa exactamente como lo hace el mismo Dios en los siguientes pasajes: Gn 18:1 al 22; 22:11-12; Ex 3:1 al 8; 4:5; 13:21; 14:19; Nm 12:5-9; Gn 12:7; 17:1; 26:2; 32:24 al 30; Jue 2:1-5; 6:11 al 24; 13:3 al 23; Ml 3:1. De todos estos textos se deduce que el Ángel Jehová es una manifestación visible de Dios mismo en la Persona del Verbo, anteriormente a su Encarnación.

Permítasenos concluir con tres observaciones finales:

a) ¿Quién era el Dios y Señor del apóstol Tomás? La frase de Juan 20:28 es vocativa, con función nominativa: *«Ho Kurios mou kai ho Theos mou»*; literalmente: *«El Señor mío y el Dios mío»*. (Además, notemos que ambos títulos van precedidos en el griego de artículo definido, el mismo que se usa para nombrar a Jehová). Este texto es tan revelador y concluyente al respecto que un «Testigo de Jehová», en un arranque de sinceridad, llegó a confesar en el curso de una conversación que dicho versículo le tenía muy preocupado, pues según reconoció siempre que los dos títulos de Señor y Dios aparecen juntos *SE REFIEREN A JEHOVÁ* (Is 41:13).

b) ¿Quién era el Dios Salvador de la virgen María en Lucas 1:47? Evidentemente, sólo podía ser Jehová: Is 43:10-11. Pero Dios manifestado en Cristo por medio de su propia Encarnación: Tito 2:13.

c) ¿Quién era el Señor de Isabel? En el texto griego del Evangelio de Lucas, cuando María visita a su prima Isabel, leemos en 1:43 que esta dice a la bienaventurada madre del Mesías: *«Kai pothen moi touto ina elthe he meter tou Kuriou mou pros eme»*: *«¿Y de dónde a mí esto que venga la madre del Señor mío hacia mí?»*. Ahora bien: ¿es concebible que una mujer judía, con mentalidad monoteísta, pudiera reconocer otro Señor fuera de Jehová? Tal cosa habría sido una blasfemia. Observemos, asimismo, que Jesús ya era el Señor de Isabel aun antes de haber nacido, como también lo era de David: Sal 110:1; Mt 22:41-46. Y este Señorío solo es aplicable a Jehová.

ILUSTRACIÓN GRÁFICA
HEBREOS 1:7-13

965

Προσκυνησάτωσαν   αὐτῷ πάντες ἄγγελοι

let do obeisance toward   him   all   angels

θεοῦ.

of God.

7 καὶ   πρὸς   μὲν   τοὺς   ἀγγέλους

And   toward   indeed   the   angels

λέγει   Ὁ   ποιῶν   τοὺς ἀγγέλους

he is saying   The (one)   making   the   angels

αὐτοῦ   πνεύματα,   καὶ τοὺς λειτουργοὺς

of him   spirits,   and   the   public workers

αὐτοῦ πυρὸς φλόγα·   **8** πρὸς   δὲ   τὸν υἱόν

of him of fire   flame;   toward   but   the Son

Ὁ   θρόνος   σου   ὁ   θεὸς   εἰς   τὸν αἰῶνα

The   throne   of you the God   into   the   age

τοῦ   αἰῶνος,   καὶ ἡ ῥάβδος   τῆς   εὐθύτητος

of the   age,   and the staff   of the   straightness

HEBREWS 1: 7-13

let all God's angels
worship him".

7 Also, with reference
to the angels he says:
"And he makes his
angels spirits, and his
public servants a flame
of fire". **8** But with reference to the Son: "God
is your throne forever,
and [the] scepter of
your kingdom is the
scepter of uprightness.
9 You loved righteousness, and you hated

Son de notar dos alteraciones curiosas en este pasaje, por lo con-
tradictorias. En el v. 6, la traducción interlineal de la palabra griega *pros-*
kunesatosan nos la dan incorrecta al poner «let do obeisance toward him»
(«le obedezcan»), mientras que en la columna lateral traducen correctamente «let all God's angels worship him» («que todos los ángeles de Dios
le adoren»). De la palabra griega *proskunesatosan* procede etimológicamente nuestro verbo castellano *prosternarse*.

Otro gran error aparece en el v. 8, pero esta vez es en la columna lateral donde traducen «God is thy throne for ever» («Dios es tu trono para
siempre»), cuando el original dice literalmente: «El trono de ti, Dios, por
edades de edades».

Chap. 1:9.]   **HEBREWS**   [*Chap.* 2:3.

αἰζῶνα   *[τοῦ αἰῶνος·]*   ῥάβδος   εὐθύτητος   ἡ

age   [of the ages;]   a sceptre   of rectitude   the

ῥάβδος   τῆς   βασιλείας   σου.   7 Ἠγάπησας

sceptre   of the   kingdom   of thee.   Thou didst love

τοὺς   ἀγγέλους   λέγει·   Ὁ   ποιῶν   τοὺς

the   messengers   he says: He   making   the

ἀγγέλους   αὐτοῦ   πνεύματα,   καὶ   τοὺς

messengers   of himself   spirits,   and   the

λειτουργοὺς   αὐτοῦ   πυρὸς   φλόγα· 8   πρὸς

public servants of himself   of fire   a flame;   concerning

δὲ   τὸν   υἱόν,   Ὁ   θρόνος   σου   ὁ   θεός   εἰς   τὸν

but   the   son: The   throne   of thee   the   god   for   the

"is for the AGE; *and the SCEPTRE of RECTITUDE is the Sceptre of thy KINGDOM. 7 And with respect to the ANGELS, indeed he says, ‡ "It is HE who MAKES his ANGELS Winds, and his MINISTERING SERVANTS a Flame of Fire." 8 But to the SON, ‡ "Thy THRONE, O GOD,

En este segundo grabado vemos cómo el mismo pasaje de Hebreos 1:8 es traducido correctamente en la versión interlineal llamada *Diaglot*: «But to the Son: Thy throne o God is for the Ages» («Pero al Hijo: Tu trono, oh Dios, por las edades»). O sea, que el texto griego dice específicamente que el Hijo es Dios y tiene un trono eterno: no que Dios sea el trono del Hijo.

X

La resurrección corporal de Jesucristo

No está aquí, pues ha resucitado, como dijo.
Venid, ved el lugar donde fue puesto el Señor.
Mateo 28:6

Otro de los errores doctrinales de los «Testigos de Jehová» es el de no querer reconocer la resurrección corporal de nuestro Señor Jesucristo. Dicen que lo que se apareció a los discípulos fue su espíritu. Con esto hacen a Cristo un engañador, ya que Él declaró rotundamente a sus asombrados discípulos que no era un espíritu ni un fantasma. La versión del *Nuevo Mundo* traduce correctamente estas declaraciones del Señor resucitado. Helas aquí:

> «*Por esto les dijo: "¿Por qué están perturbados, y por qué se suscitan dudas en su corazón? Vean mis manos y mis pies que yo mismo soy; pálpenme y vean porque un espíritu no tiene carne y huesos, así como contemplan que yo tengo". Y al decir esto les mostró sus manos y sus pies, pero mientras todavía no creían de puro gozo y seguían admirados él les dijo: "¿Tienen allí algo de comer?", y le dieron un pedazo de pescado asado; y lo tomó y lo comió delante de los ojos de ellos*» (Lc 24:38-43).

Entonces, ¿por qué en sus escritos niegan descaradamente aquello que su misma Biblia afirma? Veamos lo que dicen en sus libros:

> «*Jesús fue muerto como hombre, pero levantado de la muerte como un espíritu del más alto orden de la naturaleza divina…;*[1] *el hombre Jesús es muerto, muerto para siempre*». C. T. Russell .[2]

> «*El cuerpo humano de Nuestro Señor fue empero quitado sobrenaturalmente de la tumba, pues de haber permanecido allí habría sido una dificultad insuperable para la fe de los discípulos, que no se hallaban suficientemente instruidos en los misterios espirituales, pues todavía no habían recibido el Espíritu Santo (Jn 7:39). No sabemos qué se hizo de él, excepto que no se*

---

1. C. T. Russell, *Studies on the Scriptures*, vol. V, pág. 453.
2. *Ídem*, pág. 454.

corrompió (Hch 2:27-31). *Pudo haber sido disuelto en gases, conservado en algún sitio como memorial del amor de Dios, de la obediencia de Cristo y de nuestra redención. Esto nadie lo sabe».* C. T. Russell.[3]

«El cuerpo humano de carne y huesos, etc., con sus vestidos, que apareció repentinamente estando las puertas cerradas, no salió por aquellas puertas, sino que simplemente desapareció, *o se disolvió con los mismos elementos con los cuales había sido creado pocos momentos antes».* C. T. Russell.[4]

Transformado en un «cuerpo de gloria»

Ved ahí un modo de complicar la cuestión para evitar creer lo que las Escrituras expresan de un modo tan claro, que Jesús resucitó corporalmente. «No está aquí, ha resucitado», dijeron los ángeles. Lo más lógico y natural es creer que Dios hizo con el cuerpo de nuestro Señor Jesucristo lo mismo que hará con los cuerpos de aquellos creyentes que estén vivos en el tiempo de su Segunda Venida, de los cuales el apóstol dice que serán «transformados». No habrá ninguna necesidad de que sean creados de nuevo. Por esto el apóstol llama al glorioso suceso ser «sobrevestidos» sin ser «desnudados». Cristo tampoco fue «desnudado» de su cuerpo humano, sino que este fue transformado para hacerlo apto, tanto para el Universo espiritual como para el Universo físico.

Esto significa que el Verbo eterno de Dios posee, desde su encarnación, un cuerpo humano glorificado, cuya esencia Él domina, como Dios que es, para formar un cuerpo físico o carnal *(«soma phisicon»)* o un cuerpo espiritual *(«soma pneumaticon»,* o *«ouranon»)* celestial (1 Co 15:44), igual como los cuerpos glorificados que nosotros tendremos. Por esto nos dice el apóstol Juan que «seremos semejantes a Él porque le veremos como Él es» (1 Jn 3:3).

Hoy podemos imaginarnos algo mejor el misterio de los cuerpos celestiales porque conocemos el secreto de constitución de la materia física. Sabemos cómo los electrones procedentes de la materia pueden, una vez liberados, atravesar la materia, y podrían de nuevo formar materia tangible si pudieran ser sujetados de nuevo alrededor de un centro atómico. El hombre no es capaz de realizar semejante maravilla, pero ¿no puede hacerlo Aquel que primeramente creó e impuso sus leyes a la misma materia?

---

3. *Ídem*, pág. 129.
4. *Ídem*, vol. II, pág. 127 (edición de 1916).

Dios, consecuente con las leyes de su Creación

Hasta cierto punto no es de extrañar que Tace Russell, empeñado como se hallaba en racionalizar las enseñanzas de la Sagrada Escritura, no hallara otro modo de conciliar los vs. 19 y 26 de Juan 20 con Lucas 24:38-43 que inventando la complicada teoría de que Dios hizo desaparecer el cuerpo humano de Jesús del sepulcro, escondiéndolo o convirtiéndolo en gases, para tener que atribuir luego a Dios un portento mayor, el de la creación de cuerpos físicos circunstanciales, capaces de comer y beber, cada vez que Jesús se aparecía a sus discípulos.

Pero en la Sagrada Escritura hallamos que el prodigio de creación se encuentra solamente mencionado tres veces en el primer capítulo del Génesis, aplicado al origen de todas las cosas, a la vida animal y al espíritu del hombre. ¿Por qué? Porque el Supremo Creador no es un mago que crea las cosas de la nada y las hace desaparecer con un golpe de eslabón o con el toque de una varita mágica. La Sagrada Escritura trata la idea de crear de un modo mucho más serio. Por esto la palabra hebrea «bara» no se encuentra jamás aplicada a los milagros, sino tan solamente al origen de todas las cosas. Dios obra por sus leyes naturales, las conocidas o las desconocidas de los hombres, y una de las leyes actualmente conocida es la de la transformación de la materia en energía, y viceversa, mediante la composición y descomposición de los átomos.

Pero lo interesante del caso es que nuestros antepasados cristianos aceptaron por fe lo que no podían explicar. Y la resurrección corporal de nuestro Señor Jesucristo se halla en todos los credos cristianos, desde el primer siglo, al igual que sus misteriosas apariciones y desapariciones en los 40 días que mediaron entre su ascensión y su resurrección. Todo ello es reconocido y comentado por los escritores cristianos de todos los siglos sin dificultad alguna, porque todos ellos reconocían que Jesús era Dios y para Dios no hay ninguna cosa imposible, por más que nosotros no podamos explicárnosla. Hasta que vino Tace Russell y, sin esperar la probable explicación que la ciencia estaba a punto de proporcionarnos, lanza la extraña y herética teoría que venimos comentando. ¿Por qué? Tan solamente por su empeño en empequeñecer a Cristo. Para hacer de él un fantasma vulgar; un espíritu, como tantos otros que pueden existir en el universo de Dios; aun cuando Dios haga en favor de ese espíritu privilegiado el milagro folletinesco de crearle y descrearle un cuerpo físico cuantas veces lo necesite.

Pero nosotros sabemos, de acuerdo con las Sagradas Escrituras, que el Verbo eterno de Dios no es un espíritu limitado, sino omnipresente, existente desde la Eternidad: que en él está el insondable secreto de la vida y de la luz intelectual y moral que hace del alma humana un ser superior a las bestias;[5] que de «su plenitud tomamos todos»,[6] lo cual es una declaración tácita de su omnipresencia, y que «Él está con nosotros todos los días».[7] Que porque es Dios eterno y verdadero, pudo hacerse carne, vivir una vida humana de perfecta identificación con el Padre y resucitar de entre los muertos, como dijo: «Tengo poder para dar mi vida y para volverla a tomar: este mandamiento recibí de mi Padre».[8] Por esto podía también desafiar a sus enemigos con la declaración «Destruid este cuerpo y en tres días lo levantaré».[9]

Si el cuerpo de Jesús hubiese sido solamente «retirado» de la tumba, o disuelto en gases, como pretenden los «russellistas», la profecía de Jesús no se habría cumplido y su enfática declaración acerca de lo que ocurría a su carnal envoltura habría sido un consciente engaño, que no es posible de ningún modo atribuir a nuestro siempre fiel y veraz Salvador. Notemos que: *a)* Cristo sigue siendo Mediador ahora como Hombre: 1 Tm 2:5. *b)* Cristo sigue estando ahora en el Cielo como Hijo del Hombre, título que un espíritu no puede tener: Hch 7:56. *c)* Cristo volverá como Hijo del Hombre: Mt 24:30. *d)* Cristo juzgará al mundo como Hombre: Hch 17:31. ¿No indica todo esto claramente una naturaleza corporal física, aunque glorificada?

---

5. Juan 1:9.
6. Juan 1:16.
7. Mateo 28:20.
8. Juan 10:18.
9. Juan 2:18-22.

XI

Falsificaciones referentes al Espíritu Santo

El Consolador, el Espíritu Santo, al cual el Padre
enviará en mi nombre, Él os enseñará todas las cosas.
Juan 14:26

El mismo procedimiento que usan los traductores de la biblia del *Nuevo Mundo* para disminuir la persona y la gloria de nuestro Señor Jesucristo, negando su identidad con el Padre (claramente expresada por Cristo mismo en Jn 10:30), lo emplean también para negar la personalidad del Espíritu Santo en aquellos textos donde esta se halla de un modo demasiado claro y peligroso para las enseñanzas de la secta. He aquí algunos ejemplos:

«Pero el *Espíritu* dice claramente que en los postreros tiempos algunos apostatarán de la fe, escuchando a *espíritus* engañadores y a doctrinas de demonios» (1 Tm 4:1).

La versión *Nuevo Mundo* de los «Testigos» traduce:

«Sin embargo, la expresión inspirada dice definitivamente que en períodos de tiempo posteriores algunos se apartarán de la fe, prestando atención a expresiones inspiradas que extravían y a enseñanzas de demonios».

Las palabras griegas del texto original son: «*Pneuma*» y «*pneumasin*», es decir: «*Espíritu*» y «*espíritus*»; y nada se dice de una «*expresión*» o «*expresiones inspiradas*».

Pero, además, ¿qué significa el término «*expresión*»? «*Expresión*» es la manera de expresarse, la manifestación de un sentimiento, palabra o locución. Viene del verbo *expresar*, y este verbo significa: decir, manifestar pensamientos o impresiones por medio de palabras, gestos o actitudes, darse a entender por medio de la palabra.

La *expresión* es, pues, el medio por el cual una persona se vale para manifestar lo que hace; no es la persona que hace. Pero para decir algo se necesita que alguien lo diga. De ahí lo absurdo de traducir como lo hace la versión *Nuevo Mundo* este texto y otros, tales como: 1 Co 12:10, 1 Jn 4:1 y Ap 16:13.

La misma idea de identidad divina que hemos estudiado en el caso del Hijo o Verbo la volvemos a encontrar en Juan 15:26, donde se declara que el Espíritu Santo, la tercera persona de la Trinidad, emana directamente de

Dios: «*Pero cuando venga el Consolador, a quien Yo os enviaré del Padre, el Espíritu de verdad, el cual PROCEDE del Padre, Él dará testimonio acerca de mí*».

El griego aquí es un poco extraño, pero muy significativo. El verbo «*procede*», «*ekporeuetai*», se compone por la preposición «*ek*» y el verbo «*poreuomai*». La preposición se traduce «*de*», pero casi siempre quiere decir «*del centro de*», o «*desde adentro para afuera*», o «*de en medio de*». El verbo significa «*moverse*», «*proceder*», «*venir*» o «*salir*», es decir, un movimiento, sea para llegar o para partir. Es fácil traducir este verbo como: «*procede de*».

Pero hay en el original también la preposición griega «*para*», que con el genitivo, como en este caso, significa simplemente «*de*», pero sobreentendido que es «*del lado de*». ¿Para qué el uso de las dos preposiciones aquí? Por analogía le hace a uno pensar en Juan 1:1, donde se dice acerca del Hijo que el Verbo era con Dios y era Dios.

O sea, que el Espíritu Santo es la misma esencia con el Padre, pero es distinto del Padre, persona coigual; su carácter o su ser es el «centro» o esencia de la Deidad, pero Él es enviado de parte del Padre para hacer la obra de Dios en el mundo. De ahí, pues, su identidad divina con el Padre y el Hijo. (Comparar Mt 28:19 con Is 48:16 y Jn 14:17 y 23).

El Espíritu Santo, designado con pronombres personales

Por otra parte, que el Espíritu Santo no es una mera influencia o fuerza activa carente de personalidad lo prueba el hecho de que la palabra griega para Espíritu es «*Pneuma*», y es un neutro; por consiguiente, debería llevar un pronombre neutro también, y sin embargo en Juan 16:7-9-13-15 se usa diez veces el pronombre masculino griego «*ekeinos*» («*aquel*») para referirse al Espíritu Santo, lo que es en contra del uso común.[1]

Además, es llamado «*parakletos*» («*abogado*») por el mismo Jesús, título que se aplica también a Cristo en 1.ª de Juan 2:1, y que en griego significa: «*uno llamado al lado de otro para ayudarle*». Por tanto, el Espíritu Santo es Alguien, y no algo.

---

1. Con todo, algunos expertos en gramática general ven aquí un caso de aposición, es decir, un inciso o paréntesis, conjuntado de alguna manera a la frase anterior y que permite al predicado nominal posterior concertar con uno de los dos sujetos, sea el principal o el apuesto. Por tanto, según esta ley gramatical, cuando un neutro (en nuestro caso «*Pneuma*», «Espíritu») se halla puntuado formando paréntesis en la frase donde aparece, el primer masculino que le precede no guarda relación con dicho neutro, sino que su consonancia está conectada con el otro masculino que le sigue después del inciso. Sin embargo, teniendo en cuenta que en el texto griego se usa la palabra «*Parákleton*» para nombrar al Espíritu Santo, la idea de personalidad en Éste no queda anulada por la aposición, sino que la misma persiste enfáticamente dado el significado del término empleado para designarle.

En Génesis 1:2 leemos: «Y el *Espíritu* de Dios se movía sobre la faz de las aguas». Los «Testigos de Jehová» han traducido: «Y la *fuerza activa* de Dios estaba moviéndose de un lado a otro sobre la superficie de las aguas».

La palabra del original griego es «*Ruaj*», que, como el «*Pneuma*» griego, puede traducirse por: *aire, aliento, viento*; aunque su significado predominante en las Sagradas Escrituras es el de «espíritu» o ente consciente en el más alto sentido de la palabra.[2]

Sin embargo, el participio incluye el concepto de aletear protegiendo la nidada, que algunos, siguiendo la versión siríaca, han querido atribuirle, comparando con Deuteronomio 32:11 donde el mismo radical vuelve a emplearse.

Interpretada así literalmente la expresión del texto, se comprende que, a la luz del Nuevo Testamento, pueda el hálito de Dios entenderse, no en sentido accidental, sino como algo sustancial y personal, como el Espíritu de Dios, el Espíritu Santo, en consonancia con su personalidad divina, puesto que una fuerza activa espiritual debe emanar directamente de una persona espiritual.

W.M.Nelson, en su libro "Los Testigos de Jehová", pág. 62, nos informa de que el juez Rutherford, en la edición inglesa de su libo "Jehová", propuso una nueva doctrina, decretando que, en el año 1918, el Espíritu Santo dejó de ejercer el oficio de Consolador o Abogado, ministerio de intercensión a favor de los creyentes que viene desempeñando desde el día de Pentecostés, cuando fue dado a la Iglesia para hacer su morada en ella. Así el Espíritu Santo de Dios hace en nosotros su "naos" = Santuario (1 Co. 3:16; 6:19).

---

2. Un profesor de hebreo, residente en Barcelona, nos hacía notar que la palabra hebrea «*ruaj*» tiene un triple significado, según el contexto con el que se encuentra asociada: el de *viento*, cuando ocurre en relación de cosas inanimadas; el de *soplo* o *aliento*, cuando está relacionada con animales o seres humanos en su aspecto carnal; y el de *espíritu inteligente*, cuando se refiere a Dios o a los hombres en su aspecto superior.

XII

La Trinidad divina a la luz de la Biblia

Jesús… les habló diciendo: «Toda potestad me es dada
en el cielo y en la tierra. Por tanto, id, y haced discípulos
en todas las naciones, bautizándoles en el nombre
del Padre, y del Hijo, y del Espíritu Santo».
Mateo 28:18-19

Una doctrina trascendental

Es accediendo a la petición de buenos hermanos cristianos pertenecientes a diversas iglesias evangélicas, quienes reiteradamente nos han sugerido la inclusión de un capítulo sobre la Trinidad, que gustosamente añadimos aquí un estudio del tema formulado para complacerles y llenar así una gran necesidad sentida por muchos.

El tema es, en efecto, sumamente importante y constituye uno de los fundamentos básicos de nuestra fe. Puede decirse que sin la Trinidad de Dios resultaría incomprensible, por no decir imposible, cuanto las Escrituras nos enseñan acerca de nuestra salvación. Pero este no es un tema para especular, sino para adorar.

La doctrina de la Santísima Trinidad se halla claramente contenida en la Biblia. Es cierto que no aparece ni una sola vez la palabra «Trinidad» en los textos sagrados; pero la Trinidad Divina está presente en las páginas de la Biblia. Las Sagradas Escrituras no demuestran la Trinidad: la muestran.

Esta doctrina ha sido enseñada y sostenida por la Iglesia Cristiana desde los primeros tiempos, siendo normalmente expresada en la siguiente fórmula: Dios es uno en esencia, pero subsiste en tres personas: el Padre, el Hijo y el Espíritu Santo. O dicho de otra manera: Dios es único, pero existe eternamente con tres distinciones bajo la figura de personas. Debe admitirse que la palabra «persona», en ese sentido trinitario, no está enteramente libre de objeción, pero parece cosa entendida por los escritores ortodoxos que no hay una palabra mejor. La objeción es que no puede aplicarse en su acepción común, esto es, como se aplica a los seres humanos. Por ejemplo, *persona*, en el uso ordinario del término, significa un *ser* distinto e independiente; así es que *una persona* es *un ser*, y *cien personas* son *cien seres*. Pero en la Divinidad hay *tres personas* y *UN SOLO SER*.

Además, el vocablo «persona», para nosotros expresa solamente —por lo general— la idea de personalidad o individuo, pero la palabra griega para persona, *«prosopon»*, significa simplemente «apariencia, aspecto exterior visible de un ser humano, animal o cosa». Es decir, no se trata del ser mismo, sino de la apariencia o aspecto exterior visible de ese ser. Dicho de otro modo: el Padre, el Hijo y el Espíritu Santo son tres manifestaciones o revelaciones que Dios hace de Sí mismo al mundo y por medio de las cuales el mundo puede ver y conocer a Dios.

Es verdad que el hecho —lo confesamos— sobrepasa a nuestra comprensión, pues no se conoce nada comparable en el mundo de nuestra experiencia. Por eso es fácil caer en ideas confusas y errores. Pero el hecho de que la doctrina de la Trinidad esté por encima de nuestra comprensión no quiere significar que esté en contra de nuestra razón.

Todas las ilustraciones para explicar racionalmente la Trinidad se prestan a establecer conceptos pobres e inadecuados. Solo como ejemplo de la posibilidad de combinar las ideas de unidad y pluralidad, pensemos en el rayo de luz, único, que al atravesar el prisma de cristal se descompone en los siete colores del arco iris.

La Trinidad y las ciencias exactas

Consideremos ahora el Universo físico que debería reflejar a su Creador, como es lógico, de una manera muy íntima, y descubriremos que toda la Naturaleza parece haber sido diseñada para revelarnos la Trinidad. Todo lo conocido del Universo puede ser clasificado bajo los títulos de espacio, materia y tiempo. Ahora bien, el espacio, por lo menos en la medida en que lo comprendemos, consiste exactamente de tres dimensiones, cada una igualmente importante y absolutamente esencial. No habría espacio, ni realidad alguna, si hubiera solamente dos dimensiones. Existen tres dimensiones distintas, y con todo cada una de ellas abarca la totalidad del espacio. Sin embargo, hay un solo espacio. Nótese que para calcular el contenido cúbico de cualquier espacio limitado no se suma la longitud más el ancho y más la profundidad, sino que se multiplican esas medidas. De modo análogo, la matemática de la Trinidad no es $1 + 1 + 1 = 1$, como pretenden burlonamente los «Testigos de Jehová», sino $1 \times 1 \times 1 = 1$.

El Dr. Nathan Wood, antiguo presidente del Colegio Gordon, ha demostrado que la doctrina de la Trinidad no solo es matemáticamente cierta, sino que está reflejada en toda ciencia exacta de una manera maravillosa, y con un espíritu científico libre de las restricciones del «átomo material», propuso lo que llamó «ley de la triunidad universal». Se trata de un estudio muy interesante. La ley que propone reconoce que existe una estructura básica en la creación universal. Se ve obligado a aceptar el ente físico y el espiritual y a establecer entre ambos una estructura común obvia. La ciencia, anteriormente, había insistido en la existencia de una sustancia común, pasando por alto la posibilidad de que esa estructura común fuera la clave más segura para la exploración de lo desconocido. Sin dejar de ser simple ni universal, la ley de la triunidad satisface cualquier demanda intelectual. Hela aquí en su expresión más simple:

Concepto: $1 \times 1 \times 1 = 1$

Concepto: $1 \times 1 \times 0 = 0$

Aplicación:

Largo x Ancho x Alto = Espacio

Energía x Movimiento x Fenómeno = Materia

Futuro x Presente x Pasado = Tiempo

Espacio x Materia x Tiempo = Universo

Padre x Hijo x Espíritu Santo = Dios

Como puede verse, cada unidad es absoluta en sí misma, pero ninguna podría existir por sí misma. Esta es la ley de la triunidad absoluta. Así como Dios es Tres en Uno, Él ha implantado esta uniformidad en sus creaciones. No cabe duda de que esta estructura es «la huella de Dios».

Apelando a la Biblia

Pero para descubrir claramente el hecho de la Trinidad Divina hemos de recurrir a la Biblia. En el Antiguo Testamento se enfatiza mucho la idea de un Dios único, en contraste con los múltiples dioses falsos de los paganos. Y el Nuevo Testamento corrobora este aspecto de la unicidad de Dios. El énfasis de la Biblia en este punto ha llevado a los «Testigos de Jehová» a rechazar la idea de la Trinidad; sin embargo, esta aparece en la Biblia con la misma claridad que la anterior. Y estudiando el asunto a la luz de las Sagradas Escrituras, encontramos lo siguiente:

Que desde el principio de la Biblia, Dios se revela como un Ser único pero múltiple a la vez. Es innegable para todo conocedor de la lengua hebrea que «*Elohim*», el primer nombre con el que se designa a la Divinidad, es un plural. Esta palabra, que, en efecto, aparece ya en el primer versículo del Génesis, es ciertamente la forma plural del término «*Eloha*». La mayor parte de los teólogos, eminentes por su piedad y por su saber, ha visto en este vocablo un indicio de *pluralidad* de personas en la naturaleza divina. El sabio rabino judío Simeón-ben-Joachi, en su *Comentario sobre la sexta sección del Levítico*, explica el valor de esta palabra, en estos notables términos: «Observad el misterio de la palabra "Elohim"; encierra *tres grados, tres partes*; cada una de estas partes es *distinta* y es *una* por sí misma, y, no obstante, son *inseparables* la una de la otra; están *unidas juntamente* y forman *un solo todo*».

Análisis de un texto revelador

En Deuteronomio 6:4 hallamos estas palabras notables que cada judío temeroso de Dios está obligado a repetir cada día: «Oye, Israel: el Señor nuestro Dios, el Señor uno es». Estas palabras son citadas, tanto por los judíos como por los «Unitarios» y los «Testigos de Jehová», como la prueba más absoluta contra los Trinitarios. Pero precisamente estas mismas palabras, leídas en hebreo, constituyen toda una revelación y contienen la más segura y clara prueba que pueda hallarse en toda la Biblia a favor de la Trinidad: «*SCHEMA, ISRAEL: ADONAI ELOHENU, ADONAI EJAD*».

En efecto, al analizar por vía de exégesis el texto original descubrimos tres partículas claves importantísimas que arrojan una luz deslumbradora para captar el profundo sentido de esta solemne declaración, lo cual —¡maravillosa prueba filológica de inspiración verbal!— nos demuestra que Dios sabía lo que hacía cuando inspiró a Moisés a escribir estas palabras y no otras. Veamos:

«*ADONAI*»: literalmente significa: «*Mis Señores*» (de «*Adon*»: Señor, y «*ai*»: Mis).

«*ELOHENU*»: es conjunción posesiva del pronombre de la primera persona del plural que se designa, significando: «*Nuestros Dioses*».

«*EJAD*»: expresa la idea de *unidad colectiva*.

En hebreo se usan dos palabras para indicar el significado de «uno». La palabra «uno», en el sentido de único, es decir, que se emplea para designar una unidad absoluta, es «*YAJID*» (Jue 11:34). Este término nunca es usado para designar la unidad divina. En cambio, cuando dos o varias cosas se convierten en una por una íntima unión o identificación, el vocablo hebreo que se emplea en la Sagrada Escritura es «*EJAD*», que significa «*una unidad compuesta de varios*» (Gn 2:24; Jue 20:8). Esta palabra es la que siempre se usa para designar la unidad divina.

Por lo tanto, nuestro texto, literalmente vertido del original hebreo, quedaría traducido correctamente así: «*ESCUCHA, ISRAEL: MIS SEÑORES NUESTROS DIOSES, MIS SEÑORES UNO COMPUESTO ES*». Unidad colectiva en integración.

Símbolos y figuras de la Trinidad

Hallamos en casi toda la Biblia la idea de la pluralidad de personas divinas, lo cual significa que la doctrina de la Santísima Trinidad tiene su apoyo en las Sagradas Escrituras desde el Génesis hasta el Apocalipsis.

Tres veces —nada menos que tres veces— se usa en los once primeros capítulos de la Biblia el plural «*NOS*» para designar a la Divinidad. La primera vez se habla de la pluralidad de personas divinas en relación con la creación del hombre: Gn 1:26; la segunda vez, en relación con el pecado del hombre: Gn 3:22; y la tercera vez, en relación con el juicio de los hombres: Gn 11:7.

Resulta curioso e instructivo notar que las tres grandes fiestas religiosas celebradas tres veces al año por el pueblo judío muestran también un símbolo de la gloriosa Trinidad: la Fiesta de los Tabernáculos: Dios Padre; la Fiesta de la Pascua: Dios Hijo; y la Fiesta de Pentecostés: Dios Espíritu Santo.

He aquí algunos textos iluminadores y harto convincentes en los que se mencionan claramente a las tres divinas personas juntas: Gn 1:1-3; Sal 33:6; Is 48:16 (comparado con 1 Co 12:3-6 y Ef 4:4-6); Is 61:1-2 con Lc 4:16-21; 61:1-2 con Lc 4:16-21; Mt 3:13-17; 28:19; 2 Co 13:14; Ef 2:18; Ap 1:4-5. Curiosa la experiencia de Jacob en aquel combate que sostuvo cuerpo a cuerpo con Dios. Jacob vio al Señor cara a cara en una «Theofanía» bajo la apariencia de un ángel, y habló con Él. Pero lo que no dice un escritor lo agrega otro y arroja más luz sobre un pasaje. Así, Oseas nos muestra el contexto del episodio de la lucha de Jacob con Jehová, y nos dice: «Venció al ángel, y prevaleció; lloró, y le rogó; en Bet-el le halló, y *allí habló con nosotros*» (12:4). Notemos el extraño plural. ¿No nos sugiere otra vez la pluralidad de personas divinas en la Trinidad?

La Trinidad en acción

El Padre es toda la plenitud de la divinidad invisible: Jn 1:18; el Hijo es toda la plenitud de la divinidad manifestada: Jn 1:14-18 y Col 2:9; el Espíritu Santo es toda la plenitud de la divinidad obrando directamente sobre la criatura: 2 Co 2:9-16.

En Efesios 1:3 al 14 vemos a la Trinidad obrando para el hombre:

La obra del Padre: bendice (v. 3), escoge (v. 4), predestina (v. 5). ¿Para qué? Para alabanza de su gloria (v. 6).

La obra del Hijo: redime por su sangre (v. 7), perdona los pecados (v. 7), descubre el secreto de su voluntad (v. 9), reúne todas las cosas en Él (v. 10). ¿Para qué? Para alabanza de su gloria (v. 12).

La obra del Espíritu Santo: sella (v. 13). ¿Para qué? Para alabanza de su gloria (v. 14).

Por lo tanto, el Padre ejerce la soberanía y decreta los consejos determinados por la Trinidad: 1 Co 15:24-28 y Ef 1:3-6; el Hijo ejecuta los consejos divinos: Hb 10:7; y el Espíritu Santo los desarrolla y aplica. Lo expuesto se pone de manifiesto tanto en la Creación como en la Redención.

Considerando un texto clave

Se impone aquí un pequeño comentario en torno al texto de Mateo 28:19: «*Baptizontes autous eis to onoma tou Patros kai tou Uiou kai tou Agiou Pneumatos*»: «Bautizándolos en el nombre del Padre, y del Hijo, y del Santo Espíritu».

Notemos que el bautismo cristiano está conectado con el nombre de cada persona de la Divinidad. No hay una interpretación propia de este lenguaje que no coloque en igualdad al Padre, al Hijo y al Espíritu Santo. Si se reconoce la Deidad de una de estas personas, queda reconocida la de las tres. Es imposible hacer una distinción válida con respecto a la igualdad y semejanza. Si la Deidad del Padre es reconocida por todos los que creen que hay un Dios, con respecto al Hijo y al Espíritu ¿quién podría oír sin horrorizarse que el nombre de un profeta o un ángel sustituía al de uno de ellos? ¿Por qué? Por causa de la inconsecuencia impía de exaltar a una criatura hasta igualarla con Dios. ¿Cómo sonaría, por ejemplo, esta fórmula bautismal?: «Bautizad en el nombre del Padre, y de Moisés, y de una fuerza activa». ¿No sería esto una blasfemia grosera? Y notemos también que "en el nombre" está en singular.

Pero el nombre del Hijo y el nombre del Espíritu Santo están juntos con el del Padre, y la unión es tan importante que la validez del bautismo es inseparable de ella. Si el Padre es Dios, el Hijo y el Espíritu deben ser Dios también, porque de lo contrario el texto pierde su sentido natural. Asimismo, si el Padre y el Hijo tienen personalidad, debe igualmente tenerla el Espíritu, pues sería absurdo bautizarse en el nombre (?) de una «fuerza» o de una mera «influencia», en conexión con el nombre del Padre y del Hijo. Está clarísimo que, en la última comisión de Cristo, la referencia al Padre, al Hijo y al Espíritu Santo es a personas y no a «energías activas», puesto que las influencias, por carecer de personalidad, no pueden tener nombre propio. Que el Espíritu Santo tiene atributos de personalidad propia es una verdad irrefutable a la luz de los textos bíblicos, pues lo que hace el Espíritu no puede hacerlo una mera influencia impersonal. Al Espíritu Santo se le atribuye una *mente*: Rm 8:7, 27; *habla y comisiona*: Hch 10:19-20 y Ap 2:7; *intercede y ayuda*: Rm 8:26 y Hb 7:25; *llama, selecciona y da órdenes*: Hch 13:2, 4; *aprueba* decisiones: Hch 15:28; *prohíbe y cuida*: Hch 16:6-7; *dirige*: Hch 20:28; *enseña y recuerda*: Jn 14:26; *redarguye* al mundo de pecado: Jn 16:8; *distribuye* dones según su voluntad: 1 Co 12:11; puede ser *entristecido*: Ef 4:30; *resistido*: Hch 7:51; *insultado*: Hb 10:29; *mentido*: Hch 5:3; *blasfemado* y *ofendido*: Mt 12:31-32. Ahora bien, si el Espíritu Santo puede expresarse hablando, es porque tiene *personalidad*; si distribuye dones como Él quiere, denota *voluntad*; si enseña, indica que posee *inteligencia*; si consuela, denota *emociones*; si recuerda, indica *conocimiento*; si redarguye, es porque tiene *discernimiento* de las cosas; y si está dotado de la capacidad de amar (Rm 15:30), es porque posee *sentimientos*. ¿Puede una fuerza impersonal tener todas estas facultades?

Comparando las tres Divinas Personas a un nivel de común igualdad

Finalmente, consideremos algunos de los títulos, perfecciones, obras y hechos atribuidos igualmente a cada una de las tres personas de la Trinidad Divina. Creemos que con ello la evidencia trinitaria se hace irrefutable a la luz de la Palabra de Dios.

Los cristianos tenemos un Padre que es llamado Dios: Rm 1:7; Ef 4:6. Un Hijo que es llamado Dios: Rm 9:5; Tt 2:13; Hb 1:8. Un Espíritu Santo que es llamado Dios: Hch 5:3-4; 28:25-27 comparado con Is 6: 8-10. Y si son llamados Dios es porque los tres son el mismo Dios.

El nombre de Dios el Padre es Jehová: Ne 9:6. El Hijo es llamado también Jehová: Jr 23:5-6. Y el Espíritu Santo igualmente es identificado con el nombre de Jehová: Hb 3:7-9 comparado con Ex 17:7.

El Padre como Jehová Dios: 2 Sm 7:22; Os 13:4. El Hijo como Jehová Dios: Jn 20:28. (Al dirigirse a Cristo con esta reverente expresión, el apóstol Tomás le está aplicando el título y el nombre sagrados que únicamente pertenecen a Jehová Dios: Is 41:13). El Espíritu Santo como Jehová Dios: Hch 7:71 comparado con 2 Re 17:14.

El Padre es el Dios de Israel: Sal 72:18. El Hijo es el Dios de Israel: Lc 1:16-17 (los pecadores se convertían a Cristo); v. 68 comparado con Za 2:10 y Jn 1:14. El Espíritu Santo es el Dios de Israel: 2 Sm 23:2-3.

En efecto, los judíos ya creían en Jehová Dios, pero no creían en Jesucristo; por lo tanto, necesitaban convertirse al Mesías. Nótese cómo en el v. 17 de Lucas 1 late una identidad entre Jesús-Mesías y Jehová. Lo que en la profecía se dice de Jehová, aquí Lucas lo aplica al Mesías. (Como el Jehová-Elohe, Jehová-Amén, de Is 65:16, que Juan y Pablo aplican, respectivamente, al Jesús-Amén en Ap 3:14 y 2 Co 1:20).

El Padre es nuestro Señor: Gn 15:2; Mc 12:29. El Hijo es nuestro Señor: Hch 10:36; 1 Co 8:6; Flp 2:11. El Espíritu Santo es nuestro Señor: 2 Co 3:16-17. Entonces, ¿cuántos Señores tenemos los creyentes? Mt 4:10; 6:24; Ef 4:5.

El Padre es eterno: Sal 90:2; 93:2; Hb 1:10-12. El Hijo es eterno: Pr 8:22-23; Jn 1:1; 8:58; Hb 7:3; 13:8. El Espíritu Santo es eterno: Hb 9:14.

El Padre es omnipotente: Gn 17:1; 2 Cr 20:6; Ef 1:19. El Hijo es omnipotente: Mt 28:18; Ef 1: 20-23; Ap 1:8 (comparar con v. 7 y vs. 11, 17 y 18); 3:7 (comparado con Hch 3:14 y Ap 19:11-13). El Espíritu Santo es omnipotente: Is 30:27-28; Za 4:6; Rm 15:13-19.

El Padre es omnipresente: Jr 23:23-24; Hb 4:13. El Hijo es omnipresente: Mt 18:20; 28:20; Jn 3:13. El Espíritu Santo es omnipresente: Sal 139:7-12; Jn 14:17; 1 Co 3:16.

El Padre es omnisciente: Sal 139:1-6; Dn 2:20-22. El Hijo es omnisciente: Jn 16:30; 21:17; Col 2:2-3. El Espíritu Santo es omnisciente: Jn 14:26; 1 Co 2:10-11; 1 Jn 2:20-27.

El Padre es la vida: Sal 36:9; Hch 17:25-28. El Hijo es la vida: Jn 1:4 (literalmente: «*En auto zoe en*»: «En Él [la] vida era»); 11:25; 1 Jn 5:12. El Espíritu Santo es la vida: Jb 33:4; Rm 8:2-11.

El Padre es el Creador: Gn 1:1, 26; 2:7; Is 44:24; 45:12-18; 48:12-13; Ne 9:6. El Hijo es el Creador: Jn 1:3; Col 1:15-17; Sal 33:4; Hb 1:2; 11:3 (comparar con Gn 1:3: «Y *dijo* Dios»: la Palabra, el Verbo eterno; y con 1:26 también de Gn). El Espíritu Santo es el Creador: Gn 1:2, 26; 2:7; Ml 2:15; Jb 33:4; 26:13; Sal 104: 27-30. Así pues, en el gran escenario de la Creación vemos a Dios creando: el Padre. A Dios hablando: el Hijo. Y a Dios obrando: el Espíritu Santo.

El Padre es el Salvador: Is 43:3, 11; 45:21; Lc 1:47; Tt 3:4. El Hijo es el Salvador: Mt 1:21; Lc 2:11; Tt 2:13. El Espíritu Santo es el Salvador: 1 Co 6:11 comparado con 1 Jn 1:7; Hb 9:14; Tt 3:5. (La salvación es, pues, atribuida a cada una de las personas de la Trinidad: 2 Co 1:21-22).

El Padre es el Pastor: Sal 23:1; Ez 34:11-12; el Hijo es el Pastor: Jn 10:11, 14-16; el Espíritu Santo es el Pastor: Is 63:14. (¿Puede pastorear una fuerza impersonal?).

El Padre es el autor de la regeneración: Jn 1:12-13. El Hijo es el autor de la regeneración: 1 Jn 2:29. El Espíritu Santo es el autor de la regeneración: Jn 3:5-6. (En la operación del nuevo nacimiento espiritual interviene, por tanto, la Trinidad: Tt 3:4-6).

El Padre obró la resurrección de Jesucristo: 1 Co 6:14. El Hijo obró su propia resurrección: Jn 2:19-22; 10:17-18. El Espíritu Santo obró la resurrección de Jesucristo: Rm 8:11; 1 P 3:18 (literalmente: «*zoopoietheis de Pneumati*»: «por otra parte vivificado por [el] Espíritu», pues se trata de un dativo agente que hace de instrumental, ya que para expresar que Cristo fue solo vivificado *en* espíritu, como traducen algunas versiones, el texto griego diría: «*kata pneuma*»).

Los hijos de Dios tenemos comunión con cada una de las personas de la Trinidad: nuestra comunión es con el Padre y el Hijo (1 Jn 1:3); y con el Espíritu Santo (Flp 2:1 y 2 Co 13:14).

El Padre y el Hijo habitan en los creyentes, y nuestro cuerpo es templo de Dios y de Cristo: Jn 14:23; Ap 3:20; 1 Co 3:16; 2 Co 6:16; Ga 2:20; Ef 3:17. El Espíritu Santo habita en los creyentes y nuestro cuerpo es su templo: Jn 14:16-17; Rm 8:9; 1 Co 3:16; 6:19; 2 Tm 1:14.

A guisa de colofón final

Quiera el Espíritu Santo, que vive en la persona de cada creyente nacido de nuevo, y que se halla presente en la tierra para glorificar a nuestro Señor Jesucristo, iluminar con este capítulo a esas almas extraviadas en los errores perniciosos de los sectarios de Brooklyn, para que puedan así participar del verdadero conocimiento de Dios y gozar de la posesión de la vida eterna por la fe que es en Cristo Jesús.

Como conclusión: «Ahora bien, hay diversidad de dones, pero el Espíritu es *el mismo*. Y hay diversidad de ministerios, pero el Señor es *el mismo*. Y hay diversidad de operaciones, pero Dios, que hace todas las cosas en todos, es *el mismo*» (1 Co 12:4-6).

Uno de los teoremas básicos para el cálculo de números infinitos, según enseñan las matemáticas modernas, es que la suma de cualquier número de infinidades es solamente un infinito, porque por su propia naturaleza, un infinito no puede aumentar, aunque se le agreguen otros infinitos.

Así la suma de las tres infinitas personas divinas de la Trinidad, son un solo Ser infinito, porque debido a que cada una de ellas es infinita, integran solamente un Dios infinito.

Alguien ha dicho que el hombre que intenta comprender cabalmente la Trinidad de Dios, puede perder su mente; y que el hombre que niega la Trinidad de Dios, puede perder su alma.

Nota del autor: Es muy interesante saber que uno de los libros sagrados de los judíos, *El Zohar* («Esplendor»), libro escrito por Moisés de León, base de la *Qabbalah* («Tradición»), hace el siguiente comentario acerca de Deuteronomio 6:4:

«¿Por qué hay necesidad de mencionar el nombre de Dios por tres veces en este versículo? La primera vez, Jehová, porque es el Padre de los cielos; la segunda vez, Dios, porque es un título del Mesías, la vara del tronco de Isaí que ha de venir por David, de la familia de Isaí; y la tercera vez, Jehová, porque es el que nos enseña a caminar aquí en la tierra. Y estos tres son uno».

XIII
Algunas objeciones contestadas

… Entre las cuales hay algunas difíciles de entender,
las cuales los indoctos e ignorantes tuercen, así como
las otras Escrituras, para perdición de sí mismo.
2 Pedro 3:16

Hemos indicado que los visitadores «russellistas» muestran una ignorancia absoluta de la Biblia en general, así como de las grandes doctrinas que de su texto se desprenden, las cuales han sido objeto de estudio por eruditos y grandes cristianos durante veinte siglos. Para ellos nada cuenta de la Biblia sino unos pocos textos que parecen confirmar sus teorías, aun cuando la interpretación que les dan se halle en la más grande contradicción con otros pasajes bien claros de las Sagradas Escrituras. Veamos cuáles son algunos de estos textos que traen aprendidos de memoria los «Testigos de Jehová» y van repitiendo en sus polémicas de casa en casa, y cuál es la respuesta para ellos de las propias Sagradas Escrituras.

1. La superioridad del Padre

«El Padre mayor es que yo» (Jn 14:28). Los «Testigos de Jehová» agitan este texto para enseñar que el Hijo es inferior al Padre y, por ende, no puede ser Dios. Sin embargo, el apóstol Juan, en su Evangelio, declara que Jesús había dado a entender a los judíos que Él era *«igual a Dios»* (5:18). Cristo mismo, poco después de este incidente, dijo que todos debían honrar al Hijo *«como honran al Padre»* (5:23). Y Pablo enseña también que el Hijo es *«igual a Dios»* (Flp 2:6).

La clave para una comprensión correcta de la frase *«el Padre mayor es que yo»* se halla en la doctrina de la *kenosis*, que ya hemos mencionado. En el pasaje de Filipenses 2:5 al 11, Pablo afirma que el que era *«igual a Dios… se despojó a sí mismo, tomando forma de siervo»*. De aquí, pues, aprendemos claramente que Jesús se hizo «inferior al Padre» por las limitaciones humanas que le imponía la encarnación. El Credo Atanasiano dice que Cristo es «igual al Padre con respecto a su Deidad e inferior en cuanto a su humanidad». En efecto: esta inferioridad de Cristo, en relación con Dios, era solo de oficio, no de naturaleza.

Basilio declara que para entender estas palabras de Jesús es preciso tener en cuenta que aquí —como en otros lugares también— estaba hablando como Hombre, y en este sentido no solamente era menor al Padre, sino que de igual modo era inferior a los ángeles e incluso a los hombres, pues ya hemos leído que Pablo dice que se anonadó completamente (Flp 2:6-8). Llegó a ser, como dice en profecía el Salmo 22:6, *«gusano, y no hombre; oprobio de los hombres, y despreciado del pueblo»*.

El gran San Agustín, comentando las palabras que anteceden a la frase discutida de Juan 14:28, *«voy al Padre»*, dice, en consonancia con el drama de la encarnación, que Cristo no hablaba de ir al Padre como Dios, porque como Dios está en todas partes, sino como Hombre que terminaba la misión que le había sido encomendada.

Asimismo, el expositor inglés sir Edwin C. Hoskyns dice también que, antes de venir al mundo, Jesucristo era igual al Padre. En la encarnación *«se despojó»* y se humilló hasta la muerte ignominiosa de la cruz con el fin de efectuar nuestra redención. Terminada la obra redentora, volvería al Padre para tener la gloria que antes tenía con Él (Jn 17:5). Desde allá en los cielos comunicaría a sus discípulos un poder que les capacitaría para hacer obras aún mayores que las que Él había estado haciendo en la tierra (Jn 14:12; Hch 1:8).

Otros teólogos enseñan una especie de subordinación eterna del Hijo al Padre. Pero esta subordinación tiene que ver no con la esencia de su Persona, sino con su oficio y ministerio (1 Co 15:28; Hb 8:6).

Por otro lado, el solo hecho de que Cristo se atreva a establecer comparación entre el Padre y Él ya es una prueba de su divinidad, pues tal comparación sería blasfemia en un hombre normal y hasta en un ángel.

Además, conviene subrayar también que una exclamación como la que encontramos aquí es inconcebible en una mera criatura humana. En efecto, ¿qué sentido tiene en labios de otro que no fuera Cristo el decir: *«el Padre mayor es que yo»*? Todo el mundo sabe que Dios es mayor que cualquier otro ser. Por lo tanto, si alguien dijera que Dios es mayor que él, estaría diciendo una tontería, porque afirmaría algo que todos ya sabemos. ¿A qué repetirlo, pues?

Sin embargo, en labios de Cristo estas palabras tienen un significado peculiar: quieren decir que en su condición de humillación y limitación terrena, para llevar a cabo la obra de la salvación de los pecadores, Cristo era inferior al Padre. Él, que era en esencia uno con el Padre, debido a su oficio de Redentor y a su operación redentora, se constituía voluntariamente en inferior al Padre. Por esto, Juan 14:28 solo tiene sentido en labios de Aquel que es uno en esencia con el Padre.

Finalmente, Whesseil dice, por vía de ilustración y con mucha lógica, que el Padre es mayor que el Hijo como la Mente es mayor que la Voluntad; que para que la Voluntad ejecute, la Mente ha de planear; pero ambas, Mente y Voluntad, forman parte de la misma naturaleza.

2. La ascensión al Padre

«*Subo a mi Padre y a vuestro Padre, a mi Dios y a vuestro Dios*» (Jn 20:17). Si Cristo llama al Padre «*mi Dios*», dicen los «Testigos», prueba que Él mismo no lo es.

Es un argumento tomado muy a la ligera. Cristo dice aquí «mi Dios» como nosotros decimos «mi alma», «mi espíritu», «mi cuerpo», etc. ¿Es que mi alma y yo somos cosas distintas, o mi espíritu y yo, o yo y mi cuerpo? ¿No formamos una sola y misma naturaleza?

Véase, además, cómo Cristo hace diferencia entre su propia relación con el Padre y la relación de sus discípulos. Él no dijo: «nuestro Padre y nuestro Dios», sino: «*mi Padre y vuestro Padre, mi Dios y vuestro Dios*», porque la relación de Cristo con el Padre es única, exclusiva. Su naturaleza humana era compartida por los apóstoles, pero no su naturaleza divina.

3. La subordinación del Hijo a Dios

«*Pero luego que todas las cosas le estén sujetas, entonces también el Hijo mismo se sujetará al que le sujetó a él todas las cosas, para que Dios sea todo en todos*» (1 Co 15:28). Tenemos aquí la afirmación de que el Hijo se sujetará al Padre; luego eso demuestra que no es Dios, arguyen los «russellistas».

Pero al leer este versículo vemos que aparece aquí una palabra a la que muchos no le han dado demasiada importancia. Es el término «*toté*»: «*entonces*». Este vocablo quiere decir que esa sujeción será al final de todo, cuando sean sujetas todas las cosas a Dios.

Ahora bien, nosotros preguntamos: ¿no es cierto que si el Señor Jesús fuese un ser creado, Él no se sujetaría al final de todas las cosas, sino que desde el principio de «su creación» estaría ya sujeto a Dios, exactamente como lo están todas sus criaturas, incluyendo a los que creen en Él? Entonces, ¿qué es lo que se sujetará a Dios al final de todas las cosas? Pues sencillamente: lo que se subordinará al Señor al término de todo serán todos aquellos que han estado y están en rebelión contra Dios.

Lo que verdaderamente significa la frase: «*el Hijo mismo se sujetará… para que Dios sea todo en todos*» es simplemente que, terminado ya el ministerio personal de Cristo como Redentor, Abogado, Intercesor, Sacerdote y Mediador entre Dios y los hombres, ya no hará falta ese ministerio. Y, *«entonces»*, notemos que se lee que será *«el Hijo»* quien *«se sujetará al que le sujetó…, para que Dios* (no el Padre) *sea todo en todos»*. Es decir: el Dios que creó los cielos y la tierra, la misma esencia de Jehová como era antes de la creación, antes de que Dios como Padre enviase al Hijo y Este a su vez enviase al Espíritu Santo, es la que ha de ser *«todo en todos»*. Entonces, la obra redentora de Cristo, consumada en la cruz del Calvario, habrá alcanzado su plena culminación. Y será *«entonces»* cuando se cumplirán aquellas maravillosas palabras que leemos en el Salmo 45:6-7, citadas en Hebreos 1:8-9.

Asimismo, cuando en Hebreos 10:12 se nos dice que: *«Cristo, habiendo ofrecido una vez para siempre un solo sacrificio por los pecados, se ha sentado a la diestra de Dios»*, ¿hemos de aceptar al pie de la letra la frase *«la diestra de Dios»* y entender que, literalmente, Dios tiene una mano derecha? En modo alguno, porque Dios es Espíritu y carece de miembros humanos. Se trata, simplemente, de una expresión con sentido figurado, lo que podríamos llamar una hipérbole antropomórfica.

Entonces, ¿qué debemos interpretar aquí por «la diestra de Dios»? Es evidente que esta imagen nos habla del lugar ejecutivo desde donde Cristo dispone de todas las prerrogativas de Dios. Por su sacrificio, Él ha anulado, aniquilado, reducido a la nada (*«athetesin»*: *«hecho como si nunca hubiera sido»*: Hb 9:26) el pecado y ha puesto de manifiesto la justicia de Dios. Por lo tanto, ¿quién podrá estar más alto que Quien está en el lugar del Vencedor?

4. Dualidad de naturalezas y unidad en esencia

Cuando Jesús oraba, ¿a quién oraba, si Él mismo era Dios? Si Cristo era Dios, al morir, ¿murió Dios? Si Jesús era Dios, ¿cómo podía estar en la tierra y en el cielo a la vez? Al bajar a la tierra, el cielo se quedaría sin Dios.

Cuando Cristo oraba lo hacía al Padre. En los momentos de oración dejaba que su naturaleza humana se manifestara tal cual era. (Sobre la pregunta —que a veces hacen los «Testigos»— de que si Dios puede hablarse a Sí mismo, véase Gn 8:21). Fue la naturaleza humana de Jesús la que murió. Dejó de existir la humanidad de Cristo, no su divinidad. Y al bajar a la tierra no quedó el cielo sin Dios, porque Él era Dios de todo y en todos. Estando en el cielo vivía los problemas de la tierra; viviendo en la tierra seguía presente en el cielo: Jn 1:18; Mt 28:20; Jn 3:13.

Cuando hablamos de la Trinidad siempre decimos —en conformidad con las Escrituras— que los tres, Padre, Hijo y Espíritu Santo, son uno en cuanto a sustancia. Como lo explica Gregorio Nacianceno: «están distintos sin división y están unidos en la distinción». La divinidad es única en los tres, pero cada uno con personalidad propia. De modo que cuando el Padre hablaba, como vemos en Mateo 3:17, 17:5 y Juan 12:28, no era el Hijo, sino el propio Padre. Y viceversa: cuando el Hijo hablaba, no era el Padre, sino el propio Hijo.

5. La Sabiduría engendrada

«Jehová me poseía en el principio, ya de antiguo, antes de sus obras. Eternamente tuve el principado, desde el principio, antes de la tierra. Antes de los abismos fui engendrada; ... antes de los collados, ya había sido yo engendrada... Cuando formaba los cielos, allí estaba yo... Cuando establecía los fundamentos de la tierra, con él estaba yo ordenándolo todo...» (Pr 8:22 al 31).

La mente piadosa de algunos exegetas ha querido ver en esta sabiduría, no solamente la personificación de un atributo de Dios o de la voluntad divina como lo mejor para el hombre, sino otra revelación del Cristo, *«el cual nos ha sido hecho por Dios sabiduría»* (1 Co 1:30) y *«en quien están escondidos todos los tesoros de la sabiduría y del conocimiento»* (Col 2:3). El pasaje de Proverbios 8:22 al 36, interpretado a la luz de Juan 1:1-3 y Colosenses 1:17, podría aplicarse, ciertamente, al eterno Hijo de Dios. Pero para algunos esta proyección interpretativa solo es probable. No se puede afirmar —dicen—, dogmáticamente, que esta porción del Antiguo Testamento se refiere, en efecto, a Cristo.

En la creación del mundo se manifiesta la sabiduría de Dios, tal es la enseñanza del conjunto de la literatura sapiencial, tanto canónica como apócrifa, israelita como egipcia, recaiga el acento ya sobre la creación del universo, ya sobre la creación del hombre, lo que es más frecuente.

Algunos textos bíblicos, al parecer, pertenecen en su origen a una corriente de especulaciones relativas al carácter preexistente o hipostático de la sabiduría. Según Proverbios 8:22 y ss., se diría que la sabiduría haya existido antes de la creación del mundo y que estuvo asociada, como poder ordenador, a Dios, poder creador; pero como se trata de un texto aislado en el Antiguo Testamento, parece, sin duda, más justo ver, en los pasajes que hablan de la sabiduría como de una persona, personificaciones poéticas de uno de los más importantes atributos divinos. No obstante, aun concediendo que la Sabiduría mencionada en Proverbios pueda referirse al Logos, vienen los «Testigos de Jehová» con su propio «discernimiento» y dicen muy ufanos: «Por cuanto un padre humano es anterior a su hijo, tiene que haber habido un momento en que el Hijo fue engendrado por el Padre, lo que señala la anterioridad del Padre con respecto al Hijo, y aquí se nos dice que la Sabiduría fue engendrada, lo que indica que Cristo, como Logos, tuvo principio, fue creado». (Véase también Hb 1:5).

¡Bravo por la brillante exégesis! ¡Y un aplauso también a la ignorancia teológica que revela tal razonamiento! Porque, por lo visto, los «Testigos» no saben que engendrar no es exactamente lo mismo que crear. La madre no crea al hijo, sino que lo engendra. Y engendrar es formar la vida sacando vida del seno mismo de la vida. Es decir, que de la misma manera que la madre engendra al hijo de su propia sustancia, de su seno, así también

Cristo es engendrado de Dios en el sentido de que Él emana de Dios mismo. O dicho de otro modo: el Hijo, por ser eterno, existía ya en el seno del Padre, eternamente engendrado, y habiendo estado siempre dentro de Dios. *«A Dios nadie le vio jamás; el unigénito Hijo (o: "el Dios unigénito"), QUE ESTÁ EN EL SENO DEL PADRE, él le ha dado a conocer».*

Para los hebreos, un hijo es uno que participa en la naturaleza de otro con personalidad distinta. Así pues, el término puede aplicarse al Hijo de Dios con toda propiedad por su comunidad de existencia eterna con el Padre. Ahora bien, en el orden cronológico, un padre y un hijo son totalmente contemporáneos. Nadie es padre mientras no tiene al hijo. En el mismo instante en que existe el hijo, ya existe el padre. Por lo tanto, el padre empieza a ser padre tan pronto como el hijo empieza a ser hijo. ¿Cuándo Dios no ha sido Padre y cuándo el Hijo no ha sido Hijo? ¡Nunca! Porque si Dios es Padre eterno, el Hijo tiene que ser también Hijo eternamente.

Tal vez este sencillo ejemplo ayudará al lector a comprender esto: los rayos luminosos que nos alumbran durante el día proceden del sol simultáneamente, sin anterioridad ni posterioridad. Es decir: sol radiante que envía sus rayos y rayos emanados del sol forzosamente son simultáneos. ¿No queda explicado mejor cuando leemos en Hebreos 1:3 que Cristo es el RESPLANDOR DE LA GLORIA DE DIOS? ¿Puede el lector imaginarse a Dios sin gloria y mente? Por tanto, cuando la Escritura afirma que el resplandor de la gloria de Dios es Cristo, entendemos claramente que AMBOS SIEMPRE ESTÁN UNIDOS EN ESENCIA Y NUNCA PUEDEN SEPARARSE.

Otro ejemplo a modo de ilustración podría ser el siguiente: ¿existen las ramas antes de salir del tronco? Sí, porque la rama no es más que una parte del tronco que nace, sale, brota hacia el exterior. Es decir, que las ramas son engendradas por el tronco, habiendo estado siempre dentro de él. Así también, aun cuando sabemos que, en cierta manera, el Hijo, en su esencia divina, ya existía aun antes de su manifestación como Hijo, en otro sentido puede decirse que salió o brotó de Dios al ser engendrado por Él, habiendo estado siempre dentro de Dios (Jn 1:18).

Un pasaje aclaratorio del Antiguo Testamento: Las «salidas» del Verbo divino

El famoso pasaje de Miqueas 5:2-4, del que, según el relato del evangelista San Mateo, echaron mano los rabinos judíos para declarar a Herodes dónde nacería el Mesías, es extraordinariamente iluminador en cuanto a la divinidad esencial de nuestro Señor Jesucristo, anterior a su nacimiento físico sobre la tierra. Dice el profeta: «Pero tú, Belén Efrata, pequeña para estar entre las familias de Judá, de ti me saldrá el que será Señor en Israel: y sus salidas son desde el principio, desde los días de la eternidad».

Es verdaderamente maravilloso que de un niño que tendría que nacer en la pequeña aldea de Belén se diga: *«Sus salidas son desde días muy remotos»*. ¿Qué significado tiene semejante expresión? El doctor Samuel Vila, en el apéndice II de su conocida obra escatológica *Cuando Él venga*, supone que tales «salidas» pueden significar manifestaciones o apariciones visibles de la Segunda Persona de la Trinidad en esferas celestiales, y cita el v. de Juan 1:18: «A Dios nadie le vio jamás: el unigénito Hijo que está en el seno del Padre, él le ha dado a conocer».

Los «Testigos» se han dado cuenta de que esta clara revelación de la naturaleza del Verbo que aparece en esta profecía mesiánica de su nacimiento no conviene a sus teorías y la han cambiado de la siguiente forma:

«De ti me saldrá aquel que ha de llegar a ser gobernante en Israel, cuyo origen es de tiempos tempranos, desde los días de tiempo indefinido».

Pero el texto hebreo es bien claro: «UMOTSAOLAV MIKEDEM MIYME OLAM» —dice—.

Es bien notorio que la palabra hebrea «YATSO» significa «salida», en el sentido de aparición repentina, y no puede ser traducida simplemente por «origen». Podríamos presentar de ello muchos ejemplos en la propia Biblia, lo que omitimos para no cansar al lector. Por consiguiente, la palabra «UMOTSAOLAV» significa: cuyas salidas remontan (o tuvieron lugar) en «MIKEDEM» días muy lejanos; y sigue la poética pero sin duda significativa repetición: «los días del cosmos» («MIYMEOLAM»).

En Hebreos 2:6 tenemos otra revelación del Hijo de Dios a seres angélicos; pero a la luz del gran texto de Miqueas entendemos que esa manifestación celestial no fue única, ni tuvo lugar en el momento de la «creación» del Verbo, según pretenden osadamente los «Testigos de Jehová», sino que es múltiple, ya que ha venido realizándose, desde el principio de todas las cosas, por Aquel que está «desde siempre» en el seno de la Divinidad invisible.

Ante la evidente enseñanza de este texto podemos creer que el Verbo divino, sale («YATSO»), o es «engendrado», en alguna forma visible o incognoscible para los seres celestiales, para revelar a Dios a ignotas razas celestiales que indudablemente pueblan el insondable Universo. Tales habitantes del Cosmos no necesitan arrepentimiento (Lc 15:7), pues cumplen la voluntad de Dios (Mt 6:10), pero es bien posible que deseen ampliar más y más su conocimiento de su maravilloso Creador; y que el Verbo de Dios haya sido el revelador de la gloria del Padre, para ellos, como para nosotros. Sin embargo, tales salidas nunca llegaron a ser una revelación tan completa del amor de Dios, ni una identificación tan extrema con una raza necesitada y caída, como aquella que tuvo su principio en Betlehem Ephrata y culminó en el Calvario; por esto tiene desde entonces el eterno Hijo de Dios un nombre que es sobre todo nombre: el significativo nombre de «Jesús», Salvador (Flp 6:11).

XIV
Alma y espíritu

No temáis a los que matan el cuerpo,
mas el alma no pueden matar.
Mateo 10:28

Los «Testigos de Jehová» se esfuerzan en demostrar que el ser humano no tiene un alma espiritual, sino que «es un alma» —dicen—. El alma es la vida física, por consiguiente no sobrevive al cuerpo. Veremos esta idea expuesta más extensamente en el capítulo acerca de la prohibición de sangre, y se dará cuenta el lector de cuán absurda resulta en el terreno bíblico, ya que al lado de los poquísimos textos en los cuales se habla del alma en términos figuradamente materiales, y exclusivamente al pueblo de Israel en los tiempos de su infantil ignorancia, hay centenares de textos en la Biblia, tanto del Antiguo como del Nuevo Testamento, que se refieren al alma en términos espirituales, atribuyéndole todas las características psíquicas y morales que corresponden al espíritu.

Son tantos estos textos que no tenemos espacio para comentarlos y apenas para citarlos, pero recomendamos al lector busque en su Biblia por lo menos algunos de los siguientes: Gn 27:4, 49:6; Ex 23:9, 26:11, 15, 29, 43; Nm 21:5; Dt 4:9, 11:18, 12:15, 13:3, 14:26, 18:6, 28:65; Jue 10:16, 16:16; 1 Sm 4:9; 1 Re 11:37; 2 Cr 6:38; Est 4:13; Jb 8:11; Jb 10:1, 11:20, 14:22, 16:4, 19:2, 23:13, 27:2-3, 30:25, 31:39; Sal 6:3, 10:3, 16:2, 24:4, 25:1, 34:2, 35:9, 42:1-5, 57:1, 62:1-5, 86:4, 103:1, 116:7, 123:4, 139:14, 146:1; Pr 13:19, 14:10, 21:10, 22:23, 23:7, 25:25; Ecl 6:2; Is 10:18, 15:4, 38:15; Is 55:3, 58:5-11, 61:10; Jr 6:16; Za 11:8; Mt 10:28, 26:38; Mc 8:36; Lc 1:46; Lc 12:18-20; Jn 10-24; Tt 1:15; Hb 4:12, 6:19, 8:10, 10:39; 1 P 2:11; 2 P 2:8; 3 Jn 1-2; Ap 6:10 y 18:14.

El estudio de estos textos mostrará al «estudiante de la Biblia» que sea diligente en escudriñar la Sagrada Escritura totalmente y por sí mismo, y no tan solo a través de las lecciones de Brooklyn, que las Sagradas Escrituras atribuyen a la palabra *«alma»* todas las características del ser espiritual; los dotes del «yo» psicológico consciente, muy superior al cuerpo, a la sangre y a la vida misma; por más que en algunos casos, y a causa del lenguaje figurado de los hebreos, la palabra *«alma»* se emplee como sustituto de la palabra «persona» o «vida».

Procurando en vano evitar la evidencia de tantos pasajes bíblicos, los «Testigos de Jehová» apelan al recurso de hacer una distinción entre alma y espíritu, citando 1 Tesalonicenses 5:23. Sin entrar en discusiones acerca del significado teológico de este texto, nos limitaremos a decir que, sea cual fuere la idea del apóstol al mencionar esta especie de trinidad humana, resulta innegable que los escritores bíblicos entienden por *alma* algo inmaterial. Esto resalta, sobre todo, en las palabras de Jesucristo que tenemos en Mateo 10:28. «Y no temáis a los que matan el cuerpo, MAS EL ALMA NO PUEDEN MATAR; temed más bien a Aquel que puede destruir el alma y el cuerpo en el infierno». Aquí está refiriéndose el Señor Jesucristo a un estado del alma posterior y aparte del cuerpo. Resultaría absurdo y un contrasentido traducir, como pretenden los maestros russellistas, «MAS LA VIDA NO PUEDEN MATAR», pues esto no se puede decir, ya que la vida no es una cosa en sí misma, sino una cualidad del ser, ora sea física o espiritual.

Hallamos destacado el carácter moral y espiritual del alma humana, sobre todo en los siguientes pasajes: «Daré mis leyes *en el alma* de ellos, y en el corazón de ellos las escribiré» (Hb 8:10). «*Su alma y conciencia* están contaminados» (Tt 1-16). «Nosotros no somos tales que nos retiremos para perdición, mas fieles para ganancia *del alma*» (Hb 10-39). «Amados, yo os ruego como extranjeros y peregrinos que os abstengáis de los deseos carnales que batallan contra *el alma*» (1 P 2:11). En estos y en innumerables pasajes de la Biblia el alma es conceptuada, no solamente como aliento vital, según pretenden los «Testigos de Jehová», sino como el verdadero yo moral, o sea, el espíritu. Por todas partes de las Sagradas Escrituras encontramos las expresiones «espíritu» y «alma» como sinónimos de una misma cosa cuando al hombre se refieren. Y aunque "alma" sea sinónimo de "persona", el yo espiritual no pierde su personalidad propia.

Veamos de ello algunos ejemplos:

«*Así dice Jehová, el que extendió los cielos y formó el espíritu que tiene dentro de sí el hombre*» (Za 12:1).

«*Pero hay un espíritu en los mortales y la inspiración del Todopoderoso les da inteligencia*» (Jb 32:8).

«*Pues ¿quién de los hombres conoce las cosas de un hombre sino el espíritu del hombre que está en él?*» (1 Co 2:11). Aquí la palabra «*espíritu*» no puede significar «soplo», o «viento», como afirman los russellistas, porque el «soplo» y el «viento» no poseen facultades intelectuales.

Es vana, pues, la pretensión de que cuando el autor de Eclesiastés dice que al fallecer el ser humano «el polvo vuelve a la tierra y el espíritu vuelve a Dios que lo dio» se refiere a un inconsciente, que nada sabe, ni de lo de abajo ni de lo de arriba, hasta el día de la resurrección. ¿En qué parte de las Sagradas Escrituras se lee de espíritus inconscientes? Los ángeles son espíritus (Sal 104:4), y Dios es Espíritu, pero ni Dios ni los ángeles son inconscientes, sino todo lo contrario. Por tanto, tiene que ser también inteligente el espíritu del hombre.

XV

La condición de los muertos

Porque para mí el vivir es Cristo y el morir es ganancia.
Mas si el vivir en la carne resulta para mí en beneficio de la obra,
no sé entonces qué escoger. Porque de ambas cosas estoy puesto
en estrecho, teniendo deseo de partir y estar con Cristo,
lo cual es muchísimo mejor.
Filipenses 1:21-23

Afirman los «Testigos de Jehová», y en esto encuentran buena acogida entre los escépticos y ateos, que, puesto que el hombre no tiene un alma, sino que el alma es la propia vida humana, la muerte significa el fin de la existencia consciente. La única esperanza para el ser humano —dicen— es la promesa de resurrección que Dios nos ha hecho. En apoyo de semejante tesis citan los pasajes de Eclesiastés 3 y 9 que traducen del siguiente modo:

> «*Yo, yo mismo, he dicho en mi corazón tocante a los hijos de la humanidad que el Dios verdadero va a seleccionarlos, para que vean que ellos mismos son bestias. Porque hay un suceso resultante, con respecto a la bestia, y ellos tienen el mismo suceso resultante*» (Ecl 3:18-19).

> «*Ve a la vida con la esposa que amas todos los días de tu vida vana que él te ha dado debajo del sol, todos los días de tu vanidad, porque esa es tu porción en la vida y en tu duro trabajo con que estás trabajando duro bajo el sol. Todo lo que tu mano halle que hacer, hazlo con tu mismísimo poder, porque no hay trabajo, ni formación de proyectos, ni conocimiento ni sabiduría en el "sheol", el lugar donde estás yendo*» (Ecl 9:7-10).

Además del pésimo castellano con que están traducidas ambas porciones en la versión del *Nuevo Mundo*, puede verse en ellas una manifiesta intención de destacar la doctrina russellista de la inconsciencia del ser humano tras la muerte. Pero cualquier lector que lea el pasaje entero en la Biblia se dará cuenta de que el predicador está hablando de la apariencia de la muerte desde este lado de la vida. El pasaje parece ser una crítica de la avaricia. Todos conocemos a personas que por amor al dinero no disfrutan de la vida, con el torpe afán de acumularlo, como si nunca tuvieran que morir. De aquí el consejo: *«Goza de la vida con la esposa que amas, porque esta es tu parte en la vida y en tu trabajo con que te afanas debajo del sol»*, reiterando la declaración del v. 6: *«y nunca más tendrán parte en lo que se hace debajo del sol»*. En ambos lugares recalca el predicador *«debajo del sol»*, limitando así su comentario a la tierra; pero esto no se refiere a lo que ocurre al espíritu humano *«más allá del sol»*, como cantamos en cierto himno.

Que la declaración: «no hay trabajo, ni formación de proyectos ni conocimiento» debe entenderse exclusivamente con referencia a los asuntos de esta vida, lo demuestra el mismo autor de Eclesiastés en el v. 17 del cap. 3, donde acaba de decir: *«porque allá hay tiempo para todo asunto y toda obra»*. Que este *«allá»* es al otro lado de la vida lo demuestra al decir *«al justo y al impío juzgará Dios»*. Es en el lugar donde tiene lugar el juicio que hay tiempo para todo asunto y para toda obra.

Hay que remarcar aquí un detalle extraordinario, que aunque parece insignificante no lo es, antes puede ser considerado como una de las pruebas de la inspiración verbal de la Biblia. Invitamos al lector a examinarlo con la Biblia en la mano. Es el detalle de que, aun cuando la palabra *«juzgará»* está en futuro, la declaración *«hay tiempo para todo lo que se quiere y todo lo que se hace»* está en presente. Si se refiriera al tiempo de la resurrección, debería decir *«habrá tiempo»* (en futuro), pero no es así, sino que por tres veces se halla remarcado el presente en el texto bíblico: *«hay...»*, *«se quiere...»*, *«se hace...»*. ¿Puede pedirse una aclaración más explícita de que cuando en el capítulo 9:5 dice que «los muertos nada saben» se refiere a las cosas de esta vida, no a un estado de inconsciencia en el más allá, y lo aclara a continuación diciendo: «ni tienen más paga, porque su memoria es puesta en olvido. También su amor y su odio y su envidia feneció ya; ni tiene más parte en todo lo que se hace debajo del sol»? (Ecl 9:5-6).

A continuación encontramos que este aspecto desolador que nos ofrece la muerte haciéndonos, desde el punto de vista de aquí, iguales a los animales, tiene un propósito de parte de Dios. Dios ha dejado la inmortalidad del hombre envuelta en el misterio *«para probarle»*. Aun después de haber venido nuestro Señor Jesucristo y habernos hablado del más allá en términos mucho más seguros y concretos, aun nosotros nos hallamos en esta prueba, al no permitir el Señor que tengamos ningún contacto con los seres fallecidos, a fin de que tengamos ocasión de confiar enteramente en su Palabra y así ejercer una fe «sin ver». Por más que exista la vida, la inmortalidad y el bienestar que anticipaba el apóstol San Pablo cuando decía que *«ser desatado y estar con Cristo es mucho mejor»*, todo esto lo sabemos por fe en la Palabra de Dios; no por pruebas objetivas.

He aquí el evidente propósito del pasaje de Eclesiastés 3:17, pero los traductores de la "biblia" del *Nuevo Mundo* han procurado embrollarlo con fines sectarios, traduciéndolo del siguiente modo:

«Yo, yo mismo he dicho en mi corazón, tocante a los hijos de la humanidad, que el Dios (verdadero) va a seleccionarlos para que vean que ellos mismos son bestias».

¿Qué sentido tiene el versículo traducido de esta manera? *«Seleccionar»* es escoger, y tiene un sentido totalmente diferente de *«probar»*, que es el verdadero sentido del pasaje en el texto hebreo. Y que el autor tiene en mente la idea moral de *«probar»* y no de *«seleccionar»* lo demuestra al decir a continuación «para que ellos mismos vean que son semejantes a las bestias». La expresión *«seleccionarlos para que vean que ellos mismos son bestias»* no tiene sentido en castellano.

El texto hebreo, traducido literalmente, palabra por palabra, es así: *«He dicho yo mismo en mi corazón sobre los dichos de los hombres de ser elegidos de Dios, y he visto que ellos son animales allá para ellos».*

Las últimas palabras, *«allá»* y *«para ellos»*, que tan mala sintaxis tienen en castellano, traducidas literalmente nos dan la clave del sentido del texto. Los hombres son animales en su muerte, «allá (en la tierra) y para ellos». Es decir, desde el punto de vista de lo que ellos pueden ver allá abajo. No desde el punto de vista de Dios y la eternidad. ¡Qué preciosa prueba filológica de inspiración divina del sagrado texto! Pues los conocimientos humanos de Salomón no le permitían ver otra cosa que lo que todo el mundo ve en la muerte, y así él mismo lo confiesa… Sin embargo, escribe: «allá y para ellos», como si no fuera él quien escribiera, sino el Espíritu de Dios que sabe lo que hay por encima de la muerte.

Por esto es perfectamente justificada la paráfrasis «como los animales» con que traducen el texto todas las versiones católicas, protestantes y judías, porque este es el evidente sentido que resulta del hebreo mediante las palabras allí y para ellos («LAHEM»), aun de un modo mucho más claro y enfático que por la simple introducción de la palabra *«como».*

Pero que el autor de Eclesiastés no cree que el hombre sea una bestia, como declaran aquí descaradamente los traductores de la Biblia russellista, queda comprobado de nuevo al final del libro, en el capítulo 12:7, donde, tras una descripción poética de la vejez, leemos: *«Y el polvo vuelva a la tierra de donde vino, y el espíritu vuelva a Dios que lo dio».*

Aquí tenemos la respuesta a la pregunta del cap. 3: «¿Quién sabe que el aliento del animal se queda en la tierra y el aliento *(espíritu)* del hombre sube arriba? ».

Lo sabemos por revelación de Dios. La frase hebrea «RUAJ TACHUV EL HAELO ASHER NETANAH» lo demuestra claramente. El *«ruaj»* del hombre vuelve a Dios que lo dio. ¿Y qué es lo que *vuelve* a Dios? No puede ser su soplo o aliento en el sentido literal o físico. Dios no es un coleccionador de soplos de viento; pero es el Padre de los espíritus (Hb 2:12-19). Es, pues, el espíritu consciente del hombre, el que puede llamar a Dios Padre, quien vuelve a su Creador.

En consecuencia, los «Testigos de Jehová», o bien tienen que quitar de la Biblia el evidente texto de Eclesiastés 12:7 y los muchos pasajes del Nuevo Testamento donde Cristo y los apóstoles hablan del alma como una entidad consciente, y de los fallecidos como seres reales y existentes, o tienen que confesar que han estado engañando miserablemente a sus adeptos al arrebatarles la consoladora esperanza de que, al fallecer su cuerpo, su ser espiritual se encontrará inmediatamente acompañado por ángeles (Lc 16:22) que le conducirán a «estar con Cristo, lo cual es muchísimo mejor» (Flp 1:27).

El lamento de Ezequías

Otro texto favorito de los «Testigos de Jehová» es el pasaje de Isaías 38:18-19, donde el rey Ezequías habla en términos muy pesimistas acerca de la muerte. Pero al leer este pasaje debemos tener en cuenta que se trata de la súplica de un enfermo de muerte que ora a Dios implorando unos cuantos años más de vida, por varias razones que en el mismo pasaje expone: una de ellas la necesidad de dar a sus hijos un conocimiento más claro de las cosas de Dios llevándoles al templo, lo que no podría hacer desde el otro lado del sepulcro.

Otros textos favoritos de los «Testigos de Jehová» son el Salmo 6:5, 22:29, 146:4. Pero la lectura de estos y otros pasajes similares muestra que son una descripción de lo que ocurre al ser humano en la muerte vista desde este lado de la tumba. En la declaración del Salmo 22:9 «Nadie conservará jamás viva su propia alma», es una figura claramente retórica en la cual la palabra «alma» sustituye la palabra «persona». Los hebreos eran aficionados a esta clase de figuras retóricas, pero ¿cuál era la esperanza del salmista, autor de todos estos pasajes, según la hallamos descrita en otros salmos de David?

Luces de inmortalidad en el Antiguo Testamento

A pesar de que los hebreos no tenían un conocimiento tan claro de la vida futura como lo tenemos nosotros después que Cristo vino a *«quitar la muerte y sacar a la luz la vida y la inmortalidad por el Evangelio»*, y es propio que no hablasen con la misma claridad y seguridad con que se expresan los apóstoles acerca de la vida consciente del espíritu, los antiguos escritores bíblicos tenían ya destellos de inspiración e iluminación celestial acerca del más allá. Esto hallamos en textos de Eclesiastés, que acabamos de considerar; en el libro de Job cap. 19:25 y en el precioso Salmo 23, donde leemos: «Aunque ande en valle de sombra de muerte, no temeré mal alguno, porque Tú estarás conmigo…», terminando con la maravillosa afirmación: «Ciertamente, el bien y la misericordia me seguirán todos los días de mi vida, y en la casa del Señor moraré por largos días».

Todos los lectores de la Biblia, tanto judíos como cristianos, por muchos siglos, han encontrado en esta joya de la literatura sagrada del Antiguo Testamento una referencia a la muerte y a la vida eterna. Pero los russellistas han suprimido lo más importante del iluminador pasaje, tergiversándolo de la forma siguiente:

> «*Aunque ande en el valle de sombra profunda, no temo nada malo*». Y lo terminan así: «*Seguramente la bondad y la benignidad amorosa mismas seguirán tras de mí todos los días de mi vida; y ciertamente moraré en la casa de Jehová hasta la largura de días*».

¿Qué nos dice, empero, el texto hebreo? Es evidentísimo para todos los conocedores de dicha lengua que la palabra «TSALMAVET», que es la clave del v. 4, es una palabra compuesta de dos:

«TSAL»: sombra.

«MAVET»: significa muerte (en el sentido de separación del alma del cuerpo). No es ni puede traducirse «profunda», nos aseguraba un profesor de hebreo.

La palabra «mavet» se encuentra infinidad de veces en la Biblia con referencia a la muerte física de sus personajes. ¿Por qué, pues, suprimen aquí la palabra «muerte» los russellistas, sustituyéndola por «valle profundo»? Todos lo comprendemos: para oponerse a la lógica, natural y consoladora interpretación que han dado a este pasaje los expositores cristianos de todos los tiempos.

No es menor la osadía con que traducen el último versículo, separando la primera parte del texto: «*todos los días de mi vida*» de la segunda parte, donde el salmista afirma: «*en la casa del Jehová moraré por largos días*». Al parecer, no les gusta la estrecha relación de ambas partes a causa de su preconcebida idea de la inconsciencia tras la muerte, y tratan de dividirlas con un «*ciertamente*» que no se encuentra en el texto original; ni tampoco es necesario, pues se halla ya al principio del versículo.

En ambas tergiversaciones se han apartado enteramente del original hebreo. La traducción de los rabinos franceses en el v. 4 es: «*Dusse-je suivre la sombre vallée de la mort, je ne craindrais aucun mal…*»; y al final del salmo: «*Oui, le bonheur et la grace m'accompagneront ma vie durant, et j'habiterai de longs jours dans la maison du Seigneur».* Estos rabinos, sin duda, conocen mucho mejor la lengua de su patria y de sus mayores que los traductores russellistas, y la traducen mucho más fielmente.

Hay una tercera y final tergiversación russellista en este breve salmo, de solamente seis versículos, y es la introducción de la desconcertante palabra *«hasta»*, que no tiene ninguna significación si no es la de destrozar la sintaxis castellana. Nos decía un profesor hebreo que para poder traducir *«hasta la largura de días»* tendría que aparecer en el texto hebreo la palabra *«ad»*, pero en su lugar encontramos la palabra *«le»*, que significa «mientras», «durante»; por lo cual queda perfectamente vertido al castellano con decir: *«moraré por largos días»*, o sea, durante tiempo larguísimo: la eternidad.

Nos tememos que dicha inútil y desconcertante palabra ha sido introducida aquí para completar las dos falsificaciones anteriores y dar la falsa de que David no se refería a la casa de Dios en el cielo, sino al tabernáculo de Silo, o de Jerusalén, donde él quería pasar mucho tiempo, hasta que llegasen los días largos de su vejez. Sin embargo, esta interpretación es imposible, ya que sigue inmediatamente detrás de la expresión: *«todos los días de mi vida»*, demostrando que se trata de algo posterior y superior a su vida terrenal.

Si tratan los russellistas de referir esta bendita esperanza al tiempo de la resurrección, les sobra la palabra añadida, ya que dicha vida será eterna, no sobrevendrá en ella vejez alguna, y no es posible anticipar en ella cambio alguno que justifique la palabra *«hasta»*.

No queda, pues, ninguna otra interpretación plausible sino la de que David, divinamente inspirado por el Espíritu Santo, expresa la gloriosa esperanza de que, una vez concluidos los días de su vida, moraría en la casa de Dios, en el cielo, por largos días, esto es, por la eternidad.

Ello es, cabalmente, lo que aleja su temor en el oscuro valle de la muerte.

En el Salmo 16 hay un pasaje bastante similar a este último versículo del Salmo 23. Dice: *«Me harás conocer el sendero de la vida, en tu presencia está la plenitud de gozo, a tu diestra se hallan delicias eternamente».*

Aquí vemos de nuevo una esperanza de vivir en comunión con Dios durante toda la vida; pero la superior esperanza de, una vez terminada esta, encontrar la plenitud del gozo cerca del Señor eternamente. Esta última palabra, «eternamente», demuestra que se trata de la vida venidera, pues el gozo del Señor no puede disfrutarse acá abajo «eternamente».

Bien sabemos que este es un pasaje profético que se aplica al Mesías, pues David murió, y como dice San Pedro, vio corrupción; pero David, humanamente hablando, no sabía que se refería al Mesías, sino que hablaba como de sí mismo, y el pasaje revela en lo íntimo de su conciencia, cuando era particularmente iluminada por la inspiración del Espíritu Santo, una firme confianza de vida inmortal, inmediatamente después de terminada la carrera de la vida. Véase también el Salmo 49:15.

Es cierto que tales luminosos pasajes son escasos en el Antiguo Testamento, comparados con las abundantes referencias a la vida futura que tenemos en el Nuevo Testamento. Pero esto ocurre tanto en lo que se refiere a la vida consciente del espíritu después de la muerte como a la esperanza de resurrección. No tenemos más que tres o cuatro textos en el Antiguo Testamento que nos den alguna luz sobre el particular, mientras que en el Nuevo Pacto los hallamos por centenares. Por esto no es de extrañar que a los que vivieron antes de la venida del Redentor les resultara poco agradable la idea de la muerte, pues que no había sido revelada todavía de un modo tan claro y completo la esperanza de inmortalidad.

¿Qué es dormir en el Señor?

Hechos 13:36, y otros textos que hablan de la muerte bajo la figura de un sueño, son citados también por los russellistas como probatorios de la inconsciencia del alma después de la muerte. Debemos decir aquí que la expresión «dormir en el Señor», refiriéndose a la muerte, se hizo peculiar entre los cristianos primitivos después de haber visto a Jesús resucitado, y probablemente recordando lo que Él había dicho de los muertos a quienes resucitó (Lc 8:52 y Jn 11:11); pero que la expresión «dormir», tanto en labios de Jesús como en los de los apóstoles, se aplica al cuerpo, pero no a la parte espiritual y consciente de nuestro ser, lo demuestra el caso de Esteban, en donde, al lado de la frase «durmió en el Señor», oímos al propio mártir exclamar: «Señor Jesús, recibe mi espíritu». Bien claramente prueban estas palabras que lo que duerme no es el espíritu, sino el cuerpo; en cambio, el espíritu, desatado de su envoltura carnal o de su tienda de campaña, como nos dice San Pablo en Filipenses 1:23 y el apóstol Pedro en 2 Pedro 1:14, vive una vida más feliz y mucho mejor que la que se disfruta acá abajo.

La esperanza de los apóstoles

Es evidente a todas luces que los apóstoles que habían convivido con Cristo (o habían recibido especiales revelaciones de Él, como es el caso de Pablo, que había sido arrebatado al tercer cielo) (2 Co 12:2), tenían la absoluta seguridad de que la muerte no era un estado de inconsciencia, sino que iban a estar en espíritu inmediatamente con su amado Señor. Bien claramente lo expresa el apóstol San Pablo en Filipenses 1:23, hasta el punto de preferir la muerte a la vida, de no ser por los intereses de la obra de Dios que requerían su presencia en la tierra. He aquí las palabras literales del gran apóstol: «*Porque para mí el vivir es Cristo, y el morir es ganancia. Mas si el vivir en la carne resulta para mí en beneficio de la obra, no sé entonces qué escoger. Porque de ambas cosas estoy puesto en estrecho, teniendo deseo de ser desatado y estar con Cristo, lo cual es muchísimo mejor*».

¿Qué harán los traductores russellistas ante semejante declaración? El clarísimo texto no se puede eludir. Aquí está el gran apóstol diciendo que el morir «*es ganancia*». ¿Cómo lo sería, si la muerte fuese un simple estado de inconsciencia? Y luego, ¿qué significa ser desatado o partir y estar con Cristo? Las palabras del original griego son bien enfáticas: «*Sunexomai de ek ton duo, tin episumian ekon eis to analusai kai sun Xristo einai pol-lo yap mallon kreisson*». Literalmente: «*Estoy apretado de dos partes, teniendo el deseo de ser soltado y estar con Cristo, lo cual es muchísimo mejor*».

Nótese que la frase «*to analusai kai sun Xristo einai*» lleva un solo artículo, «*to*», para los dos verbos, lo cual indica que los dos efectos (ser soltado y estar con Cristo) guardan una mutua relación cronológica: el apóstol desea soltar las amarras del cuerpo mortal, como condición para gozar inmediatamente de la presencia del Señor.

Pero los «Testigos de Jehová», a fuerza de añadir palabras y cambiar los tiempos de los verbos griegos, tratan de lograr un efecto menos chocante y opuesto a su doctrina de la inconsciencia de las almas. Veamos cómo maltraducen el pasaje entero:

> «*Porque en mi caso, el vivir es Cristo y el morir, ganancia. Ahora bien, si es el seguir viviendo en la carne, esto es fruto de mi trabajo… y aun así cual cosa a elegir no lo sé. Estas dos cosas me tienen en premura, pero lo que sí deseo es la liberación y el estar con Cristo, porque esto de seguro es mucho mejor. Sin embargo, el que yo permanezca en la carne es más necesario por causa de ustedes*» (Flp 1:21-24).

Una vez más tenemos que destacar el pésimo castellano y el oscuro sentido de esta enmarañada traducción, en la cual se hacen toda clase de esfuerzos para romper en dos una frase que es única y seguida en el original, al escribir: «*lo que sí deseo es la liberación y el estar con Cristo*», como si fuesen dos cosas diferentes. De este modo intentan hacer caber entre las dos el período de inconsciencia que propugna su peculiar doctrina. A pesar de lo raro e incomprensible que resulta en tal caso la preferencia que el apóstol expresa por la muerte, pues dormir en un sepulcro nunca puede considerarse mejor que gozar de los privilegios y oportunidades de la vida.

No, Pablo no era ningún neurótico inclinado al suicidio, sino un servidor de Cristo que, entre dos cosas buenas, renunciaba a la más excelente por amor a las almas inmortales que necesitaban su testimonio del Evangelio sobre la tierra. Pablo sabe, por haber estado ya temporalmente, en un éxtasis espiritual, en aquel lugar que Cristo fue a preparar para sus redimidos (2 Co 12:2), que la muerte es solamente ser desligado del cuerpo, hallarse sin acceso al mundo físico, pero gozando de la presencia de Cristo, lo cual es muchísimo mejor que la libertad que Nerón podía concederle.

Por esto afirma en 2 Corintios 5:6 y 8 que hallarse en el cuerpo es peregrinar ausentes del Señor, e insiste en que, aun cuando todos quisiéramos evitar tal desnudamiento del cuerpo viviendo hasta el tiempo de la Segunda Venida de Cristo, aun así es preferible, repite, «*estar ausentes del cuerpo y presentes al Señor*». La expresión «*ausentes del cuerpo*» demuestra claramente que está hablando de un tiempo anterior a la resurrección corporal, de otro modo no diría: «*ausentes del cuerpo*», sino «en posesión del nuevo cuerpo glorificado».

Aquí se hallan de nuevo en apuro los traductores russellistas, y no se recatan de volver a cambiar tiempos de verbo y añadir palabras que eviten la contradicción del texto sagrado con las enseñanzas de Tace Russell. Examinemos, pues, su traducción. Los preciosos textos de 2 Corintios 5 los dan alterados y desfigurados de la siguiente forma:

«*Porque sabemos que si nuestra casa terrestre, esta tienda, fuera disuelta, hemos de tener un edificio procedente de Dios, una casa no hecha de manos, eterna, en los cielos…*» (v. 1).

«*Pero tenemos buen ánimo y gran satisfacción en ausentarnos del cuerpo y hacer nuestro hogar con el Señor. Por lo tanto, también, estamos teniendo como mira nuestra, sea que tengamos nuestro hogar con él o estemos ausentes de él, ser aceptos a él*» (v. 9).

Pero el texto griego no dice «*hemos de tener*», sino «*tenemos*»: «*ekomen*», no «*ezomen*». Es un hecho presente. El hogar celestial existe, y estamos dirigiéndonos allá para entrar en el feliz hogar el mismo día en que fallezca nuestro cuerpo, como le ocurrió al moribundo ladrón de la cruz. «*Hacer nuestro hogar en el Señor*» es otra expresión de pésimo castellano, puesto con la aviesa intención de aminorar la impresión de cosa inmediata que nos da el texto griego al decir: «*Ausentes del cuerpo, presentes al Señor*».

Leyendo el pasaje entero y observando su lógica relación, vemos que el apóstol, en el v. 6, equipara el estar en el cuerpo a peregrinar estando ausentes (corporalmente) del Señor. El v. 7 explica que esto es andar por fe, no por vista. El v. 8 muestra que el estar ausente *del cuerpo* (o sea, salir del cuerpo que nos ha servido de tienda de campaña durante nuestro peregrinaje por la vida) coincide con el estar presentes con el Señor, y esto es lo que el apóstol deseaba como meta y resultado de ser «soltado» de las amarras del cuerpo (véase Flp 1:23).

Esto es exactamente lo que escribió el apóstol San Pablo y creyeron con él y después de él sus inmediatos discípulos.

El testimonio de Pedro

El apóstol Pedro compartía la misma esperanza cuando escribe: *«Sabiendo que en breve he de abandonar el cuerpo* (literalmente: "Sabiendo que viene rápidamente el levantamiento de mi tienda de campaña") *procuraré que después de mi partida* (gr. *"meta ten emen exodon"*) *podáis en todo momento tener memoria de estas cosas».* Y lo raro del caso es que aquí traducen correctamente los russellistas *«meta ten emen exodon»*: *«después de mi partida».* No se han atrevido a variar una frase tan clara y sencilla que cualquier estudiante de griego de primer año podría traducir sin ninguna dificultad. Pero ¿no se dan cuenta de que esta simple palabra *«exodon»*, salida, derriba todo su artilugio de argumentos contrarios a la supervivencia del alma? Los israelitas que *salieron*, *«exodon»*, de Egipto a través del mar Rojo, no lo hicieron para quedar inconscientes, sino que existían en otro lugar que aquel de donde habían salido. Salir nunca es desaparecer o dejar de existir, sino trasladarse de un lugar a otro (2 P 1:12-15).

De este modo, aun sin quererlo, los «Testigos de Jehová» se ven obligados a dar testimonio a la doctrina profesada desde los mismos tiempos apostólicos por toda la Cristiandad, de que el «yo» consciente del hombre, al partir del cuerpo, se ausenta de su terrenal envoltorio para entrar a gozar inmediatamente de la presencia de su Señor y Salvador.

La parábola del rico y Lázaro

Algo semejante ocurre con la parábola del rico y Lázaro, que la *Traducción del Nuevo Mundo* nos da tal como es en el original. ¿Por qué esta historia, contada por nuestro Señor Jesucristo, que tan claramente derriba la teoría del sueño e inconsciencia de las almas, la han dejado los traductores russellistas tal como es? Porque les parece que con decir a sus adeptos que se trata de una parábola ya han salido de la dificultad. Si así fuera, sería la única parábola en toda la Biblia cuyos personajes tienen nombres propios —Abraham y Lázaro—, circunstancia que jamás concurre en las parábolas.

Obsérvese que Jesús acostumbraba introducir las parábolas con esta declaración: *«El Reino de los cielos es semejante a»*, pero aquí Jesús no habla de parecidos ni semejanzas, sino que afirma rotundamente: *«Había un hom-*

bre rico... y había un mendigo llamado Lázaro...», etcétera. Lo cuenta como una historia, no como una parábola. Exactamente como hace con la ilustración del hijo pródigo, y aún más, porque en aquella no cita nombres como en esta. Nada es más probable, pues, que se trata de historias reales de este y del otro mundo, que Cristo conocía y usó como ilustración de sus enseñanzas. Pero aun dejando la narración como simple parábola nada cambia, porque Cristo usaba las parábolas para ilustrar hechos reales, y si no fuera real la vida después de la muerte, ni siquiera como parábola tendría sentido este capítulo de la Biblia.

En vez de aceptar la narración tal como es, los «Testigos» someten el pasaje a una interpretación totalmente arbitraria, muy semejante a la que dan los judíos al capítulo 53 de Isaías. Para evitar reconocer que Isaías está hablando del Mesías-Redentor, los rabinos judíos dicen que el «Varón de Dolores» es todo el pueblo de Israel, a pesar de las dificultades con que tropiezan para explicar bajo este punto de vista los vs. 9-11 aplicados a toda una comunidad de gente y no a un solo individuo. Pues bien, la misma interpretación absurda y arbitraria es de la que echan mano los «Testigos de Jehová» para escapar a la evidencia acerca de la inmortalidad del alma que se desprende de la parábola del cap. 16 de San Lucas. Con los adventistas, han venido diciendo que *«el hombre rico en el "hades" representa Israel, el pueblo que recibió las riquezas espirituales del cielo. En cuanto a verdades espirituales tenían los judíos todo lo necesario..., pero en lugar de compadecer y ayudar a los gentiles les consideraban como bárbaros y perros... Pero tuvo lugar un gran cambio después de la resurrección de Cristo..., el mendigo gentil se halló consolado siendo adoptado en la familia de Abraham».*[1]

Pero más recientemente han cambiado esta primitiva interpretación por otra. Dicen ahora:

> *«Por esta parábola Jesús expresó una profecía que ha tenido cumplimiento desde el año 1918. Se aplica a las dos clases de personas que existen hoy día sobre la tierra. El rico representa la clase ultraegoísta, que es el clero de la cristiandad, el cual se halla separado de Dios y muerto en cuanto a su favor, y aun más, atormentado por las verdades que proclaman los "Testigos de Jehová". Lázaro representa el pequeño residuo del cuerpo de Cristo, y también las personas de buena voluntad. Estas al abandonar su religión reciben el favor de Dios y consuelo por su Palabra».*[2]

---

1. D. E. Venden, autor adventista, en una conferencia sobre «El rico y Lázaro». Citado por J. K. van Baalen en *El caos de las sectas*, pág. 162.

2. *Let God be True*, ed. de 1946, pág. 79.

Pero es evidente el absurdo de ambas interpretaciones. ¿Cómo es posible que Jesucristo llame «hades» al estado de tormento de gente que vive en este mundo, cuando ellos declaran que *hades* significa un estado de inconsciencia? Es insensato decir de los judíos o de los predicadores modernos que sufren un castigo como el que el hombre rico sufría en el *sheol*, después de su muerte, si no hay «sheol» alguno donde sufran o gocen los que han partido. De ser así podría, con razón, acusarse a nuestro Señor Jesucristo de que por su lenguaje poco cuidadoso sugería doctrina errónea sobre el más allá.

Ahora bien, como parábola o como historia, a menos que Cristo quisiera engañarnos atrozmente, aprendemos los siguientes principios que se desprenden naturalmente de la narración:

a) Que los muertos siguen conservando el sentido de la vista: v. 23.

b) Conservan el habla, o tienen algún medio de comunicación con otros seres de la misma condición espiritual: v. 24.

c) Conservan el sentimiento de compasión: v. 24.

d) Conservan las necesidades físicas: v. 24.

e) Conservan el sentimiento del dolor: v. 24.

f) Conservan el recuerdo de las cosas de la tierra: vs. 28-29.

g) Conservan el sentimiento de culpabilidad, y lo ven mucho más claramente que en la vida presente: v. 28.

h) Nos muestra, finalmente, esta historia que la preciosa oportunidad de tener el conocimiento de la voluntad de Dios mediante la Sagrada Escritura aumenta la responsabilidad de los desobedientes: v. 31.

Las almas son espíritus conscientes según el Apocalipsis

La misma excusa en la que se refugian los «Testigos de Jehová» para negar las enseñanzas de Jesucristo en la parábola del rico y Lázaro, emplean ante el claro y evidente pasaje de Apocalipsis 6:9, que no pueden dejar de traducir del siguiente modo:

«*Y cuando abrió el quinto sello, vi debajo del altar las almas de los que fueron muertos atrozmente, a causa de la Palabra de Dios y a causa de la obra de testimonio que tenían. Y clamaron con voz fuerte diciendo: "¿Hasta cuándo, soberano Señor, santo y verdadero, te abstienes de juzgar y de vengar nuestra sangre en los que moran en la tierra?*».

Aquí se trata, naturalmente, de una visión y de una escena figurativa, pues no podemos imaginarnos las almas de millones de mártires debajo de un altar. Sin embargo, sea cualquiera la idea que se tenga de la narración, tiene un significado y una enseñanza y, júzguese como se quiera, es evidente que el escritor del Apocalipsis no creía que las almas de los mártires se hallaran en estado inconsciente. El Señor que le dio la visión no pretendería engañar al apóstol dándole una idea falsa contraria a la verdadera situación de los mártires cristianos. Tanto en este caso como en el de la parábola del rico y Lázaro, la figura es expresión más o menos literal de la realidad. Pero si aceptáramos la teoría de la no inmortalidad de las almas, no habría ninguna realidad detrás de los hechos que narran estos pasajes bíblicos y, en vez de ser ilustraciones de la *«verdad que es en Cristo»*, vendrían a ser motivo de confusión y engaño por el hecho de dar a los lectores del Nuevo Testamento una impresión totalmente falsa acerca del estado de los fallecidos. ¿Es posible atribuir tal propósito a los escritores bíblicos ni al Señor que los inspiró?

Finalmente, leemos en el Apocalipsis: «Y oí una voz del cielo que decía: "Bienaventurados *(felices)* los muertos que de aquí en adelante mueren en el Señor…"» (Ap 14:13). La palabra griega *«makarius»* significa, literalmente, «felices». ¿Cómo podrían ser felices los muertos si quedaran en un estado inconsciente? Su descanso no puede significar inconsciencia, pues en la inconsciencia no hay ninguna felicidad ni infelicidad.

El testimonio de los primeros cristianos

Los «Testigos de Jehová» suelen decir que la doctrina de la inmortalidad del alma es de origen griego, que la enseñaron los filósofos, y los cristianos la introdujeron en el dogma, juntamente con otras ideas paganas, siglos después de la fundación del cristianismo. Pero no pueden probar semejante aserto, no tan solo porque dicha enseñanza se halla en las cartas de los apóstoles, como hemos visto, sino porque se encuentra en los más antiguos documentos de la Iglesia Cristiana, juntamente con la de la resurrección, pero sin excluir la una a la otra.

Si alguien podía conocer el pensamiento y la enseñanza de Cristo acerca del más allá eran los mártires de los tres primeros siglos, que habían estado en contacto con los apóstoles o con los más inmediatos discípulos de estos. Pues bien, ¿qué nos dicen estos primeros y veraces «testigos» de la fe cristiana?

De las *Actas de los Mártires* copiamos textualmente los siguientes párrafos:

«Amenazóles con la muerte el Prefecto, y dirigiéndose a Justino le preguntó: ¿Suponéis que si fuerais azotados y vuestras cabezas cortadas subiríais al cielo para ser recompensados?

»—Justino le contestó: No lo supongo, lo sé y estoy plenamente convencido de ello… y efectivamente; los prisioneros después de azotados, se les condujo al suplicio donde murieron glorificando a Dios. Sus cuerpos fueron recogidos secretamente y sepultados con honor» (Año 165).[3]

Acerca de otro famoso mártir, Policarpo de Smirna, leemos:

«Policarpo se quitó los vestidos y desabrochó su cinto, y como quisieran sujetarle con clavos al madero, les dijo:

»—Dejadme, que Aquel que me da fuerzas para resistir el fuego, me las dará también para que inmóvil me consuma la hoguera.

»Por consiguiente, dejando a un lado los clavos lo ataron únicamente con cuerdas. Así pues, teniendo las manos atadas a las espaldas y estando amarrado fuertemente al palo, como un carnero eximio elegido de un gran rebaño, que fuese ofrecido en gratísimo holocausto al Dios omnipotente, exclamó: Padre del unigénito y bendito Hijo Jesucristo, por medio del cual hemos tenido conocimiento de ti; Dios de los ángeles, de las potestades y de todas las criaturas y de todos los justos que viven en tu presencia, te bendigo por haberte dignado conducirme hasta este día y hasta esta hora para que tome parte en el consorcio de los mártires y en el cáliz de tu Cristo, en la resurrección de la vida eterna, tanto del alma como del cuerpo, en la incorrupción del Espíritu Santo. Entre los cuales te ruego *sea yo recibido hoy en tu presencia* como sacrificio agradable y acepto, del modo que tu Dios veraz, la has preparado, cumpliendo las cosas que mostraste de antemano. Por lo cual, por todas las cosas te alabo, te bendigo y te glorifico, por medio del Pontífice sempiterno Jesucristo, tu Hijo Unigénito por el cual, juntamente con el Espíritu Santo, te sea dada gloria ahora y por siglos de los siglos. Así sea.

»Y una vez que hubo sonado con voz clara la palabra Amén, y terminada su plegaria, encendieron la hoguera los ministros a quienes estaba confiado el menester de encender el fuego».[4]

Obsérvese cómo estos antiquísimos mártires del siglo II, cuando todavía no había sido fijada por concilios humanos la doctrina y el dogma cristiano, declaran, juntamente con la esperanza de la resurrección del cuerpo, la esperanza de inmortalidad del alma y de un inmediato disfrute de gloria y presencia de su Señor en el mismo día de su martirio. Es digno asimismo de ser notado con qué respeto menciona el venerable Policarpo la persona de Cristo y la del Espíritu Santo.

3. El martirio de San Justino, mártir en Roma, en el *Ante-Niceno-Library*.

4. Eusebio de Cesarea, *Historia Eclesiástica*, Libro IV, capítulo XV: «Padecimientos de Policarpo juntamente con otros en la ciudad de Smirna durante el imperio de Vero». Edit. Nova, Buenos Aires, pág. 185.

¿Adónde fue el alma del ladrón crucificado al morir?

En todas las biblias normalmente traducidas leemos: «Entonces Jesús le dijo: *"De cierto te digo que hoy estarás conmigo en el Paraíso"*» (Lc 23:43). Pero la traducción del *Nuevo Mundo* vierte el texto de este extraño modo:

«Y a él le dijo: "Verdaderamente te digo hoy: estarás conmigo en el Paraíso"».

Aquí los «Testigos de Jehová» han hecho un esfuerzo inútil para demostrar que *«hoy»* se refiere al tiempo en que el Señor pronunció la promesa. Decimos que es un esfuerzo inútil porque la estructura de la oración gramatical griega no permite tal traducción.

En efecto: Jesús está hablando al ladrón en ese día. No podía ser de otro modo. El adverbio *«hoy»* no puede ser, pues, la declaración de una cosa aquí sabida, natural y evidente que no necesita ser expresada, sino que es clara y, naturalmente, una parte necesaria de la promesa de Jesús al malhechor. Fue una respuesta de gracia a su fe en el Redentor crucificado a quien reconoce como Mesías. *«Acuérdate de Mí cuando vengas en tu Reino»* (un tiempo en el futuro), dice el arrepentido ladrón. El tiempo presente de la contestación del Señor contiene todo el énfasis de la promesa, pues indica: no tienes que esperar a aquel tiempo lejano, sino que hoy mismo disfrutarás de la gloria celestial.

Generalmente transcurrían tres o cuatro días hasta que un hombre moría después de haber sido crucificado, pues la agonía por crucifixión se prolongaba mucho; de ahí el terror que inspiraba a los delincuentes esta clase de suplicio. Pero Jesús da la seguridad al ladrón arrepentido de que sus sufrimientos cesarían *«hoy»*; es esta una profecía clara de su inmediato alivio y de glorioso destino. Una gran noticia que interesaba en gran manera al ladrón conocer. De ahí la importancia y utilidad del adverbio *«hoy»*.

El trasponer palabras e introducir comas en el texto griego, haciéndole decir: «De cierto te digo hoy, que estarás conmigo en el paraíso», lo juzgan las mejores autoridades en esa lengua enteramente inautorizado y como una forzada traducción del claro sentido del pasaje, porque además de ser una mala versión del griego resultaría la palabra *«hoy»*, en este lugar, completamente inútil y sin sentido.

Cristo no usa tan absurda redundancia en ninguna otra ocasión. La expresión *«de cierto te digo»* se encuentra más de ochenta veces en los cuatro Evangelios y es una de las más características de Jesús. En cada caso sigue inmediatamente el mensaje solemnemente anunciado. En ninguna ocasión hay un adverbio antes de la sentencia. No le oímos decir al Señor: «De cierto es digo hoy, el que cree en mí tiene vida eterna»; o bien: «Os digo hoy: antes si no os arrepentís, todos pereceréis igualmente».

El «*hoy*» (en griego «*semeron*») no cabe de ningún modo en la frase, si no es para expresar que el arrepentido ladrón iba a disfrutar en estado perfectamente consciente, y de una manera inmediata, aquel mismo día, el Paraíso prometido. Por eso no puede separarse con una coma la primera palabra de la segunda sentencia, para unirla con la primera, quitándose así su natural sentido.

En el texto griego se lee: «*Kai eipen auto Amen soi lego, semeron met emou ese en to Paradeiso*»; es decir, por transcripción literal: «*Y dijo a él: En verdad digo a ti, hoy conmigo estarás en el Paraíso*». (Como dato interesante diremos que el «*Diaglott*» usado por los «Testigos» puntúa correctamente este versículo). ¿Por qué, pues, ellos ponen una absurda coma donde menos le corresponde estar?

ILUSTRACIÓN GRÁFICA
FILIPENSES 1:21-24

21 Ἐμοὶ γὰρ τὸ ζῆν Χριστὸς To me for the to be living Christ καὶ τὸ ἀποθανεῖν κέρδος. **22** εἰ δὲ τὸ and the to die gain. If but the ζῆν ἐν σαρκί, τοῦτό μοι καρπὸς to be living in flesh, this to me fruitage ἔργου, — καὶ τί αἱρήσομαι οὐ of work, — and what shall I select not γνωρίζω· **23** συνέχομαι δὲ I am making known; I am being held together but	**21** For in my case to live is Christ, and to die, gain. **22** Now if it be to live on in the flesh, this is a fruitage of my work –and yet which thing to select. I do not know. **23** I am under pressure

883

ἐκ	τῶν	δύο,	τὴν	ἐπιθυμίαν	ἔχων
out of	the	two (things),	the	desire	having

from these two things;
but what I do desire is

εἰς	τὸ	ἀναλῦσαι	καὶ	σὺν	Χριστῷ
into	the	to be loosing up	and	together with	Christ

the releasing[a] and the
being with Christ, for

εἶναι,	πολλῷ	γὰρ	μᾶλλον	κρεῖσσον,	**24** τὸ
to be,	to much	for	rather	better,	the

this, to be sure, is far
better. **24** However,

δὲ	ἐπιμένειν	τῇ	σαρκὶ
but	to be remaining upon	to the	flesh

for me to remain in the
flesh is more necessary

ἀναγκαιότερον	δι᾽	ὑμᾶς.	**25** καὶ τοῦτο
more necessary	through	YOU.	And this

on YOUR account. **25**
So, being confident of

πεποιθὼς	οἶδα	ὅτι
having been confident	I have known	that

this, I know I shall re-
main and shall abide

μενῶ	καὶ	παραμενῶ	πᾶσιν
I shall remain	and	I shall remain alongside	to all

with all of YOU for
YOUR advancement

Es digna de notar aquí la estrecha relación, en el texto griego, de la expresión «to be analusai kai sun Xristo einai» (lit. «ser desatado y con Cristo estar»), que difiere esencialmente de: «Deseo la liberación y el estar con Cristo», como si fueran dos cosas diferentes.

LUCAS 23:39-43

ἄτοπον   ἔπραξεν.   **42** καὶ   ἔλεγεν

out of place   committed.   And   he was saying

Ἰησοῦ,   μνήσθητί μου   ὅταν   ἔλθῃς

Jesus,   remember   me   whenever you might come

εἰς   τὴν   βασιλείαν   σου.   **43** καὶ   εἶπεν

into   the   kingdom   of you.   And   he said

αὐτῷ   Ἀμήν   σοι   λέγω   σήμερον   μετ'

to him   Amen   to you   I am saying   today   with

ἐμοῦ   ἔσῃ   ἐν   τῷ   παραδείσῳ.

me   you will be   in   the   Paradise.

44 Καὶ   ἦν   ἤδη   ὡσεὶ   ὥρα   ἕκτη   καὶ

And   was   already   as if   hour   sixth   and

42 And he went on to say: "Jesus, remember me when you get into your kingdom."

43 And he said to him: "Truly I tell you today,[a] YOU will be with me in Paradise."[b]

44 Well, by now it was about the sixth hour, and

43[a] "Today." Westcott and Hort text puts a comma in Greek text before the word for "today". In the original Greek no comma is found. Hence we omit comma before "today". 43[b] Paradise, א BAJ[11,13,16]; a garden of Eden, J[17,18]. See Genesis 2:8, 10, 15, 16, *LXX*.

Es interesante observar que aun cuando B. F. Westcott y F. J. A. Hort colocan la coma antes de la palabra «semeron» («today», «día») y los «Testigos de Jehová» no pueden menos que respetar el texto de estos eruditos con la coma en su legítimo lugar, en la traducción amañada, al lado, imprimen: «*Truly I tell you today. You will be with me in Paradise*». Separando erróneamente la palabra «today», no solo con una coma, sino con punto y mayúscula. Lo curioso es que los mismos «Testigos» no se recatan de decir, en la nota al pie de su *Traducción Interlineal* inglesa, que dichos eruditos, cuyo texto ellos siguen y publican, ponen la coma antes de la palabra «hoy». ¿Por qué quieren ser más sabios que sus propios maestros? Decir a continuación que el original griego no tiene coma no es ninguna razón, pues los antiguos manuscritos no tienen comas en ningún lugar. La cuestión es: ¿dónde dice el buen sentido del texto que hay que poner la coma? Así lo han hecho los eruditos de griego en todo el Nuevo Testamento. Y en este lugar todos están de acuerdo en que tiene que ser antes de la palabra «hoy».

XVI

Cortamiento o castigo

E irán estos al castigo por las edades y los justos
a la vida por las edades.
Mateo 25:46

En Mateo 25:46 todas las biblias traducen: «*Irán estos al castigo eterno*» (en griego «*kolasin aionion*») «*y los justos, a la vida eterna*» («*zooin aionion*»). Como puede observarse, la misma palabra «*aionion*» se emplea para calificar el castigo que para calificar la vida de que disfrutarán los justos.

Pero los «Testigos de Jehová» han traducido la palabra griega «*kolasin*», que en todos los textos y diccionarios bíblicos significa «castigo», por «cortamiento», dejando el texto redactado en la absurda forma que sigue:

> «*En verdad les digo: Al grado que no lo hicieron a uno de estos más pequeños no me lo hicieron a mí. Y estos partirán al cortamiento eterno, pero los justos a la vida eterna*».

Pero ¿qué ventaja tienen con esta extraña traducción de la palabra «*kolasin*» («castigo»)? ¿Qué indica la expresión «cortamiento»? ¿Acaso no significa «una cosa que es cortada», desprendida de algo y que, por ende, puede ser arrojada a un lugar? Por tanto, tampoco vemos que pudiera entenderse una idea de aniquilamiento, sino más bien de separación eterna.

Los «Testigos» afirman con una tranquilidad pasmosa que el infierno es el sepulcro. Pero identificar el castigo eterno con la muerte física es otro error descomunal que pone de manifiesto la ignorancia de quienes así argumentan. Porque las palabras que usan para significar «*muerte*», según los originales bíblicos, son:

«*Muth*» (hebreo), «*thanatos*» (griego): muerte.

«*Gava*» (hebreo): expirar, dar el último aliento: Génesis 6:17.

«*Teleuote*» (griego): fin o término de todo en esta tierra: Mateo 2:19.

«*Maveth*» (hebreo): separación entre alma y cuerpo: Génesis 25:11.

«*Anairesis*» (griego): elevación, alzamiento: Hechos 8:1.

Así pues, si unimos estos varios significados según los originales hebreos y griegos de la Biblia, veremos que la muerte significa: *un expirar, dar el último aliento; un fin y término de todo en esta vida; una separación entre alma y cuerpo; y una elevación o alzamiento a otro nivel de vida.*

Los vocablos originales que se emplean para designar el sepulcro son los siguientes: en el Antiguo Testamento: «*queber*» (hebreo); en el Nuevo Testamento: «*mnemeion*» y «*mnema*» (griego).

En cambio, las palabras específicamente usadas para «infierno» son, en hebreo: «*Sheol*».

En griego: «*hades*», «*gehenna*», «*tartaro*», «*abyssos*» y la expresión «*limnen tou pyros*» («*lago de fuego*»).

Etimológicamente el sentido exacto de estas palabras es:

En griego: «*hades*», lo invisible.

En hebreo: «*Sheol*», demanda, ahuecar.

En latín: «*infernus*», lugar profundo.

Por lo tanto, aunque los «Testigos de Jehová» están empeñados en querer demostrar que «*sheol*» y «*hades*» no son otra cosa sino el sepulcro, tales términos significaban, concreta y literalmente, en la mente judía de los tiempos bíblicos: *lugar subterráneo, profundo e invisible donde van las almas de todos los que mueren.* Este concepto aparece plenamente confirmado por el erudito y famoso historiador judío Flavio Josefo en su libro *Discurso a los griegos acerca del Hades.*

Es interesante observar, al respecto, el lenguaje de la Biblia en Jb 33:24; Sal 30:9; Am 9:2; Is 14:9 al 15; Ez 32:21 al 31; Nm 16:28 al 34; Mt 12:40.

En todos estos pasajes las palabras «*sheol*» o «*hades*» son empleadas en términos que dan a entender una región, un lugar, una residencia de los espíritus, y no un estado de inconsciencia.

He aquí el texto de Josefo: «Es un lugar en el mundo no específicamente definido, una región subterránea, donde no brilla la luz de este mundo… Este lugar está destinado para ser un lugar de custodia para las almas, en el cual hay ángeles guardianes. En esta región hay un cierto lugar aparte, como un fuego inextinguible, donde suponemos que nadie ha sido echado todavía, pero que está preparado para un día predestinado por Dios, día en el cual se pasará un justo juicio sobre todos los hombres, cuando los injustos y todos los que han sido desobedientes a Dios y han honrado a ídolos… serán enviados a este castigo eterno… mientras los justos obtendrán un reino incorruptible que nunca desaparecerá. Están los justos aquí confinados también en el "Hades" ("Sheol"), pero no en el mismo lugar donde están los malos. Porque hay un descenso a esta región donde los ángeles que conducen a las almas no siguen el mismo camino, sino que los justos se separan a la derecha… a una región de luz, en donde los justos moran desde el principio del mundo… en quienes no hay trabajo fatigoso, ni fuego ardiente, ni frío desgarrante… sino donde el rostro de los padres y de los justos siempre les sonríen, mientras esperan ese descanso y vida nueva en el cielo, que reemplazará a este lugar. Este lugar es lo que nosotros llamamos "el Seno de Abraham". En cuanto a los malos, al ser conducidos, son constreñidos por fuerza hacia la izquierda por ángeles señalados para ejercer castigo… que los conducen a la vecindad del infierno mismo, quienes sienten su ruido, y los vapores de él aún les alcanza, y cuando presencian este espectáculo de un posible castigo en este horrible fuego, son sacudidos de estremecimientos por el terror del futuro castigo. Desde aquí también oyen los coros de los padres justos, y con esto ya de por sí son castigados, porque un abismo muy grande separa ambas partes, a tal punto que, aunque se ven, y alguno quisiera por compasión socorrer al otro, no podría».

No vamos a entrar en controversia en torno a este pasaje de Josefo, ni la transcripción de esta cita significa que nos adherimos a tal descripción del «*Sheol*». Solo hemos hecho alusión al texto para demostrar a nuestros lectores que, en su mentalidad, los judíos no identificaban ni interpretaban el «*Sheol*» como el sepulcro.

El problema del castigo eterno

Los «Testigos de Jehová», al igual en este punto que los escépticos y ateos, tratan de poner en apuro a los creyentes sencillos, procurando hacerles ver lo incompatible que resulta la idea de un Dios de amor con la de un infierno eterno en donde la inmensa mayoría de la Humanidad sería atormentada por los siglos de los siglos, sin dar a los dolientes ninguna oportunidad de arrepentimiento o de cesación de su pena. Muchos cristianos se han visto apurados y confundidos ante tales argumentos, y los visitadores russellistas se frotan las manos con gusto tratando de sacar la mayor ventaja posible de tal situación.

Pero no hay motivo para ello si el creyente conoce todo lo que las Escrituras enseñan sobre un tema oscuro y difícil, pero no tanto como los enemigos de la fe cristiana tratan de presentarlo.

El Dr. S. Vila, en uno de sus libros, dice:

«Mucho de lo que se ha dicho acerca del infierno es un flagrante insulto contra la perfecta justicia de Dios, por haber sido concebido desde el punto de vista de la justicia muy imperfecta que prevaleció en los tiempos del escritor respectivo, sobre todo en la Edad Media.

»Realmente, no sabemos qué será el infierno, pero no podemos acusar a Dios por haber puesto un lugar de castigo en el Universo. En primer lugar, por lo que Dios mismo ha hecho para librarnos de tal peligro, y en segundo lugar porque el infierno es una revelación del amor de Dios a los seres no caídos de su Universo, por constituir una sabia medida de profilaxis espiritual.

»Es prueba de amor a la familia —y la familia de Dios es incontable según el concepto moderno del Universo— cuando un padre recluye en un sanatorio al hijo tuberculoso, o leproso, o al obstinadamente rebelde en una casa de corrección; por muy sensible que sea el corazón del padre que se ve obligado a tomar tal medida.

»Tenemos algunos pasajes de la Sagrada Escritura que nos abren una visión más amplia que la de los teólogos o artistas de la Edad Media, y así podemos decir con toda confianza como el patriarca Abraham en el caso del castigo de Sodoma y Gomorra: "El Juez de toda la tierra (el Soberano de un Universo insondable y maravilloso podríamos añadir nosotros), ¿no ha de hacer lo que es justo?".

Privilegio y castigo

»Toda la enseñanza de la Biblia tiende a demostrarnos que aun cuando es cierto que "todos los seres humanos pecaron y están destituidos de la gloria de Dios", por propia naturaleza y aparte de la gracia divina; y que ningún alma que no haya recibido por la fe a su Salvador en esta vida, testificando de Él sin verle, en esta edad de prueba (Mt 10:32 y Lc 12:8) podrá formar parte de aquel grupo privilegiado que se llama la Iglesia de Cristo, su cuerpo místico, la simbólica esposa del Verbo Divino, los herederos de Dios y coherederos de Cristo, Dios debe tener otros planes de misericordia, aunque no de tan grande privilegio, para quienes, por no haber jamás tenido oportunidad de escuchar la buena nueva del Evangelio, no han tenido tampoco ocasión de rechazarlo, ni de endurecer sus corazones a la gracia divina. Entre ellos se hallan los millones de seres fallecidos en su minoría de edad, *de los cuales* —dice el Señor Jesucristo— *es el Reino de los Cielos*, por no haber tenido ocasión de aceptar ni de rechazar la Buena Nueva, ni de pecar de un modo consciente.

»El apóstol San Pablo se refiere en Romanos 2:14 a los gentiles que no tienen ley, pero "haciendo naturalmente lo que es de la ley, los tales aunque no tengan ley, ellos son ley a sí mismos; mostrando la obra de la ley escrita en sus corazones, dando testimonio su conciencia y acusándoles sus razonamientos, en el día en que Dios juzgará por Jesucristo los secretos de los hombres conforme a mi Evangelio" (Rm 2:14-16).

Gradación justa en el castigo

»Jesús habla del castigo más tolerable y menos tolerable en el juicio de ciertos paganos que pecaron en contra de sus conciencias y de las amonestaciones del piadoso Lot, pero sin el conocimiento más claro de la voluntad de Dios que tuvieron sus contemporáneos judíos (Mt 11:20-24).

»La declaración de Apocalipsis 20:15: "El que no fue hallado escrito en el Libro de la Vida fue lanzado al lago de fuego", no debe ser interpretado a la ligera, sino a la luz del pasaje anterior que dice: *"Fueron juzgados los muertos cada uno según sus obras"*, lo que implica que obras buenas serán tenidas en cuenta en relación con aquellos que tendrán que comparecer ante el gran Trono Blanco; no para otorgarles aquel inmenso privilegio de reinar con Cristo, que no puede ser comprado por obras, pues es un don de Dios exclusivamente para aquellos que *"antes esperamos en Cristo"* (Ef 1:12), sino para aminorar o recargar su responsabilidad como seres culpables...

»Por esto podemos decir que la sola pérdida de los privilegios inmensos de la salvación es ya en sí bastante trágica para no necesitar recargar el cuadro con truculentas escenas de tormento. Sin embargo, debe tener algún significado lo que Cristo nos advierte acerca del *"lloro y crujir de dientes"*; expresiones, sin duda, simbólicas, pero que denotan y expresan en su crudo simbolismo un profundo pesar; un pesar del alma que hoy nos es posible prevenir y evitar, rindiendo a Cristo nuestras vidas».

Termina el señor Vila diciendo: «Esto debemos responder a las personas que vienen a objetarnos acerca del infierno (entre ellos los llamados "Testigos de Jehová"). Sin salirnos de la enseñanza de la Sagrada Escritura podemos, y debemos mostrarles, que Aquel que nos ha dado una conciencia hecha a su imagen no puede ser menos justo que nosotros, y que algún día la creación entera reconocerá y alabará la justicia, al par que la infinita bondad y amor de Dios».[1]

Es interesante observar que la expresión «destruir», en Mateo 10:28, viene del griego *«opolumi»*, que quiere decir: dar o entregar a miseria eterna. En 2 Tesalonicenses 1:9, la palabra «perdición» se traduce de un derivado de *«olezros»*, que significa: «la pérdida de una vida de bendición después de la muerte; miseria futura» (*Léxico Griego-Inglés*, de Thayer).

Además, el término «atormentados», en griego *«basanisthesontai»*, de Ap 20:10, procede del vocablo *«basanizo»*, y significa «incomodar, molestar, atormentar con dolores crueles y atroces» (*Léxico Griego-Inglés*, de Berry). (Véase también *Léxico de Liddell y Scott*).

En otro nuevo intento para negar la existencia de este lugar de reclusión y juicio eternos, los «Testigos» vierten —con refinada sutileza— el texto de Mateo 13:42 así: «Y los arrojarán en el horno *ardiente*. Allí es donde será (su) llanto y el crujir de (sus) dientes». Nótese el ardid: los traductores de la versión *Nuevo Mundo* han usado aquí el participio presente del verbo

---

1. Samuel Vila, *La Nada o las estrellas*, págs. 274-278.

«arder». Con ello se pretende significar que el horno está ardiendo en el momento específico en que se menciona; es decir, que se sugiere que llegará un instante cuando se habrá apagado y no arderá.

Pero el texto griego no emplea participio alguno ni otra forma verbal que tenga carácter temporal, sino un sustantivo: *«kai balousin autous eis ten kaminon tou puros»*: *«y los echarán en el horno del fuego»*. Observe el lector que la voz *«fuego»* en el griego va precedida de artículo, no de preposición: *«tou puros»*: *«del fuego»*. El fuego era precisamente uno de los cuatro elementos constitutivos del universo y, por lo tanto, se le consideraba eterno.

ILUSTRACIÓN GRÁFICA
MATEO 25:46

153

			MATTHEW 26:1-9
ἀπελεύσονται οὗτοι εἰς κόλασιν			these will depart into
will go off these into lopping off			everlasting cutting-off,
αἰώνιον, οἱ δὲ δίκαιοι εἰς ζωὴν			but the righteous ones
everlasting, the but righteous (ones) into life			into everlasting life."
αἰώνιον.			
everlasting.			**26** Now when Jesus
26 Καὶ ἐγένετο ὅτε ἐτέλεσεν ὁ Ἰησοῦς			had finished all these
And it occurred when finished the Jesus			savings, he

Obsérvese cómo la palabra *«aionion»*, *«por las edades»*, aparece dos veces en el texto griego, tanto cuando se aplica a la vida eterna que disfrutarán los justos como al castigo de los impíos.

EL SIGNIFICADO DE «KOLASIN»

12[24], 1 Cor 15 [37]

κολάζω, med., *hago castigar*: Hch 4[21]; pas., *soy castigado*: 2 Ped 2[9].*

κολακεία (-κία), -ας, ἡ, *adulación, lisonja*: 1 Tes 2[5].*

κόλασις, -εως, ἡ, *tormento, pena, castigo*: Mt 25[46], 1 Jn 4[18].*

V. τιμωρία.

κολαφίζω, *abofeteo, doy bofetadas, hiero de golpes*: Mt 26[67], Mc 14[65], 1 Cor 4[11], 2 Cor 12[7], 1 Ped 2[20]*.

En el grabado superior, la palabra griega *«kolasin»* es vertida sectariamente en la *Interlineal Translation* de los «Testigos de Jehová», tanto en la traducción literal como en la columna al lado. He aquí la traducción que nos da el *Léxico Griego-Español del Nuevo Testamento* de G. F. McKibben.

Puede el lector realizar por sí mismo una buena comprobación acudiendo a 1 Juan 4:18, donde la palabra *«kolasin»* es traducida por «pena». Asimismo a Marcos 14:65, donde la expresión *«kolaziso»* (de la misma raíz etimológica) describe el castigo que sufrió el Señor a manos de los soldados romanos; en Hechos 4:10, al que hizo aplicar el Sanedrín a los apóstoles; en 1 Corintios 4:11, a la aflicción que llama San Pablo «una espina en mi carne»; y en 2 Pedro 2:20, a la natural reacción de los hombres del mundo cuando se les ofende o daña. En ninguno de estos casos podrían traducirse las palabras *«kolasin»* o *«kolaziso»* por «cortamiento» o «aniquilación» sin caer en contradicción con todo el resto del pasaje.

Παράλ. κ' 9, 27 — 10, 11.

175

Fotograbado del *Codex Sinaiticus*, en el cual puede observarse que los antiguos manuscritos no tenían mayúsculas y minúsculas, así como tampoco ninguna puntuación. Los manuscritos con mayúsculas y minúsculas son siempre modernos. Por esto no puede suponerse que la diferencia entre «*Theos*» y «*theos*» en Juan 1:1, a la que se refieren los «Testigos de Jehová», fuera de mano de los apóstoles, sino de algún copista de siglos muy posteriores.

XVII

La doctrina Russellista de los 144.000

Padre, aquellos que me has dado, quiero que donde yo estoy ellos
estén también conmigo, para que vean mi gloria que me has dado...
y lo dio por cabeza sobre todas las cosas a la Iglesia... vosotros sois
el cuerpo de Cristo y miembros cada uno en particular.
Juan 17:24, Efesios 1:22, 1 Corintios 12:27

Es una creencia general, sostenida por todos los cristianos desde los tiempos apostólicos, que la Iglesia, esposa mística y cuerpo simbólico de Cristo, se halla constituida por todos los verdaderos creyentes que en esta vida esperaron en Cristo, reconociéndole como su Salvador y Señor.

Esta doctrina acerca de la Iglesia espiritual e invisible es compartida por todas las ramas del cristianismo, por más que varíe entre estas su concepto en lo que se refiere a la Iglesia temporal y visible.

Pero a Taze Russell, interpretando exageradamente un solo pasaje de la Biblia puesto en un libro de fuerte tono simbólico, el Apocalipsis, se le antojó que la Iglesia estaría formada tan solo por 144.000 personas, de las cuales, 12.000 por lo menos serían de la secta russellista y el resto los fieles de siglos pasados. A los cristianos del presente siglo que no forman parte de la secta russellista no les concede Russell ningún lugar en el privilegiado grupo de la Iglesia. Todos los cristianos del tiempo presente son apóstatas y pertenecen a las organizaciones mundanas de Satanás. En el libro más difundido por la secta russellista, denominado *Cosas en las cuales es imposible que Dios mienta* (pág. 337), leemos:

> «*En la tierra hoy día solo sobrevive un resto de los 144.000 escogidos, quienes son cristianos dedicados, bautizados, engendrados por el espíritu de Jehová Dios para ser coherederos con su Hijo Jesucristo en el reino celestial (Rm 8:14-17). Los informes muestran que ahora hay menos de 12.000 de estos sobrevivientes*». *Y sigue diciendo:* «*No todos los "Testigos de Jehová" esperan ir al cielo. Verdaderamente, solo una porción pequeña, una "manada pequeña" de ellos esperan esto (Lc 12:32). El todopoderoso Dios, quien coloca a todos los miembros en su organización como a Él le place, ha limitado a 144.000 el número del "cuerpo de Cristo", cuyos miembros reinarán con Cristo Jesús en el reino celestial de Dios*».

Pero ¿qué dice la Sagrada Escritura?

Según el Evangelio de San Mateo 16:18, nuestro Señor Jesucristo dijo al apóstol Pedro: «Sobre esta piedra edificaré mi Iglesia y las puertas del Infierno no prevalecerán contra ella». Que Él no se refería a los 144.000, sino a todos los creyentes sinceros de todos los tiempos, nos lo demuestran docenas de citas que hallamos en todo el Nuevo Testamento referentes a la Iglesia. Por ejemplo, el apóstol Pablo, en 1 Corintios 12, llama a la Iglesia «cuerpo de Cristo», del cual el mismo Señor es la cabeza, y amonesta con este argumento a creyentes que distaban mucho de ser perfectos durante su período de prueba sobre la tierra (1 Co 6). A todos ellos dice: «*Vosotros sois el cuerpo de Cristo y miembros en parte*» (1 Co 12:27).

En Efesios 1, hablando de los grandes privilegios de la Iglesia, declara: «… Alumbrando los ojos de vuestro entendimiento para que sepáis cuál es la esperanza a la cual os ha llamado y cuáles las riquezas de su gloria en los santos… y sometió todas las cosas bajo sus pies, y lo dio por cabeza sobre todas las cosas a la Iglesia, la cual es su cuerpo, la plenitud de Aquel que todo lo llena en todo» (vs. 18:22-23).

La condición para formar parte de este grupo privilegiado que es la Iglesia la expresa en el v. 12 al decir: «A fin de que seamos para alabanza de su gloria *nosotros los que antes* esperamos en Cristo». Pablo no hace diferencia entre él y sus lectores, menos ilustres que el gran apóstol, en cuanto al privilegio de formar parte de la Iglesia.

Cuando Jesús intercedía por los suyos en Getsemaní no se refería tan solo a 144.000, sino a todos los verdaderos creyentes, pues dice: «*Mas no ruego solamente por estos, sino también por los que han de creer en Mí por la palabra de ellos, para que todos sean uno, como Tú, oh Padre, en Mí, y yo en Ti, que ellos sean uno en nosotros;* para que el mundo crea que Tú me enviaste». Y añade a continuación: «Padre, *aquellos que me has dado* quiero que donde yo estoy ellos estén también conmigo, para que vean la gloria que me has dado»; y que estos redimidos que el Padre le ha dado, y que han de estar con Él en regiones celestiales, no son un número tan reducido como piensan los «Testigos de Jehová» lo demuestra en Juan 6:37, donde dice: «*Todo lo que el Padre me da vendrá a Mí y al que a Mí viene no le echo fuera*».

Declaraciones sin base y exageradas

¿Qué clase de informes son los que demuestran que en la tierra sobreviven solo unos 12.000 coherederos con Cristo y que estos son exclusivamente russellistas? ¿En qué parte de la Sagrada Escritura pueden los pretendidos «Testigos de Jehová» fundamentar semejante afirmación? La Biblia no dice tal cosa. Por consiguiente, debemos decir con pena que, en vez de «estudiantes de la Biblia», se han erigido a sí mismos, los jefes russellistas, en profetas muy superiores (por lo menos en pretensiones) a los profetas bíblicos y a los mismos apóstoles.

Las Escrituras legítimamente inspiradas retratan a tales profetas y los denuncian con las siguientes palabras: «Nadie os prive de vuestro premio, afectando humildad *y culto a los ángeles, entremetiéndose en lo que no ha visto,* vanamente hinchado por su propia mente carnal, y no asiéndose de la Cabeza (Cristo), en virtud de quien todo el cuerpo (la Iglesia), nutriéndose y uniéndose por las coyunturas y ligamentos, crece con el crecimiento que da Dios» (Col 2:18-19).

Quiénes son los 144.000

Pero ¿no habla la Biblia de 144.000 señalados? Cierto, pero si hemos de interpretar literalmente Apocalipsis 7:3-8, y si se trata de los mismos señalados que se mencionan en Apocalipsis 14:1-5, que es lo más lógico, se trataría de algún grupo de judíos fieles del período de la Gran Tribulación, que han de ser particularmente guardados y preservados de los desastres que se previenen en el horizonte profético (véase Ap 7:2-3). ¿Pueden decirnos los jefes de «La Torre del Vigía» a qué tribu o tribus de Israel pertenecen los 12.000 «Testigos de Jehová» existentes hoy día sobre la tierra a los cuales ellos atribuyen el exclusivo privilegio de formar parte de la Iglesia de Cristo?

Por esto creemos que hemos de dejar la aclaración de esta y otras revelaciones misteriosas que hallamos en el Apocalipsis al mismo Señor en su venida, ya que como nos dice el apóstol San Pablo: «Ahora conocemos solo en parte, entonces conoceremos como somos conocidos».

Pero una cosa sabemos a la luz de tantos pasajes de la Sagrada Escritura que se refieren al porvenir eterno de Su pueblo; y es que nadie ni nada nos separará del amor de Cristo (Rm 8:31-39). Que con Él estaremos, en virtud de sus fieles promesas. Que, a pesar de todas nuestras debilidades e imperfección humana, los que *«antes esperamos en Cristo»,* todos los que como el apóstol Pedro podemos decirle: *«Señor, tú sabes todas las cosas, tú sabes que te amo»,* no seremos excluidos del cuerpo místico de Cristo, que es la Iglesia que Él compró con su sangre. Y que no solamente estaremos con Él, sino también *«seremos semejantes a Él* (en cuanto a su cuerpo humano glorificado), *porque le veremos como Él es»* (1 Jn 3:3).

XVIII
¿Jesucristo murió en un madero o en una cruz?

Volvieron a dar voces: «¡Crucifícale, crucifícale!».
Marcos 15:13, Lucas 23:21, Juan 19:6 y 15

Hay una cuestión a la que los «Testigos de Jehová» dan una importancia exagerada, y es el detalle de si Cristo fue crucificado con los brazos extendidos o empalado, con ambas manos juntas. Se empeñan en demostrar que la palabra griega para «cruz» debe ser traducida por *«madero de tormento»*, porque según ellos Cristo murió empalado en una estaca de tortura.

La *Traducción del Nuevo Mundo* vierte Lucas 23:21 así: «Entonces se pusieron a vociferar, diciendo: "¡Al madero con él! ¡Al madero con él!"». El texto griego dice: «oi de epephonoun legontes *Staurou staurou auton*». El vocablo *«staurou»*, repetido aquí dos veces, es segunda persona del presente de imperativo activo del verbo *«staureo»* y significa: «¡Crucifícale, crucifícale!». Si tan literales pretenden ser quienes forman el comité de traducción de la sociedad russellista, ¿por qué no traducen «¡Enmadérale, enmadérale!»? Porque resultaría sin el significado que ellos quieren darle en castellano. Pero el griego usa la palabra *«staurus»* como verbo en este caso, lo cual indica que el término «crucificar» estaba ya en uso en Judea en los tiempos de Cristo, pues los judíos lo habían visto aplicar a otros reos, y siendo la costumbre romana usar el patíbulo en forma de T, estaban refiriéndose al martirio propiamente usado por sus dominadores, o sea, la crucifixión.

Con esta afirmación revelan su crasa ignorancia de la lengua de Homero, pues si el lector quiere molestarse en consultar cualquier diccionario bien documentado, podrá comprobar cómo el término griego *«staurus»* puede significar igualmente *«palo»* y *«cruz»*, según países y épocas.

No se puede negar que las primeras ejecuciones por el cruel procedimiento de clavar el cuerpo del reo para causar una muerte atroz y prolongada se efectuaban sobre un solo palo o árbol, es decir, que el reo era, efectivamente, empalado. Sin embargo, los romanos le añadieron otro palo que cruzaba transversalmente el primero. De ahí surgió el nombre de *«patíbulo»*, *«patebant forres»*, que era el palo transversal con que los romanos cruzaban y atrancaban las puertas de las casas.

De la combinación de ambos palos resultaron las tres formas clásicas de la cruz: «crux immisa», «crux commissa» y «crux decusata». El estudio de las costumbres romanas en la época de Cristo parece indicar claramente que lo más probable es que Jesús murió clavado en una *«crux immisa»*. Pero de ningún modo podía ser empalado, pues este sistema de cruz o suplicio no era usado por los romanos. El procedimiento de empalar fue usado únicamente por los persas, fenicios, hebreos y griegos.

Cuando los russellistas sostienen que ningún clásico griego interpretaba la palabra *«stauros»* con el significado de *«cruz»* están mintiendo descaradamente. Basta abrir cualquier libro de Literatura Universal para comprender que Luciano de Samosata, casi contemporáneo del apóstol Juan, es el principal clásico griego del siglo II de nuestra era.

Los descomunales e imponentes edificios de la «Casa Bethel» en Brooklyn, Nueva York (foto superior), y de la Sociedad Watchtower de los «Testigos de Jehová» (foto inferior).

El juez Rutherford murió en 1942 en esta casa, llamada «Beth Sarim» (casa de los Príncipes), construida por los «Testigos de Jehová» para alojar en ella a los patriarcas y principales reyes de Israel cuando, según la enseñanza de los «Testigos» en aquellos tiempos, irían resucitando sucesivamente para encargarse del gobierno del «Nuevo Mundo».

Una de sus primeras obras (escrita hacia el año 140) es *El Juicio de las Vocales*, en cuyo párrafo 12 se hallan las palabras *«stauros»* y *«xulon»*, con los valores respectivos de *«cruz»* y *«madero»*, según la traducción de sus *Obras Completas* hecha por D. Cristóbal Vidal y F. Delgado, catedrático de Lengua Griega en la Universidad de Sevilla (publicada en Madrid en 1901), y es como sigue:

«12. — Así injuria a los hombres (la letra T) en cuanto a las palabras; y de hecho, ¡cómo los ultraja! Lamentándose los hombres, deploran su desgracia y maldicen a Cadmo por haber introducido la Tau en el Gremio de las Letras. Dicen que los tiranos la tomaron por modelo e imitaron su FORMA para labrar bajo el mismo tipo los maderos y crucificar en ellos a los hombres; y que de esta máquina infame proviene su nombre infame. Yo creo que no puede imponérsele en justicia otra pena menor que condenarla al suplicio de sí misma, para que en su propia FIGURA expíe su delito, YA QUE LA CRUZ SE FORMÓ POR ELLA y por ella también la llamaron así los hombres» (en griego clásico: *«s-TAU-ros»*).

Entonces, ¿por qué algunas veces, al referirse a la cruz, los escritores sagrados sustituyen el vocablo *«stauros»* por el término *«xulon»*, *«madero»*? La razón es obvia: la crucifixión era algo tan vil, tan degradante, que incluso su misma palabra ofendía. Por eso sustituyen la palabra *«cruz»* por la más genérica y benigna de *«madero»*.

183

Cuando se usa, pues, el vocablo «*xulon*» para suavizar así el horror que el término «*stauros*» implicaba, con tal expresión se enfatiza solo la materia, sin indicar la forma de la misma. Nosotros empleamos a veces un lenguaje similar, como, por ejemplo, cuando en vez de nombrar el arma por su forma, según sea espada o sable, solemos decir: «desenvainó el acero».

Además, la muerte en cruz de Jesús fue un hecho tan comprobado por todos sus contemporáneos que, cuando los paganos querían ridiculizar el cristianismo, dibujaban una cruz y un hombre —con cabeza de asno— en ella. Insultaban a los cristianos, sí; pero nos dijeron bien claramente qué clase de muerte padeció Jesucristo.

Existe un curioso documento que, históricamente, se considera auténtico. Se trata de una carta privada que José de Arimatea dirigió a Nicodemo. Sin concederle más mérito que el supuesto valor histórico, entresacamos el siguiente párrafo: «... les he recordado también un hecho que me comunicaste, cuando fuiste a verle de noche a Galilea, o sea que te había anunciado que sería levantado, *no en un tronco, sino en una cruz...*».

Además, de que Cristo no fue estacado, sino crucificado, lo dice una obra de tanta autoridad y mérito como el *Diccionario de Hastings*, art. «Crucifixión», párrafo 3. Traducido literalmente dice: *«Formas de la cruz*. La primitiva forma era la *crux simplex*, que era un sencillo poste fijado verticalmente en el suelo, al cual se amarraba la víctima; o una estaca aguda, sobre la cual era empalado el reo. La cruz romana era más compleja: constaba de dos vigas, que podían colocarse de distintas maneras.

»Se distinguen tres formas: 1) la *crux commissa*, semejante a una T mayúscula, conocida como la cruz de San Antonio; 2) la *crux immissa*, que tiene la forma que nosotros conocemos; 3) la *crux decussata*, en forma de X mayúscula y conocida como la cruz de San Andrés. La primitiva tradición cristiana, representada por Justino Mártir (*Diálogo contra Trifón*, 91; e Ireneo, *Adv. Haer.*, II, 24, párr. 4), sostiene que el Señor Jesucristo fue crucificado en la segunda, y esto lo confirman los Evangelios mediante el "título" que fue puesto sobre su cabeza». (Firma este artículo J. C. Lambert, teólogo y escritor doctísimo).

Para plena confirmación de lo dicho, transcribimos asimismo unas frases del largo artículo que la famosa enciclopedia francesa *Larousse du XXme. Siècle* contiene sobre la cruz. Dice: «Este género de suplicio, desconocido entre los hebreos, fue introducido en Palestina cuando esta fue convertida en provincia romana; y se aplicaba frecuentemente a los ladrones y malhechores que no poseían la calidad de ciudadanos romanos... Entre los antiguos romanos, los criminales y los esclavos eran atados a una horca o palo vertical; más tarde, *se le agregó un madero transversal*, y se fijaba al condenado con clavos o bien se lo ligaba con cuerdas».

El lector puede consultar también el *Léxico Griego-Inglés* de Liddell y Scott, el *Léxico Griego-Latino-Español* de los Escolapios y el *Léxico Griego-Inglés del Nuevo Testamento* de Thayer. Homero jamás usó la palabra *«stauros»* refiriéndose a «poste de madera ordinario, o a un trozo de madera por sí mismo», según pretenden falsamente los «Testigos de Jehová», en su libro *La verdad que lleva a la vida eterna*, pág. 142; sino con los significados concretos de «estaca de una empalizada» o «la misma empalizada» (*Ilíada* 24, 453 y *Odisea* 14, 11).

Ahora bien, estas estacas de empalizadas, o se sujetaban con una viga transversal o se colocaban inclinadas, cruzándose unas con otras formando aspas para mayor consistencia, y por ello, en Grecia, se representaba primitivamente la empalizada por un palo con tres travesaños, como la cruz de Caravaca. Por lo tanto, los redactores de *La verdad que llega a la vida eterna* desconocen a Homero y su época.

Por otra parte, los diccionarios griegos de mayor solvencia mundial, como A. Bailly, *Dictionnaire Grec-Français*, y el ya citado H. G. Liddell, *A Greek-English Lexicon*, atestiguan que *«stauros»* equivale a «cruz».

Asimismo, en las catacumbas antiguas encontramos representadas las cruces cristianas. Y en el sepulcro de Charles Taze Russell está también la cruz. Pero, además, en las publicaciones de antaño de la Sociedad Watch Tower, aparecía reproducida la cruz tradicional dentro de una corona.

ILUSTRACIÓN GRÁFICA

885						PHILIPPIANS 2:9-18
θανάτου	δὲ	σταυροῦ·	**9** διὸ	καὶ	ὁ	yes, death on a torture
of death	but	of stake;	through which	also	the	stake. **9** For this very
θεὸς	αὐτὸν	ὑπερύψωσεν,	καὶ			reason also God ex-
God	him	put high up over,	and			alted him to a

Véase cómo los «Testigos» traducen, en su versión inglesa del Nuevo Testamento, la palabra *«stauros»*, «estaca de tortura», cuando para los romanos era siempre una cruz, como puede comprobarse en el documento que sigue.

Copia fotográfica de un párrafo del documento de Luciano de Samosata (140 D. C.) llamado «El juicio de las vocales», en el cual identifica la palabra *stauros* con la cruz en forma de T.

ΛΟΥΚΙΑΝΟΥ ΤΟΥ ΣΑΜΟΣΑΕΩΣ / ΤΑ ΣΩΖΟΜΕΝΑ / ΔΙΚΗ ΦΩΝΗΕΝΤΩΝ

12. Οὕτω μὲν οὖν ὅσον ἐς φωνὴν ἀνθρώπους ἀδικεῖ· ἔργῳ δὲ πῶς; Κλάουσιν ἄνθρωποι καὶ τὴν αὐτῶν τύχην ὀδύρονται καὶ Κάδμῳ καταρῶνται πολλάκις, ὅτι τὸ ταῦ ἐς τὸ τῶν στοιχείων γένος παρήγαγε τῷ γὰρ τούτου σώματί φασι τοὺς τυράννους ἀκολουθήσαντας καὶ μιμησαμένους αὐτοῦ τὸ πλάσμα ἔπειτα σχήματι τοιούτῳ ξύλα τεκτήναντας ἀνθρώπους ἀνασκολοπίζειν ἐπ' αὐτὰ· ἀπὸ δὴ τούτου καὶ τῷ τεχνήματι τῷ πονηρῷ τὴν πονηρὰν ἐπωνυμίαν συνελθεῖν. Τούτων οὖν ἁπάντων ἕνεκα πόσων θανάτων τὸ ταῦ ἄξιον εἶναι νομίζετε; Ἐγὼ μὲν γὰρ οἶμαι δικαίως τοῦτο μόνον ἐς τὴν τοῦ ταῦ τιμωρίαν ὑπολείπεσθαι, τὸ τῷ σχήματι τῷ αὐτοῦ τὴν δίκην ὑποσχεῖν, ὃ δὴ σταυρὸς εἶναι ὑπὸ τούτου μὲν ἐδημιουργήθη, ὑπὸ δὲ ἀνθρώπων ὀνομάζεται.

Luciani Samosatensis / OPERA / ex recensione Guilielmi Dindorfii

Graece et latine cum indicibus editio altera emendatior

Parisiis, Didot, 1867

XIX

La prohibición de sangre

No lo que entra en la boca contamina al hombre,
mas lo que sale de la boca, esto contamina al hombre.
Mateo 15:11

Otra doctrina característica de los «Testigos de Jehová» que les ha llevado a grandes conflictos con la ciencia médica desde que la medicina moderna emplea las transfusiones de sangre para salvar la vida a enfermos graves son las prohibiciones de comer sangre que se encuentran en Génesis 9:4 y Levítico 3:17 y 17:11 y Deuteronomio 12:23. Pero no se dan cuenta de que estos textos tenían por objeto infundir a los hombres primitivos respeto por la vida humana, dando a la sangre un carácter misteriosamente sagrado. Esto es lo que nos demuestra Génesis 9:4. La sangre es la vida del ser humano, no en un sentido real, pues si así fuese los científicos habrían dado con el secreto que ansiosamente buscan desde hace siglos, el origen y causa de la vida.

¿Qué es la sangre?

Hoy sabemos que la sangre es un fluido que circula por el sistema vascular en el hombre y en los animales vertebrados, de color rojo vivo en las arterias y oscuro en las venas. Que está compuesta de un líquido fibroso llamado plasma, en el que flotan millones de corpúsculos de tres clases: glóbulos rojos o hematíes, leucocitos o glóbulos blancos y plaquetas; que es aireada en los pulmones y va al corazón, en donde es bombeada para ir a repartir por todo el organismo el oxígeno y los elementos nutritivos.

Es, por consiguiente, la sangre un líquido extremadamente útil e indispensable para la vida de los seres vivos; pero hay otros elementos materiales y diversos órganos, en el cuerpo humano, igualmente indispensables para la vida. La sangre no es sino un elemento puramente material, maravillosamente ideado, tanto en su composición como en su curso a través de los tejidos, por la sapiencia del Creador; pero nada más que esto. No ha podido demostrarse que tenga la sangre ningún carácter o virtud superior al resto de la materia organizada, o sea, de las células vivas que constituyen los seres animales y, por ende, el cuerpo del hombre.

No puede, pues, decirse en un sentido literal que la sangre sea la vida de los seres. Hay que entender el lenguaje figurado de la Biblia. Sabemos que hay vida vegetal sin sangre; y había vida animal mucho antes de que existieran grupos de células que necesitaran del auxilio de la corriente sanguínea para subsistir. La sangre no es, pues, el secreto de la vida, sino un maravilloso producto de la vida organizada de las células. No descubrimos en este precioso y utilísimo elemento ninguna de las características de la mente y del espíritu. La sangre, por sí misma, no puede pensar, no tiene autodeterminación, que es la gloria y característica del espíritu. Dejada en un vaso se corrompe, no puede escapar a las condiciones y limitaciones de la materia.

Una adecuada figura retórica

¿Por qué, entonces, la Sagrada Escritura llama «alma» a la sangre? Ello es nada más que un ejemplo, una figura retórica que llamamos sinécdoque para enfatizar el respeto a la vida, de nuestros semejantes, pues ciertamente la sangre, mientras se halla unida al cuerpo, es la vida del cuerpo, lo que le reanima y vivifica. Pero que la sangre no puede ser, ni es literalmente, el alma o la vida espiritual, el «yo» del ser humano (es decir, que no posee en sí las características espirituales que caracterizan el alma espiritual del hombre), lo demuestra el empleo que la Biblia hace de la palabra «alma» atribuyéndole las características del espíritu, como hemos visto en los capítulos XII y XIII de este mismo libro.

La palabra «sangre» no es sinónimo de alma

Si la sangre fuese realmente el alma del hombre, en el sentido espiritual, como pretenden los russellistas citando estos textos figurativos del Antiguo Testamento; si alma, vida y sangre fueran realmente sinónimos, como ellos tratan de explicarnos, se podría sustituir una palabra por otra sin alterar el sentido, como ocurre con todos los sinónimos gramaticales. Podemos, por ejemplo, sustituir hombre por persona; dama por señora; espíritu por alma, sin que resulte ningún absurdo, pero de ninguna manera podemos sustituir alma por sangre, porque ambas no son la misma cosa, ni poseen las mismas cualidades, a pesar de Deuteronomio 12:23 y textos afines.

Veamos de ello algunos ejemplos: Jesús dice en Mateo 26:38 o en Marcos 14:34: «Está muy triste mi alma hasta la muerte». ¡Qué grosero absurdo no resultaría de sustituir la palabra «alma» por «sangre» en este y muchísimos otros pasajes! Lo cierto es que si hay tres o cuatro textos en los cuales se dice que la sangre es el «alma» del hombre (para indicar que es un elemento vital del ser humano), hay más de cien que afirman positivamente lo contrario, atribuyéndole al alma del hombre sentimientos y características espirituales que de ningún modo pueden ser aplicados a la sangre.

Por qué la prohibición de sangre en los tiempos bíblicos

Es el colmo de la ignorancia confundir una sinécdoque con un sinónimo. Todos estamos habituados a usar sinécdoques en nuestros escritos y en nuestra conversación, sin que ello nos lleve a ninguna confusión o absurdo. Por ejemplo, decimos que el pastor tenía quinientas cabezas de ganado y nadie se imagina que se trata de cabezas aisladas, sino de reses enteras. De la misma manera es usada la palabra «sangre» por los escritores del Antiguo Testamento, no para significar una cosa tan absurda como que la sangre es el alma, o sea el «yo» espiritual del cuerpo, sino que la sangre es un elemento vital del cuerpo, portadora de elementos indispensables para la vida humana. Y para que los hombres primitivos e ignorantes de los tiempos bíblicos se abstuvieran de cometer crímenes de sangre, se les prohíbe comerla; del mismo modo que se les prohíbe tocar a un muerto o se les declara inmundos después del acto conyugal, para infundirles un sentimiento de respeto a estas cosas y evitar abusos contrarios a los mandatos morales de la ley divina, mediante tales lecciones objetivas, que requería su infantilismo mental.

Exageración inhumana

No existe razón alguna de carácter bíblico para creer literalmente que la sangre es el alma espiritual, o sea el yo consciente del cuerpo; por tanto, ningún reparo puede haber en hacer un uso necesario y útil de ese elemento vital para salvar la vida de un prójimo. La historia de los «Testigos de Jehová» está llena de casos dolorosísimos y horribles en los que seres humanos indefensos, menores de edad, han tenido que fallecer en hospitales por la prohibición de sus padres de permitir que se realizara una transfusión de sangre que todos los médicos conceptuaban como esencial para conservar la vida del paciente. La indignación de los médicos y enfermeras, conocedores de que aquella vida se estaba extinguiendo por culpa de quienes se negaban a dar su consentimiento para un método curativo que en la inmensa mayoría de los casos resulta plenamente eficaz, se estrellaba en contra de la terquedad de quienes por sus insensatos prejuicios, que les habían sido imbuidos mediante un literalismo absurdo en la interpretación de las Sagradas Escrituras, consideraban su deber negar tan precioso recurso a sus propios hijos, haciéndose de este modo, indirectamente, transgresores del claro mandamiento de Dios que dice: «No matarás».

Lo que está claramente prohibido por la letra y el espíritu de las Sagradas Escrituras es derramar la sangre de un prójimo; quitarle la vida, no preservársela mediante un método terapéutico desconocido en los tiempos bíblicos, y que de haberse practicado en aquellos días habría sido, sin duda, recomendado por los escritores bíblicos como generoso medio de compartir la propia vida (figuradamente la propia alma) con un prójimo necesitado de tal aliento vital. Estamos seguros de que nuestro Señor Jesucristo diría a los russellistas como dijo a los fariseos de su tiempo: «¿Es lícito en sábado hacer bien o hacer mal?, ¿salvar la vida o quitarla?». Nunca hacer el mal, causar la muerte de un prójimo por un torpe escrúpulo literalista (como aquel de que eran culpables los fariseos acerca del sábado) puede ser conforme con la voluntad de Dios.

Por otra parte, el feto intrauterino recibe transfusión de sangre natural. Sabemos hoy que cuando una mujer se halla en estado de gestación, la sangre materna, separada de la sangre del feto, llega a la placenta, pasando a la sangre del feto oxígeno, nutrientes, tales como azúcares simples, calcio, fósforo, cloruro de sodio, vitaminas, proteínas, grasa, anticuerpos, virus…

Mientras que la sangre del feto pasa a la sangre materna dióxido de carbono, urea, ácido úrico, creatinina, y los desecha de su organismo. ¿No es todo esto un milagro de transfusión natural producida por Dios mismo?

XX

Historia del Russellismo

*Pues no somos como muchos que medran falsificando
la Palabra de Dios, sino que con sinceridad, como de parte de Dios
y delante de Dios, hablamos en Cristo.*
2 Corintios 2:17

El origen de la secta

Los datos históricos más completos acerca del origen de esta organización se hallan en el libro *The Jehovah's Witnesses*, escrito y publicado por Herbert Hewitt Stroup, del Departamento de Sociología y Antropología de Brooklyn College. Nos dice este escritor que la secta de los «Testigos de Jehová» fue fundada en el siglo pasado por un hombre llamado Charles Taze Russell, de quien los miembros de esta secta recibieron su apodo.

En el anuario de los «Testigos de Jehová», de 1940, se resume en un breve párrafo la historia de su fundación, diciendo que en 1872 «unos pocos cristianos se reunieron en un pueblecito de Pensilvania para considerar las Escrituras que conciernen a la venida de Cristo Jesús y su Reino». Uno de los componentes de este grupo era Russell, quien después llegó a convertirse en profeta, caudillo y, por tanto, cabeza visible del movimiento.

Charles Taze Russell nació en Pittsburgh, Pensilvania, el 16 de febrero de 1852. Prosperó tanto en sus actividades comerciales que llegó a ser propietario de una importante cadena de mercerías. Recibió instrucción religiosa en el seno de la Iglesia presbiteriana, aunque luego se hizo miembro de una Iglesia congregacional. Más tarde, llegó a dudar de algunas doctrinas cristianas y estuvo a punto de naufragar en la fe. Pero después asistió a una reunión de adventistas y escuchó cosas que le parecieron convincentes.

Fue entonces cuando Russell empezó a estudiar la Biblia y dio cuerpo a un nuevo sistema de doctrina que llamó «El Plan Divino de las Edades», el cual giraba principalmente alrededor de la segunda venida de Cristo y su reinado milenal. Y no deja de ser curioso el hecho de que Russell consideraba a Guillermo Miller, el líder que dio origen a la Iglesia Adventista, como su precursor. De ahí que en el tomo III, página 28, de su obra *Studies in the Scriptudes*, dice: «Reconocemos que aquel movimiento fue el principio del entendimiento correcto de las visiones de Daniel...».

Y en el tomo VII de esta misma serie, del que se afirma constituye la obra póstuma de Russell, aunque al parecer es sumamente dudoso que él la escribiera, se declara

Un poco de historia

Hemos obtenido información consultando la obra de Gerardo Hébert: "Los Testigos de Jehová: su historia y su doctrina".

El movimiento religioso iniciado por Russell creció tan rápidamente que él se vio obligado a abandonar su negocio para ponerse al frente de la secta y dedicarse enteramente a la propagación de las nuevas doctrinas. En el año 1884, el grupo de russellistas era ya tan numeroso que se impuso como necesidad su organización formal. Entonces, el «profeta» Russell se dedicó a viajar extensamente para dar a conocer su nuevo sistema de estudios bíblicos. Sus seguidores dijeron que su celo le impulsó a caminar «más que los viajes conjuntos del apóstol Pablo y del obispo Asbury». Es así, pues, como se le dio el título de «pastor».

Describiendo su nombramiento, el «juez» Joseph Franklin Rutherford, que fue sucesor de Russell a la muerte de este, afirmó que «fue elegido pastor de más de 1.200 congregaciones a la vez» (*Arpa de Dios*, pág. 163). Rutherford aseveró también que Russell llegó a ser «el mejor predicador de los tiempos modernos» (*Arpa de Dios*, página 162). En el prefacio a la obra póstuma ya mencionada —el tomo VII—, el «juez» que le sucedió escribió de Russell que este fue usado «por el Señor más que cualquier otro hombre en la tierra desde los días de los apóstoles». Y continúa elogiando a su predecesor diciendo: «Cuando se haya terminado de escribir la historia de la Iglesia de Cristo, se encontrará que el lugar próximo a San Pablo en la galería de la fama, como expositor del Evangelio del Maestro, será ocupado por Charles Taze Russell».

El fundador de esta secta se dedicó, en efecto, a producir literatura en abundancia, y su obra más importante fue la serie de *Estudios de las Escrituras*, a la cual ya nos hemos referido, que consta de seis tomos y vino a constituir para los «Testigos» un canon casi infalible. Haciendo alusión a los escritos de Russell, su sucesor Rutherford dijo que fueron «más extensos que las obras conjuntas de San Pablo, San Juan, Arrio, Waldo, Wiclif y Martín Lutero —los seis mensajeros que le precedieron».

Arrogantes osadías

Consideremos ahora el concepto que Russell y sus seguidores tenían de esta obra, *Studies in the Scriptures*. En la revista *Atalaya* (que sigue publicándose en la actualidad y es el órgano oficial de la secta), de fecha 15 de septiembre de 1910, Russell hizo el siguiente comentario: «Los seis tomos de *Estudios de las Escrituras* constituyen prácticamente la Biblia arreglada en orden temático. No son meramente comentarios acerca de la Biblia, sino que son prácticamente la Biblia misma… No puede verse el plan divino estudiando la Biblia por sí sola. Encontramos que si alguien pone a un lado los *Estudios*, aun después de familiarizarse con ellos, y se dirige a la Biblia sola, dentro de dos años vuelve a las tinieblas. Al contrario, si lee los *Estudios de las Escrituras*, con sus citas, y no ha leído ni una página de la Biblia como tal, estará en la luz al término de dos años».

El lector puede comprobar que la osadía de esta afirmación es para desconcertar a cualquiera. Porque con estas palabras Russell se conceptuaba a sí mismo como el intérprete único e infalible de las Escrituras. Tengamos mucho cuidado, pues, con las sectas o personas que se arrogan tal actitud hacia la Biblia. Es un rasgo común de casi todas las sectas falsas.

Rutherford llegó a decir también con respecto a los libros escritos por Russell: «Estos libros son la primera explicación clara que se ha hecho del plan divino» (*Arpa de Dios*, pág. 163, escrito en el año 1921). Y en el famoso tomo VII de la serie *Estudios de las Escrituras* se dice que Russell es la punta de la «espada del Espíritu», que él representa a los ángeles del Apocalipsis 1:1; 19:9-10; 22:6; que es la «voz» de Apocalipsis 10:3; 16:1; 18:2; que es el «varón vestido de lienzos» de Ezequiel 9. Además, en dicho tomo se declara también que «en 1878 la mayordomía de las cosas de Dios, la enseñanza de las verdades bíblicas, fue quitada al clero infiel y fue dada al pastor Russell… Luego, en 1881, Russell llegó a ser el atalaya para toda la cristiandad».[1]

¿Será necesario hacer comentarios sobre tan asombrosas pretensiones para combatirlas? Creemos más sensato dejar que el lector inteligente juzgue tan atrevidas afirmaciones. Porque son una completa falsedad.

Las afirmaciones más exageradas, atrevidas y desvergonzadas acerca de Russell, al aplicarle los pasajes proféticos citados, no tienen precedentes en los anales del sectarismo herético, y se hallan registradas en el tomo VII. Para su comprobación diremos que estos datos históricos han sido tomados de: B. H. Shadduck, *The Seven Thunders of Millenial Dawn* (Philadelphia: S. S. Times, 1928), págs. 6, 8. Cp. Herbert Stroup, *The Jehovah's Witnesses* (New York: Columbia Univ. Press, 1945), págs. 12, 13.

Los fanáticos seguidores de Russell lo identificaban con «el siervo fiel y prudente» de Mateo 24:45, a quien el Señor «puso sobre su casa para que les dé el alimento a tiempo».[2]

Pero ¿quién era, moralmente, el fundador de la secta de los «Testigos»?

---

1. En el Watch Tower del 15 de septiembre de 1909, Russell alega personalmente que él es «el siervo fiel y prudente», y solamente él.

2. *Jehovah's Witnesses in the Divine Purpose*, Brooklyn, Watch Tower, 1859, págs. 69, 95.

Los procedimientos financieros de Russell

Este hombre audaz y sin escrúpulos proclamaba incesantemente que las iglesias de la cristiandad eran un negocio para hacer dinero, mientras que él, a su vez, anunciaba «reuniones sin colectas». Pero ¡lástima que no predicara con el ejemplo! Porque si bien tenía poca preparación intelectual, no le faltaban —en cambio— sagacidad financiera y astucia administrativa. Russell reunió grandes cantidades de dinero para llevar a cabo sus campañas de propagación del mensaje del «reino». Y esto lo hacía empleando métodos sospechosos y a veces claramente fraudulentos. Persuadía a las personas crédulas a que, puesto que el fin del siglo se aproximaba, le entregaran sus bienes para la difusión de las doctrinas russellistas. Muchas mujeres que cayeron bajo su influencia se dejaron engañar por este método de razonar.

Asimismo, Russell estableció algunos negocios de carácter descaradamente embaucador. Fue acusado por el diario *El Águila de Brooklyn* de cultivar un «trigo milagroso» que al sembrarlo produciría quince veces más que el trigo ordinario. Esta variedad se vendía solamente a los fieles, al precio de 60 dólares el «bushel» (medida de sesenta libras de trigo, que en aquella época se vendía normalmente a 1 dólar). (Citado por G. Hébert, en su libro).

De manera semejante, Russell anunciaba la venta de «fríjoles mileniales» y de una «semilla maravillosa de algodón». En 1912 ofreció un remedio para la apendicitis que evitaría la intervención quirúrgica. Dijo que esta medicina serviría también para curar. En 1913 anunció un remedio para el cáncer, que se vendería únicamente a los que estaban «en la verdad».[3]

Un tal W. T. Ellis visitó a Russell para investigar sus métodos y obra, y llegó a la siguiente conclusión: «Fui a buscar a un profeta y encontré a un hombre de negocios». Ya sabemos que el dinero siempre ha sido un factor importante en la vida de los profetas falsos, tanto en los tiempos bíblicos como en la actualidad (1 Tm 6:10; Tt 1:11; 2 P 2:15; Jud 16). Y Russell no fue una excepción.

Aunque su vida privada tiene también una historia no menos escandalosa, pues se conoce una demanda judicial de la esposa del fundador de la secta de los «Testigos de Jehová» en contra de su marido, prefiero abstenerme de hacer comentario alguno al respecto.[4]

---

3. *The Jehovah's Witnesses*, Stroup, pág. 37; *Jehovah's Witnesses*, Royston Pike, New York, Philosophical Library, 1954, págs. 16-17; *Jehovah of the Watchtower*, Martin & Klann, New York, 1953, págs. 13, 15.

4. Solo diré al respecto que Russell, en el tomo VII, pág. 483, de sus *Estudios*, afirma que su divorcio fue profetizado en Ezequiel 24:15-16.

Un profeta que miente

Cuando Russell tuvo que comparecer ante el Tribunal Supremo de Ontario, donde se le entregó un ejemplar del Nuevo Testamento Griego de Westcott y Hort y se le preguntó si conocía el idioma griego, con una tranquilidad pasmosa y sin un solo sonrojo respondió afirmativamente. Pero cuando el fiscal le presionó, se vio obligado a rectificar y tuvo que admitir la verdad: confesó al fin que él no sabía nada de griego.[5]

He aquí el interrogatorio que el fiscal general Staunton dirigió a Russell durante la celebración del juicio aludido:

«—¿Entiende usted el alfabeto griego?

—¡Oh, sí!

—¿Podría usted decirme las letras correctamente si usted las ve?

—Algunas de ellas. Yo puedo cometer un error en alguna de ellas.

—¿Puede usted decirme los nombres de las letras de la parte superior de esta página, la página 447, que yo tengo aquí? —El fiscal le muestra la página 447 del Nuevo Testamento Griego de Westcott y Hort.

—Bueno, yo no sé si podría. Quizá sí o tal vez no.

—¿Usted no puede decirme qué letras son estas? Mírelas y vea si usted las conoce.

—A mi modo... —Russell se interrumpe en este momento y no puede proseguir su explicación.

—¿Está usted familiarizado con la lengua griega?

—No».

Después de declarar que nunca había sido ordenado, Russell replicó a los ataques de los ministros del Evangelio acerca de sus doctrinas anticristianas, diciendo que los predicadores lo rechazaban a causa de que «no lo habían ordenado ellos». Esta es, pues, otra de sus muchas contradicciones.

Abogado Ross:

—¿Es verdad que usted nunca ha sido ordenado?

Russell:

—No es verdad.

5. J. K. van Baalen, *Plagios de la Religión Cristiana*, pág. 160. (Véase el libro *Some Facts and more facts about the self-style pastor Charles T. Russell*, por el Rev. J. J. Ross, quien cita textualmente las minutas del Tribunal Supremo de Ontario y de otros procesos. Consúltese también *Jehovah's Witnesses*, de Marley Cole, The New World Society).

Fiscal Staunton:

—Ahora bien: ¿usted ha sido ordenado por ningún obispo, clérigo, presbítero, concilio u organización religiosa alguna?

Russell, después de una larga pausa:

—Yo nunca fui ordenado.

Juzgue el lector si esto parece ser la conducta de un verdadero profeta y siervo de Dios. El Señor Jesucristo dijo: «Que vuestro sí sea sí, y vuestro no sea no —y añadió el Señor—, así que por sus frutos los conoceréis» (Mt 7:20).

La muerte de un líder

El «pastor» Russell murió a bordo de un tren transcontinental, a sus 64 años de edad, el 31 de octubre de 1916. La creencia entre sus adeptos de que este líder analfabeto era una celebridad le siguió hasta el fin. Su amigo Mr. Menta Sturgeon llamó al conductor y al portero del tren con estas palabras: «Queremos que vean cómo puede morir un gran siervo de Dios». Pero allí no había nada más que un anciano, cuyos labios no se abrieron para lamentarse, ni siquiera tuvieron un suspiro.

El culto fúnebre fue presidido por el «juez» Rutherford, quien se hizo digno de tal honor declarando que aun cuando los otros muertos, según la doctrina russellista, duermen hasta la resurrección, «nuestro amigo muerto no duerme el sueño de la muerte, sino que le fue cambiada instantáneamente la naturaleza humana por la divina, y ahora está para siempre con el Señor».

Rutherford fue propiamente recompensado por esta incomprobable profecía con la transmisión de los derechos de jefe de los russellistas. Y así él vino a ser el nuevo caudillo de la organización.

Quién era Rutherford

Cuando Rutherford tomó las riendas de la secta, se inició la segunda etapa de la historia del russellismo. Y el «juez» optó por implantar una dictadura casi absoluta. Cualquier opinión contraria a la suya era tildada de inspiración satánica y el disidente debía ser excomulgado. Un ex oficial de la sociedad afirmó lo siguiente:

«Rutherford domina la organización completamente. Los directores y sus reuniones no son más que una formalidad. El juez envía una nota en la que especifica a quién quiere que se elija o se rechace, o lo que desea que se haga, y esto se hace en seguida y unánimemente. ¡Ay del que se oponga! El que se opone un poco recibe un regaño recio al llegar al comedor, y si la oposición es seria y si la persona muestra criterio demasiado independiente, se la expulsa de la organización» (Stroup, *op. cit.*, pág. 22).

En el año 1939, el vicepresidente Moyle fue destituido por haber criticado la sociedad y por haber protestado contra las condiciones que existían en la «Casa Bethel», donde se hospedan los que trabajan en la confección de literatura russellista. Presentó las siguientes quejas: 1) Los frecuentes reproches y regaños que Rutherford daba a los trabajadores. 2) La parcialidad que mostraba a favor propio y en contra de sus seguidores en cuanto al modo de vivir. 3) El uso excesivo de bebidas alcohólicas, y 4) El empleo de lenguaje soez.

Comentando estas dos últimas acusaciones, Moyle dijo que en la «Casa Bethel» no solo se permitía beber, sino que se incitaba a ingerir licor. Los que no tomaban bebidas alcohólicas eran mal vistos por los oficiales de la sociedad. Declaró, asimismo, que las carcajadas más fuertes en las mesas del comedor resultaban de las bromas obscenas y que en este particular Rutherford no era inocente (Stroup, *op. cit.*, págs. 25-26).

Fracasos escatológicos

Los «Testigos de Jehová» revelan una triste ignorancia acerca de los más elementales y genuinos principios del plan divino de la salvación. La inmensa mayoría no tienen ninguna experiencia personal sobre la obra redentora de Cristo en la cruz, la conversión, la fe, el arrepentimiento, el nuevo nacimiento o regeneración, la justificación, la santificación... Los temas escatológicos son los que más han interesado siempre a estos sectarios. Hacen verdadero alarde de malabarismos numéricos con fechas proféticas amalgamadas convencionalmente a base de cálculos arbitrarios aplicados a unas cifras que se encuentran en los libros de Levítico, Ezequiel, Daniel y Apocalipsis.

Dicen que la Segunda Venida de Jesucristo ha tenido ya lugar en el año 1914, pero que no fue visible, sino espiritual, y que la «señal» del Hijo del Hombre, que la Escritura declara enfáticamente que «aparecerá en el cielo» (Mt 24:30), es la formación y extensión sobre la tierra de la secta de los «Testigos de Jehová», que son los «escogidos» por amor de los cuales los días de la Gran Tribulación serán acortados.[6]

---

6. «Hace diecinueve siglos, durante la "presencia" corporal del Mesías o Cristo en nuestra tierra no era tiempo para que esta visión profética se cumpliera. Pero al fin de los tiempos de los gentiles, en 1914, sí llegó el tiempo para que la visión de Daniel se cumpliera; y se cumplió, según los muchos rasgos de la "señal" de la segunda "presencia" o *"parousia"* de Cristo que se han realizado» (*Cosas en las cuales es imposible que Dios mienta*, pág. 336).

De tal modo se entusiasmaron con esta idea que llegaron a publicar con grandes titulares: «Millones de los que hoy viven no morirán jamás»; pero hace medio siglo que están anunciando lo mismo, de modo que la generación que pretendían no habría de morir ha fallecido ya casi totalmente.

De semejante venida invisible no nos dice nada la Sagrada Escritura. Fue tan solo una estratagema para explicar el fracaso de Rutherford, que había anunciado la Segunda Venida de Cristo para el año 1914. Pero tal venida espiritual es absolutamente innecesaria, ya que la presencia espiritual de Cristo ha sido una realidad en todos los siglos, desde que Él declaró a sus discípulos: «He aquí yo estoy con vosotros todos los días, hasta el fin del mundo» (Mt 28:20).

Todo lo que la Sagrada Escritura anuncia en relación con la Segunda Venida de Cristo es enteramente diferente a lo que enseñan los «Testigos de Jehová». Cristo ha de ser visto corporalmente por todos (Ap 1:7). Sus pies se posarán sobre el monte de los Olivos (Za 14:4). Los ángeles, no solamente recogerán a los «escogidos» de los cuatro vientos de la tierra, sino que harán también justicia con los impíos (Mt 13:49 y 24:31). La resurrección será instantánea, «en un abrir y cerrar de ojos» (1 Co 15:52), y no paulatina, como han explicado los «Testigos de Jehová».

Rutherford predijo «el retorno a la tierra de Abraham, de Isaac y de Jacob» para el año 1925. Y para recibir con todos los honores a las augustas personalidades ancestrales del capítulo 11 de Hebreos, cuya llegada se esperaba de un momento a otro, el «juez» hizo comprar una mansión especial en San Diego, California. Era una «casa» para el rey David, llamada «Beth-Sarim», «Casa de los Príncipes», equipada dignamente para hospedar a los santos del Antiguo Testamento que debían resucitar en 1925.[7]

Nos confirma el propio Rutherford: «El propósito de… adquirir esta casa fue el de que hubiera una prueba tangible de que, en efecto, hay en la tierra quienes firmemente creen en Dios y en Cristo Jesús y en su reino, creyendo también que los fieles de la antigüedad pronto serán resucitados por el Señor, estarán en la tierra y tomarán a su cargo los asuntos visibles de ella. El título de propiedad de Beth-Sarim está a nombre de la WATCH TOWER BIBLE AND TRACT SOCIETY como depositaria, para ser usada por el presidente de la Sociedad y sus asistentes, por lo pronto, pero después teniendo que estar para siempre a disposición de los mencionados príncipes de la tierra… Pues le pareció bien y agradable a Dios que la mencionada casa fuera construida como testimonio al nombre de Jehová y en

---

7. «Jehovah's Travelling Salesmen», Bill Davidson, *Colliers*, Nov. 2, 1946, pág. 97; Pike, *op. cit.*, págs. 23-24.

nuestra fe en sus anunciados propósitos».[8] (Otras fuentes atestiguan que la mansión fue edificada).

Pero llegó la fecha pronosticada sin que ninguna de aquellas excelsas personas se dignara acudir a la pretenciosa cita de Rutherford.

Entonces el «juez» pensó, con su enorme sentido práctico, que era una lástima ver deshabitado tan excelente palacio, y a él se fue a vivir. Esta casa se mantuvo como testimonio al mundo de la fe de los «Testigos» en el inminente establecimiento del Reino Celestial sobre la Tierra. Allí murió, el 8 de enero de 1942, este maestro de la falsa profecía. Los russellistas querían que «Beth-Sarim» fuera un santuario internacional que guardara los restos de Rutherford, pero el municipio de San Diego no lo permitió. Por eso, finalmente, la propiedad fue vendida. Y, entretanto, los actuales seguidores de Russell y Rutherford continúan esperando la llegada de Abraham y otros patriarcas.

Semejantes profecías han fracasado, y fracasarán siempre, por la sencilla razón de que no tienen ninguna base ni apoyo en la Sagrada Escritura, sino en la mente de los Russell y Rutherford. (Véase el librito "Millones que ahora viven no morirán jamás", escrito por el juez Rutherford, edición 1920. El Sr. Danyans tiene en su poder la edición en español de 1921).

Y otros líderes gobernantes han seguido al frente de la organización: Nathan H. Knorr

Con la muerte de Rutherford tocó a su fin la segunda fase de la historia de los «Testigos de Jehová». El manto de este «profeta» cayó sobre Nathan H. Knorr, quien en la primavera de 1942 fue elegido presidente de la sociedad, y así se inició la tercera etapa, en la cual todavía estamos.

Sin embargo, hay una notable diferencia entre la tercera fase y las otras dos anteriores. En la actualidad ya no hay un profeta o líder sobresaliente que tenga para los «Testigos» el carácter de portavoz infalible de Dios. Ahora más bien se ha levantado un grupo de líderes muy capaces para encargarse de la dirección de la secta. Como consecuencia de ello, su organización ha dejado de ser una monarquía y se ha transformado en una oligarquía o burocracia a la cual tenemos que atribuir (ya que se niegan a darnos nombres personales) la intencionadamente deformada traducción llamada del *Nuevo Mundo* de la Sagrada Biblia, el Libro de los libros: el Libro de Dios.

Y pasando por alto a los actuales dirigentes de la Sociedad Watch Tower, merece especial mención el valiente testimonio de Raymond Franz, quien fue miembro del Cuerpo Gobernante de los Testigos de Jehová.

8. Rutherford, *Salvación*, págs. 323-324.

Al darse cuenta de los graves errores doctrinales de dicha sociedad, volvió a la fe cristiana genuina y abandonó la organización, escribiendo el libro "Crisis de Conciencia", publicado tambén por la editorial Clie.

Este libro revela la lucha interna entre la fidelidad a Dios y la lealtad a una religión que ejerce su dramático poder sobre las vidas humanas.

Epílogo editorial

El lector observará que aun cuando en este *Respuestas Bíblicas y Doctrinales a los Testigos de Jehová* el autor menciona diversos errores dogmáticos y exageraciones de la secta russellista, su atención se fija particularmente en el tema de la eterna deidad de Jesucristo, hasta el punto de ocupar las tres cuartas partes del libro. Lo cierto es que los ataques del russellismo se centran también en este punto, que les parece el más vulnerable de la fe cristiana. Así le pareció también a Arrio en el siglo III. A simple vista parece un punto poco importante si creemos que el Hijo procede del Padre, que es el primer ser de la creación divina y que murió por nosotros.

Sin embargo, este es un asunto esencial dentro del plan de nuestra salvación. Evidentemente, el misericordioso y soberano propósito de la redención implica dos puntos principales, que son vitalmente afectados según consideremos a Cristo como Dios o como criatura.

Una ilustración adecuada

El autor del libro *Filosofía del plan de la salvación* lo expone bajo la siguiente figura: «Si fuese posible —dice—atribuir una libre acción a los cuerpos del sistema solar, la gran ley que rige sus movimientos podría expresarse así: De atracción al Sol y de mutua atracción entre ellos mismos. En virtud de esta ley, la Tierra está retenida por la fuerza atractiva del Sol y se mueve en su órbita. Debido a la misma, la Luna da vueltas alrededor de la Tierra de un modo regular y exacto; manteniendo del mismo modo sus relaciones físicas los demás planetas».

La gran ley del mundo espiritual es: «Amarás al Señor tu Dios con toda tu alma, con todas tus fuerzas y con todo tu entendimiento, y a tu prójimo como a ti mismo».

Ahora bien: si un planeta saliera de su órbita tendería a abandonarla para siempre y no podría jamás ser restaurado a su antigua posición, a no ser que el Sol, el gran centro de atracción de nuestro sistema, le siguiese en su extravío, y que aumentando su poder de atracción con el hecho de aproximarse más al planeta caído, y atrayéndole hacia sí, le hiciese volver a su primitiva órbita.

Así acontece con el mundo del espíritu. La atracción que debería unir el alma a Dios y a sus semejantes fue rota por el pecado, y el ser humano, impelido por su egoísmo, dando vueltas solamente sobre su propio centro, choca en su carrera con los otros seres morales, o sea, con sus prójimos. Se cruzan las órbitas de los respectivos intereses al girar todos igualmente errantes lejos del Centro de la Vida y del Amor, el único que podía imprimirles un movimiento de conjunto armónico y feliz.

¿Cómo podía ser en tal caso retrotraído el hombre a su antigua órbita moral?

Un solo medio había y era este: Que el mismo Creador se aproximara a él y, atrayendo sus afectos por alguna prueba extraordinaria de su misericordia, volviera a ganar su amor, confianza y obediencia de un modo tan absoluto que el hombre, movido por aquella benevolencia por parte de su Creador, no quisiera vivir egoístamente para sí, sino para honrar a quien le amó, cumpliendo la buena voluntad del Padre Celestial en sus relaciones con sus propios hermanos.

Esto es lo que creemos los cristianos que ha tenido lugar. Dios, el Sol o Centro del Universo moral, descendió a esta tierra en la persona de Cristo. Se reveló a los humanos en aquel único Ser perfecto que, esparciendo la luz de su carácter y de su doctrina sobre las tinieblas morales de la tierra, no solamente iluminó las conciencias de los hombres para que comprendiesen sus olvidados deberes, sino que, sellando su vida inmaculada con su muerte redentora sufrida por nosotros en el Calvario, nos atrajo y nos unió a Sí mismo por los lazos inquebrantables de la más honda gratitud. Desde entonces, la muerte expiatoria de Cristo vino a ser a la manera de un fuerte imán, tan poderoso que muchos espíritus que se revolvían en las tinieblas de su egoísmo, sintiendo la atracción de su poder moral, reentraron en su curso y comenzaron de nuevo a moverse en torno de la Luz, de la Vida y del Amor, del sistema espiritual del Universo.

Esto implica que la única persona que podía cumplir eficazmente el propósito de la Redención era el mismo Ser divino.

Otro ejemplo ilustrativo

La necesidad de que la justicia y el amor obrasen conjuntamente en el plan de la salvación ha sido ilustrada con el ejemplo de cierto juez que tenía que juzgar a un amigo de su infancia, y por razones sentimentales de amistad se sentía muy inclinado a perdonarle, pero como juez la ley le obligaba. ¿Qué hizo? Condenó a su amigo a pagar la multa ordenada por la ley, que por ser indigente no podía pagar sino con cárcel; pero inmediatamente el mismo juez pagó la sanción impuesta. De este modo la ley quedaba cumplida; nadie podía acusarle de parcialidad o injusticia, pero su amigo podía ser libre. El pago de la sanción de la ley, a la vez que levantaba en el delincuente un sentimiento de respeto a la Ley, al observar que el mismo juez no podía pasarla por alto, promovía en él una profunda gratitud y afecto hacia el benevolente magistrado que no había reparado en sacrificarse por el culpable.

Este es el caso con respecto a la obra redentora de Cristo si Él es verdadero Dios hecho hombre.

Pero si no es el propio Creador quien se entrega y sufre por los culpables, si es una criatura, por elevada que sea, si se trata del arcángel Miguel, como se atreven a afirmar los «Testigos de Jehová», el admirable plan de la salvación quedaría totalmente desquiciado.

Si Jesucristo no es Dios, sino simplemente una de sus criaturas, por exaltada que esta fuese, el centro de nuestro afecto y gratitud no sería Dios mismo, sino la criatura sacrificada por nosotros. Dios vendría a ser solamente el juez exigente y severo que no puede pasar por alto el pecado, no el amante Salvador de los necesitados culpables.

«El cual se dio a sí mismo»

¿Qué diríamos en el ejemplo antes presentado si el juez en vez de pagar por la falta de su amigo hubiese sugerido a los asistentes al juicio que alguien satisficiera la multa del ofensor? Pues esto, cabalmente, es lo que pretenden los «Testigos de Jehová». En vez de ofrecerse Dios mismo a redimirnos mediante la encarnación y sacrificio del Verbo, dicen que Dios halló el fácil recurso de designar a una de sus criaturas, el arcángel Miguel, y le ordenó ir a la tierra a morir por los pecadores. El arcángel no podía desobedecer a Dios, so pena de caer él mismo en pecado de rebeldía y convertirse en un segundo Satanás. Así que vino a la tierra a sufrir por nosotros en el cuerpo humano de Jesús. ¡Qué fácil para Dios! Pero no es esto lo que nos enseña la Sagrada Escritura, como hemos podido ver claramente en el curso de este libro.

El Redentor o el Reino

Considerándolo de este modo, parece entonces que todo el afecto, gratitud y homenaje de todos los «Testigos de Jehová» debiera ser dirigido a la obediente criatura que se sacrificó por los seres humanos. Pero ¿es así? Todo lo contrario; en nuestras extensas relaciones con los miembros de esta secta, hemos podido darnos cuenta de que Cristo y su obra redentora ocupan un lugar más bien secundario en su teología.

¿Por qué?

Porque toda su atención se hallaba centrada en el reinado sobre la tierra. Mientras que en el culto cristiano Cristo ocupa siempre el lugar central, los «Testigos de Jehová» apenas hablan de otra cosa que de las bendiciones del Reino que se acerca. La obra redentora de Cristo se da por consabida, y poca alabanza y acciones de gracias se dirigen al Salvador. Si hablan de Cristo es casi siempre para combatir la idea de su divinidad. Tienen para ello una verdadera obsesión. A fuerza de contradecir este sublime concepto de la fe cristiana, la persona del Salvador queda disminuida, menospreciada y eclipsada por la idea del Reino que Jehová establecerá sobre la tierra. Cristo es solamente una especie de agente del Reino a las órdenes de Jehová. Aquel entusiasmo, aquel afecto, aquel enamoramiento espiritual de Cristo que caracteriza las cartas apostólicas y los escritos de los grandes pensadores y místicos cristianos de todos los tiempos, no se observa en el culto, en la conversación ni en la literatura russellista.

Confesiones y reconocimiento esencial

La razón de este triste fenómeno es que una parte considerable de los «Testigos de Jehová» (no diremos todos) nunca han llegado a tener la experiencia de la conversión. No han sido reconciliados con Dios por Jesucristo, aun cuando esta doctrina se halle teóricamente en su dogma y en sus libros. Han sido convertidos a la esperanza del Reino, no a Cristo.

Esto es lo que nos han confesado y hecho observar algunas personas que llegaron a encontrar a Cristo después de haber sido por algunos años miembros fanáticos de la secta de los «Testigos de Jehová». Han declarado que tenían una obsesión por el *Nuevo Mundo*, o sea, por las promesas y privilegios del Reino que se hallan en el Antiguo Testamento, sin haber llegado nunca a poseer una fe viva en Jesucristo como Salvador personal, ni el gozo de la salvación.

Por esto recomendamos al lector, ora sea un creyente nominal de alguna iglesia cristiana o un entusiasta «Testigo de Jehová», que vuelva a meditar con atención los argumentos del presente libro, a fin de obtener, no solamente un concepto más claro de la persona de Jesucristo, verdadero Dios hecho Hombre que se sacrificó por amor a nosotros, sino, ante todo y más que todo, para llegar a entrar en una verdadera y sincera relación personal con Él. Quiera Dios que muchos lectores de este libro, rectamente iluminados por el Espíritu Santo, lleguen pronto a poder decir como Tomás: «¡Señor mío y Dios mío!». Y como la bendita virgen María: «Mi espíritu se regocija en Dios mi Salvador».

Apéndice I
El misterio de la supervivencia del alma

1
Réplica abierta a los argumentos de
un ex «Testigo de Jehová»

Con motivo de haber publicado mi libro *Respuestas Bíblicas y Doctrinales a los Testigos de Jehová*, he recibido numerosas cartas de lectores. Algunas son de felicitación y estímulo, y también de gratitud, porque almas que habían sido extraviadas por el error se han rendido a la luz de la verdad como resultado de haber leído mi modesta aportación. Y hoy, habiendo sido iluminadas por el Espíritu Santo al estudiar por sí mismas la Palabra de Dios, esas personas son de Cristo. Pero igualmente he recibido otras cartas cuyo contenido está saturado de frases insultantes y ofensivas. Y omito por delicadeza el referir los ataques difamadores que algunos han esgrimido en torno a mi persona.

Sin embargo, una de las cartas que me ha parecido más sincera y respetuosa considero que es digna de especial atención y bien merece que le dedique toda una sección aparte en este opúsculo. Sirvan estas líneas, pues, de réplica abierta, tal como en misiva personal se lo prometí en su día al firmante de la carta de referencia. He aquí unos párrafos en los que el autor de la misma me dice lo siguiente:

«Como miembro que fui de los Testigos de Jehová por más de diez años, debo confesarle que es el mejor libro que he leído sobre el mismo. Sin embargo, quiero decirle que no soy un fanático cerrado, estoy siempre dispuesto a escuchar opiniones adversas siempre y cuando me lleven a la verdad. Primeramente, en su libro usted hace un estudio bastante profundo con respecto a la divinidad de Cristo; es realmente un capítulo muy bueno por su sólida base. Yo he creído siempre que no existe Trinidad, y que Cristo no es Jehová, sino simplemente un hijo subordinado de Dios. Sus puntos me han puesto en duda, y me es difícil todavía renunciar a la anterior creencia. Sin embargo, seguiré estudiando repetidas veces su obra.

»En lo que sí me he percatado es que en el estudio sobre el alma inmortal no se ha profundizado lo suficiente, y es por eso que mi carta tiene un motivo de ser. Quisiera exponerle mis argumentos que prueban que el alma inmortal no es bíblica, y que **al** contrario se muestra que es mortal. Quisiera que usted opine sobre los argumentos que le expongo, y si es posible, los explique con la Biblia».

Creo que la cuestión de una supervivencia espiritual después de la muerte quedó *claramente* expuesta y expresada en los capítulos XIV, XV y XVI de mi libro. El bagaje científico y filológico de los textos hebreo y griego que analizo en dichos capítulos, pienso que es lo suficientemente demostrativo para una mente sin prejuicios. Me pareció que las evidencias bíblicas que aporté al respecto eran tan convincentes que francamente no consideré necesario extenderme más sobre el tema de referencia. Pero comprendo que tal vez ahora se impone una ampliación para satisfacción de aquellos que deseen profundizar un poco más en esta importante doctrina de la inmortalidad del alma humana.

La Biblia forma una unidad, un todo armónico. Esto significa que todo texto debe interpretarse a la luz de su correspondiente contexto. Es por eso que en aras de verdades tan trascendentales no podemos dejar de tener en cuenta que «un texto sin el contexto llega a ser un pretexto». Tomando aisladamente ciertos pasajes bíblicos es fácil llegar a ver en ellos cualquier tipo de doctrina que nosotros hayamos imaginado. Como dice T. Watson: «El diamante no puede tallarse a no ser con otro diamante. De la misma manera nadie puede interpretar la Biblia a no ser con la Biblia misma». Hay dos modos de leer y estudiar la Biblia: hacer hablar a la Biblia o dejando que la Biblia hable por sí sola. Este último método es el mejor, y lo recomiendo a mis lectores.

Antes de considerar los argumentos que nuestro oponente presenta, procedamos a aclarar algunos conceptos. De la narración del Paraíso (Gn 2) resulta que Dios concedió al primer hombre la inmortalidad, pero que este, por su pecado, la perdió para sí mismo y para su descendencia (Rm 5:12 y 1 Co 15:21). Y si bien es cierto que los judíos creían firmemente en la supervivencia del alma, también es verdad que Dios no había revelado todavía en el Antiguo Testamento la *naturaleza* de esa supervivencia. Los israelitas no creyeron nunca que el hombre cesara de existir con la muerte. Sin embargo, en las Escrituras, las palabras «alma» y «espíritu» no tienen un sentido uniforme.

La palabra hebrea para «alma» es «nephes», que viene de la raíz «nfs», soplo, hálito, aliento. Este término designa un conjunto psicofísico correspondiente a lo que nosotros entendemos por ser vivo y sus diferentes formas de expresión. Aun cuando «nephes» es la vida que tiende a manifestarse de una forma concreta, se le atribuyen no solamente los procesos físicos del ser viviente, sino también los fisiológicos, psíquicos y psicológicos. Se usa con los siguientes significados:

Garganta	Persona
Fauces	Hombre
Cuello	Sangre
Anhelo	Muerto
Vida	Pronombre (personal o reflexivo)
Ser viviente	
Animal	ALMA

En griego el vocablo «nephes» se vierte por «psiké», que viene de «psíko», «soplar», «tomar aliento», y significa «principio de vida», sede de los pensamientos y sensaciones. Por eso, como ALMA describe al hombre interior, constituye la sede de la naturaleza emocional, es el asiento de los afectos, deseos, emociones y de la voluntad activa: el Yo. De ahí que según vemos en Apocalipsis 6:9-11, el hombre salvo conserva los rasgos de su personalidad en el Cielo, pues «psikás» expresa sentimientos. El alma es, por tanto, lo que nos hace conscientes de nosotros mismos: Sal 42:5-6, Mt 11:29, Jn 12:27.

La palabra hebrea para «espíritu» es «ruah»; en griego es «pneuma». Ambos términos significan originariamente «aire en movimiento», «aliento» o «viento». El aliento es señal de vida; de ahí que «ruah» se considere como principio de la misma vida. El «ruah» es, pues, la vida en su aspecto interior y oculto, y como asiento de los sentimientos y pensamientos corresponde más a lo que nosotros entendemos por alma. Estos vocablos, «ruah» y «pneuma», se usan también atribuyéndoseles diversos significados:

Viento	Ánimo
Aliento	Fuerza de voluntad
Fuerza vital	Virtud divina
Poder	ESPÍRITU

Ahora bien, en calidad de ESPÍRITU describe al hombre interior, constituye la sede del ser intelectual, es la parte de nuestra personalidad que nos permite conocer nuestra mente y nos relaciona con la creación espiritual: nos hace conscientes de Dios y de comunicarnos con Él: Gn 1:2; 41:8, Jb 32:8, Sal 18:21, Pr 20:27, Ecl 12:7, Mt 3:16, Jn 3:8, 1 Co 2:11; 5:5.

Para el creyente no es un problema aceptar la inmortalidad del alma, porque sabemos que la existencia de los seres es posible aparte de un organismo físico. Dios, los ángeles, los demonios, existen sin tener físicamente un cuerpo. Las Sagradas Escrituras establecen una clara distinción en el hombre entre el cuerpo y su alma, y enseñan que esta existe aparte de aquel. Puede comprobarse nuestra afirmación en los siguientes textos: Sal 16:10; 103:2, Mt 10:28, 2 Co 5:1-8, Flp 1:23, 2 P 1:13-14.

Es evidente que entre el hombre y los demás animales hay un abismo de diferencia. Suponemos que el lector es suficientemente inteligente para no compartir el mal gusto revelado por el autor de un folletito titulado «Esperanza para los muertos» (editado por la Sociedad de los «Testigos de Jehová»). En este folleto aparece la figura de un hombre con la de un asno a su derecha y un buey y una oveja a su izquierda; debajo, dos palabras: «Almas vivientes». La posición de ese hombre con sus manos sobre el lomo de los dos cuadrúpedos mayores y el título del grabado casi sugieren la idea de que las cuatro «almas vivientes» pacen en el mismo prado.

En el referido folletito se establece una igualdad de naturaleza entre el alma humana y el alma de los brutos, basándose en Génesis 2:7, donde se afirma que «fue el hombre un alma viviente», y Génesis 1:20-24, donde se presenta a los animales inferiores como provistos también de «ánima viviente». Solo el desconocimiento de las acepciones gramaticales de una lengua y la carencia de discernimiento filológico pueden conducir a conclusiones tan disparatadas y anticientíficas.

Habiendo visto los diferentes sentidos que «nephes» (o «psiké») y «ruah» (o «pneuma») pueden expresar, según el contexto escritural en que se hallen, pasemos ahora a estudiar —a la luz de la misma Biblia— las objeciones que nuestro comunicante nos presentó a través de quince argumentos.

• *Primer argumento.* «En Génesis 2:7 dice: "Y formó al hombre del polvo de la tierra, y sopló en sus narices aliento de vida, y el hombre *vino a ser alma viviente"* (Versión Moderna). Note usted que el hombre vino a ser alma viviente. Al decir que *vino a ser* alma viviente, descarta la idea de que vino a *tener* alma viviente».

Aquí la palabra «nephes» no se refiere al alma como tal, sino al hombre completo como *persona*. En efecto, en la lengua hebrea y en el griego antiguo no existía un término que verdaderamente corresponda a nuestra palabra «persona». Tanto en el Antiguo como en el Nuevo Testamento, si se quería hablar de una *«persona»*, se tenía que decir: «un hombre», o «un nombre», o «una cara», o «un ALMA». En Génesis 46:26 vemos también que la palabra «persona» es la traducción del término hebreo «alma»: «nephes». De ahí que nuestra versión Reina-Valera de 1960 traduce correctamente: «… y fue el hombre un *ser* viviente».

Por otra parte, notemos que para el hombre, y solamente para el hombre, Dios se tomó el trabajo de intervenir especialmente e infundir directamente Él mismo *«un hálito de vida»*. Evidentemente esto equivale a insinuar que el hombre tiene algo más que los animales, un principio espiritual como su Creador: el alma. Por esto, la idea que expresa el original hebreo es que en virtud del poder creador de Dios el hombre vino a ser una *«especie con alma viviente»*. Literalmente, se lee en el texto hebreo:

Va-yitser	YHWH	Elohim
Y formó	Jehová	Dioses
et-haadam	aphar	min-ha-adamah
al hombre	polvo	de la tierra
va-yi-phaj	be-ah-phav	neshemats
y Él sopló	en sus narices	aliento
chayyim	va-yehit	ha-adam
de vidas	y llegó a ser	el hombre
le-nephesh	chayyah	
un alma (ser)	viviente	

(Bernardo Castex C. en "Estudiando la Biblia con los Originales Hebreo y Griego").

• *Segundo argumento.* «En Génesis 1:20-21 se muestra que los animales son almas ("almas vivientes"). Sería, pues, absurdo pensar que los animales tengan alma inmortal, ¿verdad?… En el Antiguo Testamento se traduce la palabra "nephes" (alma) como 700 veces, y en el Nuevo Testamento se traduce la palabra "psiké" como 100 veces, y sin embargo NI UNA sola vez da la idea de inmortalidad».

Y seguidamente nuestro objetante pasa a oponernos los siguientes textos como ejemplos de sus afirmaciones:

«En Génesis 1:20-24 se llama almas o "ánimas vivientes" a todos los animales (Gn 9:9-10)».

Ya hemos visto que la palabra «alma» no tiene un sentido uniforme, sino que tiene más de un significado según el contexto que enmarca dicho término. Recuérdese: texto sin su contexto hace un pretexto. Es verdad que tanto al hombre como a los animales se les aplica la palabra hebrea «nephes», correspondiente a la griega «psiké», «alma»; porque el hombre posee en común con los brutos esa «nephes», «psiké» o alma, *que es centro de la vida sensorial*. Pero no debemos omitir el contexto correspondiente, Génesis 1:26-27: «Entonces dijo Dios: "Hagamos al hombre a nuestra imagen, conforme a nuestra semejanza…". Y creó Dios al hombre a su imagen, a imagen de Dios lo creó».

Esta imagen de Dios le daba al hombre una naturaleza espiritual de la que carecían los brutos, para que pudiera vivir en comunión con su Creador; le dotaba de inteligencia, sentimientos morales y voluntad; le hacía «un poco menor que los ángeles» (Sal 8:5), menor quizá tan solo por las limitaciones que le imponía su cuerpo físico. Dios, al imprimir su imagen en el hombre, ¿no impartiría a su espíritu la cualidad de inmortal? Téngase en cuenta que Dios es Espíritu (Jn 4:24) y como tal tiene inmortalidad por Sí mismo. El pecado, con todas sus consecuencias, incluida la muerte, pudo desfigurar y contaminar la imagen divina en el hombre, pero *no deshacerla*. Por eso, el alma espiritual del hombre puede ser inmortal sin que lo sea el alma animal de los irracionales.

«En Deuteronomio 12:23 se llama alma a la SANGRE de los animales».

Aquí la palabra «nephes», «alma», aplicada a la sangre, es sinónimo de *«vida»*; pero designa la vida desde el punto de vista fisiológico. En el Antiguo Testamento, la sangre es llamada «alma» porque fisiológicamente es el asiento de la vida. Por eso en Levítico 17:14 se dice que «la vida ("nephes": alma) de toda carne es su sangre». Alma = vida. Y nótese cuán clara es la expresión: «la *vida* de toda CARNE», no la vida del alma espiritual; es decir, se refiere a la vida fisiológica de los seres vivientes. En este sentido ciertamente la sangre es la vida.

«En el Salmo 57:6 se les llama alma a las emociones o sentimientos: "Se ha abatido mi alma"».

Es evidente que el salmista se está refiriendo a la personalidad anímica del hombre, la cual forma parte del hombre interior (Rm 7:22, 2 Co 4:16); se trata del alma como asiento de las sensaciones y sede de la naturaleza afectiva y emocional del hombre.

«Génesis 12:5 habla de las almas que estaban con Abraham».

Es obvio que quiere decir *«personas»*. Se entiende que se trata de una sinécdoque: figura retórica que se usa para designar un todo nombrando solamente una parte. Como por ejemplo: «Aquel redil contenía mil cabezas de ganado». A nadie se le ocurriría imaginarse que mil cabezas estaban flotando separadas de sus respectivos cuerpos. O como cuando solemos decir: «Aquel pueblo tenía cincuenta mil almas», refiriéndonos a las personas que lo habitan.

«En Mateo 6:25 se traduce "psiké" (alma) como vida».

Naturalmente, porque ya hemos dicho que este es uno de los significados que tiene el vocablo en cuestión. Como sede y acto de impresiones y situaciones anímicas, el alma es la vida.

«En Mateo 10:28 se traduce "psiké" por alma».

Aquí sí que este vocablo se refiere a la parte espiritual del hombre que coexiste con el cuerpo mientras reside en él, pues ya dijimos que «psiké» expresa también sentimientos y por tanto los rasgos de la personalidad espiritual. Efectivamente, aquí no es posible dar a la palabra «alma» simplemente el significado de vida, principio vital, o alma animal o sensitiva. Porque si el hombre no tuviese un alma inmortal, el que matase al cuerpo mataría también al alma, y por tanto no sería posible hacer la distinción que hace Cristo entre el cuerpo, que se puede matar, y el alma humana racional, que no se puede matar.

Asimismo aclararé por añadidura que el término «destruir», en griego «apolesai», tiene igualmente el sentido de «perder». (Véase el uso de la misma palabra en Lc 15:4-6-8-9-24, por ejemplo). Por otra parte, destruir no quiere decir aniquilar, sino hacer inservible una cosa. Un vaso que está roto, pongamos por caso, ha sido destruido, o sea, está inutilizable; pero no aniquilado, por cuanto sus pedazos no han desaparecido, sino que siguen existiendo.[9]

«En Hechos 27:37 se traduce "psiké" como persona».

Naturalmente, porque ya se explicó que alma, en una de sus acepciones, es sinónimo de persona. Recuérdese lo que se dijo del uso de la sinécdoque en ciertas expresiones literarias.

No olvidemos que también dijimos que «alma» se emplea en el lenguaje hebreo o griego para indicar afectos y emociones personales, lo cual corresponde a la idea de corazón considerándolo retóricamente como sede o centro de los sentimientos.

• *Tercer argumento.* «Ezequiel 18:4 muestra, sin dudas, que el alma es MORTAL»: «He aquí que todas las almas son mías; como el alma del padre, así el alma del hijo es mía; el alma que pecare, esa morirá».

Evidentemente este texto se refiere a personas, designándolas como almas (sinécdoque). Y, efectivamente, como «la paga del pecado es muerte» (Rm 6:23), todos estamos abocados a esta sentencia de muerte física,

9. *Nota del autor.* Asimismo, tampoco necesariamente significa «aniquilar» las expresiones bíblicas siguientes: *a)* Perecer: Lc 15:17; 2 P 3:6; *b)* Consumir: Sal 31:10; Jn 2:17; *c)* Y la ya indicada palabra, «destruir»: Sal 78:45; Hb 2:14; literalmente, «hacer sin poder» o «la tornó impotente».

porque la muerte es consecuencia del pecado (Rm 5:12). Pero sin duda las palabras de Ezequiel hablan de muerte espiritual en el sentido de *separación*, no de dejar de ser. Con esta significación, muerte se convierte en sinónimo de cese de relación con el medio ambiente.

Es así, por tanto, que vemos que Efesios 2:1-2 se aplica a todo hombre sin Cristo. Cuando un hombre ha muerto, no ha desaparecido su cuerpo. Es su alma la que está ausente. Y es por esto que a la luz de Génesis 2:17 entendemos que Adán y Eva murieron espiritualmente. Comieron del fruto prohibido y quedaron en el mundo; pero ya no hubo la misma relación con el medio ambiente: esta cesó. Ellos vivían inmersos en la atmósfera de Dios. Pero después de la caída ya no tuvieron comunión con Dios ni la misma relación con Él. Así los hombres, por el pecado, están desconectados de Dios por naturaleza. Por eso se nos dice que el hijo pródigo estaba «muerto» en aquel país lejano, o sea, *separado* de su padre (Lc 15:24).

«Santiago 5:20 muestra que si convertimos al pecador, se podrá salvar su alma de la *Muerte*. Si las almas fueran inmortales, ¿por qué tendríamos que salvarla de la muerte?».

El texto griego dice literalmente: «sosei psikén *ek* thanatou»: «salvará (un) alma *de* muerte». Pero la partícula «*ek*» significa: DESDE DE, FUERA DE, DE ENTRE (o sea, que la idea es de algo que está dentro sacarlo hacia afuera). Y es que por naturaleza todos estamos *ahora* muertos para Dios, pues por el pecado nacemos *ya* en muerte espiritual (Sal 51:5), es decir, en estado de condenación (Jn 3:18-36). De ahí que debemos ser sacados fuera de esta situación de perdición. Por lo tanto, convertir un alma que para Dios ya está muerta ahora espiritualmente, implica sacarla fuera de ese estado de muerte espiritual en que se halla y salvarla así de la muerte eterna.

«Apocalipsis 16:3: en la segunda plaga la muerte de almas es anunciada».

¿De qué «almas» se habla aquí? De las que viven en el mar. Luego, «psiké» tiene que ver en este pasaje con los seres vivos o animales que constituyen la fauna de las aguas oceánicas.

«Mateo 26:38: Jesucristo mismo dijo que su alma estaba triste hasta la MUERTE».

Es evidente que el Señor está expresando aquí la reacción emocional de su personalidad anímica, su Yo psíquico, ante las dramáticas circunstancias que se avecinaban. Ahora que Jesús está solo con sus tres discípulos más íntimos, les participa con confianza su tensión interior. Es en su *alma* donde sufre, su dolor es exclusivamente moral; y su *tristeza* es tan profunda que va *hasta la muerte*, es decir, que Él experimenta el dolor y la angustia del que lucha con la muerte en agonía de espíritu (Lc 22:44).

«Isaías 53:12 anunciaba que Jesús derramaría su alma hasta la muerte. Si las almas fueran inmortales, ¿por qué Jesús la derramó hasta la muerte?».

En este texto, al igual que en muchos otros, alma es sinónimo de vida. Por esto nuestra versión Reina-Valera traduce correctamente: «por cuanto derramó su *vida* hasta la muerte».

«En Josué 11:11 se muestra que las almas fueron heridas a filo de espada. ¿Puede acaso ser herida un alma inmortal?».

Naturalmente que no; pero una *persona* mortal, sí (sinécdoque): «Y mataron a espada todo cuanto en ella tenía *vida,* destruyéndolo por completo, sin quedar nada que respirase». Otra vez vuelve a usarse alma significando vida.

«En Números 11:6 se muestra que el alma se puede secar. ¿Puede acaso secarse un alma inmortal? Solo un cuerpo que tiene más del 60 % de agua puede secarse en la evaporación del cadáver».

Estamos de acuerdo. Pero, en primer lugar, «secar» aquí no se refiere al humor o jugo que se consume en los cuerpos, sino que significa fastidiar, aburrir. Por lo tanto, la expresión «alma» nada tiene que ver con el espíritu inmortal, sino que se refiere al sentido corporal del gusto. En efecto, los israelitas se sentían hastiados en su paladar por el sabor del monótono alimento diario. Nácar-Colunga traduce: «Ahora está al seco nuestro apetito, y no vemos sino el maná». En otras palabras, su paladar estaba cansado, harto de aquella comida, y se sentía desganado: «seco».

«En el Salmo 22:20, el salmista pide que se le libre de la espada su alma. ¿Puede un alma inmortal sufrir daño?».

Naturalmente que no; pero la vida humana y la persona, sí. Conforme al uso de la poesía hebraica es incuestionable que nos hallamos aquí ante un caso de paralelismo de ideas, y que por tanto el alma que se menciona en la primera línea expresa el mismo concepto de *vida* que el salmista alude en la segunda estrofa. La idea es: «Libra mi vida de la espada». O su persona, por sinécdoque.

«En Job 10:1 el patriarca declara que su alma está aburrida de la vida. ¿Cómo puede un alma inmortal estar aburrida de la vida que es inmortal? Es que se refiere a su PERSONA. Lo que él quiso decir es que su persona estaba aburrida de la vida».

Efectivamente, nuestro oponente ha dado con la clave. Ha hecho una correcta exégesis del texto, con lo cual no hace sino confirmar lo que venimos diciendo. Aunque por otra parte tampoco podemos descartar la posibilidad de que por extensión estas palabras puedan aplicarse también a la personalidad psíquica del Yo espiritual que constituye el hombre interior.

• *Cuarto argumento.* «La Biblia declara que solo quien tiene inmortalidad es Jehová Dios: 1 Timoteo 6:14-16. Señor Danyans, no negará usted la verdad bíblica de que solo Dios tiene inmortalidad; los que enseñan de que todo hombre tiene inmortalidad están contradiciendo a Dios, están tergiversando la verdad y se exponen al juicio de condenación».

Pues no; ni contradecimos a Dios, ni este texto afirma que solamente Él tiene inmortalidad. Porque si aquí se declara, como pretenden los «Testigos de Jehová», que solo Dios tiene inmortalidad en el sentido de que es el único Ser que en Espíritu posee vida inmortal, ¿significa esto que tampoco los ángeles son inmortales? Sabemos que los ángeles son espíritus también, y Cristo mismo enseñó con toda claridad que ellos no mueren (Lc 20:36). ¿Entonces?

Además, si los «Testigos» se empeñan en querer entender que en este texto se dice que únicamente Jehová Dios es inmortal en un sentido absoluto, están obligados a admitir que tampoco Cristo tiene vida inmortal, pues la expresión «el único que tiene inmortalidad», interpretada tal como ellos la entienden, excluiría también la inmortalidad de Jesucristo. Y, sin embargo, los mismos «Testigos de Jehová» afirman y enseñan que Cristo, habiendo «resucitado como espíritu», tiene vida inmortal.

Luego, ante el texto «el único que tiene inmortalidad», los «Testigos» tienen que reconocer que hay, por lo menos, dos seres que tienen inmortalidad: Dios y Cristo. Y ya no digamos de los ángeles. Estas palabras no niegan, pues, la inmortalidad o supervivencia del alma.

Este texto enseña que Dios es el único Ser que posee la inmortalidad en su propia *esencia;* ninguna criatura la tiene en sí misma. Y el Reverendo José E. Girón, en su libro *Los Testigos de Jehová y sus doctrinas*, nos hace ver que el contexto (v. 13) demuestra que la expresión «el único que tiene inmortalidad» también significa que solo Dios tiene inmortalidad en el sentido de ser el *único dueño* que la puede dispensar a sus hijos redimidos. Y siendo Él el único dueño de la inmortalidad, solo Él la puede dar a los suyos.

• *Quinto argumento.* «Romanos 2:7 dice: "… vida eterna a los que, perseverando en bien hacer, *buscan gloria y honra e inmortalidad"*. Examinemos este pasaje. San Pablo no creía tener un alma inmortal inherente. Él dijo que los creyentes buscan la INMORTALIDAD. Conclusión: Si una persona busca algo es que no lo posee o no lo tiene. Lógicamente entonces el creyente no tiene inmortalidad. Los incrédulos, con mayor razón, no la poseen».

Pero ¿de qué está hablando aquí el apóstol Pablo? Véase el contexto: «… el cual (Dios) pagará a cada uno conforme a sus obras» (v. 6). O sea, que el

Todopoderoso examina la conducta del hombre y juzgará en consecuencia. Aquí tenemos una nota de juicio individual. Y es entonces cuando en el v. 7 dice que el Señor dará vida eterna (vida sin fin: «zoen aionion») a los que buscan inmortalidad. ¿A qué inmortalidad se refiere, pues? ¿A la del alma? En absoluto. La palabra griega que se usa en este texto no es «athanasian», «inmortalidad»; el término que aparece en el original es «aphthartos»: IN-CORRUPCIÓN. Por lo tanto, el apóstol se está refiriendo a la inmortalidad *futura* del cuerpo, cuando *después* de la resurrección será transformado y hecho incorruptible. Obsérvese con cuanta claridad la Biblia afirma que lo que es mortal y necesita incorrupción es el cuerpo, no el alma (que ya hemos visto sobrevive al cuerpo cuando este muere): Rm 6:12; 8:11; 1 Co 5:1 al 8, y Flp 1:21-23.

Es interesante destacar, una vez más, la riqueza del griego de Pablo cuando en 2 Corintios 12:2-4 escribe refiriéndose a sí mismo: «Conozco a un hombre en Cristo que hace catorce años —si EN («*en*»: dentro) el cuerpo, no lo sé; si FUERA («*ektos*»: fuera de, lejos de, más allá de) del cuerpo, no lo sé; Dios lo sabe— fue ARREBATADO («*arpagenta*»: cogido, tomado, llevado rápidamente; véase la misma palabra en 1 Tesalonicenses 4:17) hasta el tercer cielo. Y conozco al tal hombre —si EN («*en*»: dentro) el cuerpo, o FUERA («*joris*»: separadamente de, por separado, por su cuenta, aparte) del cuerpo, no lo sé; Dios lo sabe— que fue ARREBATADO («*erpage*»: arrastrado para ser metido o introducido; pero con la misma idea de rapidez) AL («*eis*»: hacia, de fuera adentro) paraíso, donde oyó palabras inefables que no le es dado al hombre expresar». ¡El alma espiritual puede abandonar el cuerpo físico!

2
Réplica abierta a los argumentos de un ex «Testigo de Jehová» (continuación)

• *Sexto argumento.* «La mentira del diablo es que "seréis inmortales", pronunciado en el jardín edénico a los primeros hombres. Satanás engañó al decir: "No moriréis... seréis como Dios", es decir, inmortales. El hombre no se resigna a morir, quiere buscar una idea o doctrina que los consuele».

En primer lugar debemos aclarar que el hombre no cree en la inmortalidad porque pueda ser demostrada, sino que trata de demostrarla porque no puede por menos que creer en ella. No se cree en la supervivencia del alma porque el diablo la haya inculcado, sino porque tal idea es algo innato en la mente humana, debido a que el hombre ha sido hecho a imagen y semejanza de Aquel que tiene inmortalidad por Sí mismo.

Pero los «Testigos de Jehová» están tan imbuidos de los productos doctrinales manufacturados por la Sociedad del Nuevo Mundo que se acercan a la Biblia cargados de prejuicios dogmáticos y ya no saben ni leer. ¿De dónde han sacado los «Testigos» ese falaz argumento? Sin duda de las mangas taumatúrgicas de Satanás.

Génesis 2:17 dice: «Mas del árbol de la ciencia del bien y del mal no comerás; porque el día que de él comieres, ciertamente morirás». Literalmente, según el hebreo: «muriendo morirás». La muerte sería el castigo de la desobediencia. Primeramente el pecado introdujo la muerte espiritual (*separación* de Dios); luego, como consecuencia, sobrevino la muerte física (*separación* del cuerpo): Romanos 5:12. Ahora bien, este texto de Génesis precisamente enseña que el hombre fue creado originalmente inmortal de cuerpo y alma, y que de no haber caído en transgresión habría vivido eternamente. Dios le advirtió que si desobedecía, perdería la vida inmortal que tenía y que Él le había otorgado al crearle a su imagen y semejanza. Por lo tanto, el diablo, al decirle a Adán: «No moriréis», no podía estar inventando una creencia religiosa prometiendo al hombre una falsa supervivencia de alma, puesto que este ya tenía la inmortalidad física y espiritual por naturaleza. ¿Qué falta le hacía a Adán que se le inculcara una inmortalidad de espíritu, si ya sabía que había sido creado para no morir jamás? Lo que Satanás estaba haciendo era *negar* que se cumpliría la sentencia de Dios para hacer creer al hombre que Dios le había engañado, a fin de que dudara de la bondad de su Creador por haberle impuesto aquella prohibición y hacerle desconfiar de Él.

• *Séptimo argumento.* «La Biblia enseña que la muerte es un sueño. Usted lo habrá oído muchas veces, tal vez no le gusta aceptar este hecho bíblico; pero le voy a mostrar los pasajes para que reflexione nuevamente. Génesis 47:30; Dt 31:16; 1 Re 2:10; 11:43; 22:40; 2 Cr 32:33; Mt 9:24; 27:52-53; Jn 5:28-29; 11:11-14; Hch 7:60; 1 Ts 4:13».

Es cierto que estos y otros textos de la Biblia hablan de la muerte bajo la figura de un sueño, pero esto no prueba la inconsciencia del alma después de la muerte, porque muchas veces cuando dormimos no estamos inconscientes: *soñamos* y experimentamos sensaciones bien conscientes. Sin embargo, debemos notar que la expresión «dormir en el Señor», refiriéndose a la muerte, *se aplica siempre al cuerpo,* pero NUNCA A LA PARTE ESPIRITUAL Y CONSCIENTE DE NUESTRO SER. Que esto es así lo demuestra, por ejemplo, el caso de Esteban, en donde, al lado de la frase «durmió en el Señor», oímos al propio mártir exclamar: «Señor Jesús, RECIBE MI ESPÍRITU». Bien claramente prueban estas palabras que lo que duerme no es el espíritu, sino el cuerpo; en cambio, el espíritu, desatado de su envoltura carnal, parte inmediatamente a la presencia del Señor para vivir en el Cielo, donde continuará existiendo en su personalidad espiritual, hasta que tenga lugar la resurrección de su cuerpo mortal. Es interesante al respecto constatar que en una paráfrasis aramea del texto de Eclesiastés 12:7, se lee: «Y el espíritu vuelve a Dios para esperar el día del juicio ante la presencia de su Creador». No menos elocuente es la expresión que aparece en Hechos 8:1 sobre la muerte de Esteban: «Y Saulo consentía en su muerte». Aquí la palabra «muerte» es el término griego «anairesis», que significa: *elevación, alzamiento.* Sin duda se refiere a la partida del espíritu.

Hay otro detalle que tampoco podemos pasar por alto. Se trata de que en relación con algunos de los personajes del Antiguo Testamento se dice que «fue unido a su pueblo» o «fue reunido con sus padres». Y estas expresiones son muy significativas. Veamos por qué.

En Génesis 25:8-9, leemos: «Y exhaló el espíritu, y murió Abraham en buena vejez, anciano y lleno de años, *y fue unido a su pueblo.* Y lo sepultaron Isaac e Ismael, sus hijos, en la cueva de Macpela, en la heredad de Efrón, hijo de Zohar heteo, que está enfrente de Mamre». Ahora bien, notemos dos cosas interesantes aquí: primeramente se dice que Abraham, al morir, FUE UNIDO A SU PUEBLO; y luego se hace constar que su cuerpo recibió sepultura en la cueva de Macpela. Este es el orden de ambos acontecimientos, siendo dos cosas distintas. Porque aquí la expresión «y fue unido a su pueblo» va más allá del sepulcro común de la humanidad, como pretenden limitarla los «Testigos de Jehová». En efecto, Abraham fue sepultado en la tierra de Canaán, pero sus antepasados lo fueron en Mesopotamia. POR LO TANTO, SE TRATA DE UNA REUNIÓN EN ALGÚN LUGAR DONDE EL ALMA SOBREVIVE A LA TUMBA.

Génesis 37:35 presenta otra evidencia de que el alma no duerme después de la muerte. Se dice de José: «Y se levantaron todos sus hijos y todas sus hijas para consolarlo; mas él no quiso recibir consuelo, y dijo: *"Descenderé enlutado a mi hijo hasta el Sheol"*. Y lo lloró su padre». Aquí «*Sheol*» no tiene que ver con el sepulcro, sino con la morada invisible de las almas de los muertos. Efectivamente, lo que José pide sería imposible de realizar si no se refiriese a la supervivencia del espíritu de su hijo en el más allá, pues si José creía que el cuerpo de su hijo había sido devorado por una fiera, no habiendo podido ser colocado en un sepulcro, él sabía que nunca lo podría hallar en la tumba.

En Génesis 49:29 habla Jacob, diciendo: «*Yo voy a ser reunido con mi pueblo. Sepultadme con mis padres en la cueva que está en el campo de Efrón el heteo*». Ahora bien, Jacob añade que allí yacen sepultados otros componentes de su familia que a continuación menciona, y sin embargo habla de UNIRSE CON SU PUEBLO, lo que no sería posible si se refiriese a la cueva de Macpela, pues no todos los que formaban su pueblo, ni la gran mayoría de ellos, estaban en el lugar donde iba a ser depositado el cuerpo de Jacob.

En el v. 33 leemos: «Y cuando acabó Jacob de dar mandamientos a sus hijos, encogió sus pies en la cama, y expiró, *y fue reunido con sus padres*». Notemos que la REUNIÓN tuvo lugar *inmediatamente* después de expirar. Sin embargo, sabemos que por cuarenta días el cuerpo de Jacob fue embalsamado y durante otros treinta días fue llorado en el país. Entonces José obtuvo permiso de Faraón, hicieron la peregrinación a Canaán y otra vez le lamentaron por siete días, para después sepultarle en la cueva de Macpela, sepultura de sus padres. Es evidente, por tanto, que la reunión de Jacob con su pueblo tiene que ver con una reunión de almas en el otro mundo, y no de cuerpos en una sepultura.

Sigue diciendo nuestro opositor: «David murió y fue sepultado, y su sepulcro está con nosotros hasta el día de hoy… PORQUE DAVID NO SUBIÓ A LOS CIELOS…» (Hch 2:29-34). Note usted el hecho de que David murió (durmió), y que él no SUBIÓ al cielo, sino que sigue enterrado y en profundo sueño hasta que el Señor lo llame. David no tenía alma inmortal, de lo contrario él hubiera ido al cielo hasta el día de hoy.

En verdad es impresionante y triste ver que los «Testigos de Jehová» razonan como robots (acépteseme la figura para ilustrar su esclavitud mental), en el sentido de que van repitiendo maquinalmente los argumentos que les programan desde la sede de Brocklyn, siendo incapaces de examinar por sí mismos lo que realmente dice un pasaje bíblico, pues hasta les han atrofiado el arte de poder leer correctamente. Y lo que es peor: cuando citan un texto, lo citan mutilado, ya que incluso nuestro oponente ha omitido el interesantísimo contexto al mencionarnos este pasaje en su carta. Invitamos, por tanto, al lector a que lea Hechos 2:25 al 35. Recuérdese que, según dije antes, la mejor manera de leer la Biblia es dejar que ella hable por sí sola, cada texto interpretándolo a la luz de su propio contexto, y no haciéndola hablar.

Pero ¿de verdad dice Hechos 2:34 que David no está *actualmente* en el Cielo? ¿De qué se habla aquí? Se está haciendo una referencia a un Salmo mesiánico: se cita el Salmo 110:1, escrito por David, que habla de Cristo. ¿Y qué dice *exactamente* este versículo de Hechos? ¿Dice acaso: «David NO HA SUBIDO al Cielo»? No. Yo leo: «Porque David no *subió* a los cielos; PERO él mismo dice…». ¿CUÁNDO no *subió* a los cielos? CUANDO ESTANDO VIVO, DAVID PRONUNCIABA ESTAS PALABRAS AL ESCRIBIR SU PROFÉTICO SALMO. Por lo tanto, el argumento del apóstol Pedro es clarísimo: David NO SUBIÓ AL CIELO PARA PODER SABER ESTA PROFECÍA MESIÁNICA y escribirla por sí mismo; de ahí que no habla de sí mismo cuando declara que Dios ha dicho de su Señor y Mesías: «Siéntate a mi diestra». David no subió al Cielo para conocer esto, y sin embargo lo escribe.

Otra evidencia de que el alma humana sobrevive después de la muerte, nos la da también David en 2 Samuel 12:23: «Mas ahora que ha muerto, ¿para qué he de ayunar? ¿Podré yo *hacerle volver*? YO VOY A ÉL, mas él no volverá a mí». En efecto, es evidente que David no estaba pensando en la tumba, porque el sepulcro no es el lugar de reunión, allí solo hay polvo y cenizas. Esta expresión del rey judío indica claramente que consideraba a su hijo como vivo en espíritu y que algún día David estaría también allí con él.

Asimismo es también falso eso de que, al morir, David durmió y sigue actualmente sumido en un estado de profundo sueño (por lo menos en lo que a su alma se refiere). Hechos 2:26-27 establece una clara distinción entre el lugar adonde va el cuerpo y el lugar adonde va el alma, aun cuando la alusión sea a Cristo, pues en realidad aquí se mencionan *dos lugares distintos*. «Y aun mi *carne* («sarx») DESCANSARÁ en esperanza… Ni permitirás que tu Santo vea *corrupción* («diaphthoran»)». ¿Qué es la carne aquí? Sin duda el cuerpo. ¿Qué es lo que se dice que DESCANSA? La carne (el cuerpo), no el alma. ¿Qué es lo que se corrompe después de muerto? El cuerpo (la carne). Por lo tanto, ¿a dónde va a parar el cuerpo? ¿Dónde reposan los cuerpos de los muertos? Conclusión: al y en el SEPULCRO («mnemeion»).

Notemos ahora lo que se dice después: «Porque no dejarás mi alma ("psikén") en el "Hades"». El alma no es el cuerpo. Y claramente se indica que el alma va a otro lugar. El texto no menciona para nada el sepulcro («mnemeion» con respecto al alma). ¿Qué es lo que la Biblia dice que parte del cuerpo cuando el hombre muere? El alma (Gn *35:18*) o espíritu (Gn 35:29; Hch 7:59). ¿Y qué sucede entonces con el alma espiritual? VUELVE

A DIOS, no queda en el sepulcro: Eclesiastés 12:7. ¿Dónde está Dios? En el CIELO: Hechos 7:55-56. ¿A dónde va, pues, el alma? Conclusión: al «HADES» o «SHEOL»: el mundo de los muertos, la morada de los espíritus: que para los redimidos es el Cielo y para los impíos es el Infierno: Apocalipsis 6:9-11; 20:13-15; 21:8. Del mismo modo, el alma del Mesías profetizado en el Salmo de David pasó al «Hades» o Cielo (Lc 23:43-46; Jn 19:30; 2 Co 12:2-4). Pero como sabemos su alma no fue dejada en el mundo de los espíritus, ni su cuerpo vio corrupción en la sepultura.

La verdad bíblica de que el cuerpo y el alma van a lugares distintos, la vemos también confirmada por el propio Jesús en Lucas 16:22-25, donde se hace referencia a la sepultura del cuerpo, pero sin embargo se indica que los protagonistas de la historia pasan al «Hades» (o «Sheol») en un estado de plena consciencia espiritual, a pesar de que en el relato aparezcan algunas expresiones simbólicas siguiendo el estilo metafórico y pintoresco de los orientales. Creo que el asunto no puede estar más claro.

«Notemos que el Señor Jesucristo enseñó que nadie había ascendido al cielo, sino solo Él: "Nadie subió al cielo, sino el que descendió del cielo; el Hijo del Hombre, que está en el cielo" (Jn 3:13)», argumenta por añadidura nuestro objetor para contrarrestarnos.

Lo dicho anteriormente, con todo respeto: los «Testigos» ya no saben ni leer. Uno, la verdad, se queda perplejo ante tales argumentos, porque no se puede negar que sorprenden esas salidas o vías de escape. A nuestros adversarios, en su ceguera espiritual, les ha pasado inadvertido un detalle interesantísimo. ¿Por qué dice el texto «subió» antes que «descendió»? Parece que lo más lógico hubiera sido invertir los términos. Pues aquí está precisamente la clave del asunto en conexión con el contexto. El contexto aclara la cuestión. Léanse los vs. 11 y 12. Y a la luz de ellos se nos enseña que nadie puede revelar las cosas celestiales de Dios, excepto el Hijo del Hombre. ¿Por qué? El sentido es este: NADIE SUBIÓ AL CIELO PARA AVERIGUAR ESTAS COSAS CELESTIALES, sino Aquel que pueda revelarlas y darlas a conocer, porque ha descendido del Cielo para manifestarlas y hacerlas saber.

Efectivamente, el perfecto conocimiento de Dios no se consigue subiendo el hombre desde la tierra al Cielo para recibirlo, pues ningún hombre ha ascendido jamás allí para averiguar las cosas de Dios, sino solamente Aquel cuya morada propia, en su naturaleza esencial y eterna, es el Cielo, y tomando naturaleza humana descendió un día a esta tierra como el Hijo del Hombre, para hacer conocer tales cosas. Por lo tanto, lo que aquí se dice es que nadie subió al Cielo, ni ha podido traer de allá la verdad divina. Solamente se exceptúa al que por su encarnación descendió del Cielo, y ha llegado a ser así el Hijo del Hombre. Él solo puede enseñarnos las cosas celestiales que debemos creer; pues no solamente ha venido del Cielo, sino que por su comunión íntima e indisoluble con Dios *está en el Cielo*.

«San Pablo dijo: "Por lo demás, me está guardada la corona *('stephanos')* de justicia, la cual me dará el Señor, juez justo, en aquel día; y no solo a mí, sino también a todos los que aman su venida *('epiphaneian')"* (2 Tm 4:8). San Pablo estaba seguro que recibiría su galardón cuando Jesús retorne por segunda vez; por eso Pablo amaba su aparición. Pablo está durmiendo y esperando la VOZ de Cristo para recibir el galardón, y no antes (Jn 5:28-29)», se nos dice ahora en la aludida carta, a la que estamos replicando amistosamente.

Lea el lector el contexto de este texto: los vs. 6 y 7, y comprobará por sí mismo que el apóstol se está refiriendo aquí al galardón que los creyentes recibiremos del Señor *después* de la resurrección de nuestros cuerpos. Notemos que Pablo mira su estado en un aspecto triple: «He peleado» (el pasado); «me está guardada» (el presente inmediato); «me dará el Señor en aquel día» (el futuro). Por eso al transcribir el pasaje de 2 Timoteo 4:8, me he permitido añadir entre paréntesis dos palabras claves que aparecen en el original griego. En la Biblia se mencionan varias coronas simbólicas. Pero aquí nuestro apóstol no dice «diadema», sino «guirnalda», que era el premio que solía entregarse en los juegos griegos nacionales al competidor que salía vencedor en la lucha romana, en la carrera pedreste, etc. Y esta será la corona que, simbólicamente, recibiremos los cristianos cuando el Señor vuelva y resucitemos: una corona que consiste en la justicia como recompensa. Acontecimiento glorioso que tendrá lugar el día que Cristo aparezca (Epifanía) y los cuerpos de los muertos que yacen descansando en los sepulcros despierten de su estado de dormición física al oír la voz del Señor. Sin embargo, es interesante observar una vez más al respecto que la muerte no quita su personalidad a los que se lleva a su reino: Lázaro de Betania, por ejemplo, continuaba siendo Lázaro en el más allá (véase Jn 11:43). De ahí que en el Cielo ya hay ahora seres con personalidad espiritual coronados también simbólicamente (*«stephanous»*: Ap 4:4-10). Sin duda, la figura expresa la victoria de la Iglesia triunfante que está en el Cielo, representada metafóricamente en este pasaje apocalíptico por los veinticuatro ancianos y sus coronas de oro.

Y se nos sigue objetando: «San Pablo dijo que morir era ganancia, pues aseguraba su galardón; en vida él sufría, estaba expuesto al pecado, al error; él estaba atento al dicho de Jesús que decía: "Mas el que persevere hasta el fin (muerte), este será salvo" (Mt 24:13). Usted, señor Danyans, quisiera morir ahora, pues tal vez aseguraría su salvación, pues quién sabe cuál será nuestra línea en el futuro. El morir para Pablo no significaba ir al cielo inmediatamente, pues contradice los pasajes antes expuestos».

Pues no, ya habrán visto que no hay tal contradicción; la discrepancia está en la interpretación equivocada que dan los «Testigos». No obstante, quiero aclarar ante todo que Mateo 24 contiene el sermón profético de Jesús y nos describe el período de la gran tribulación que sufrirá el mundo en tiempos del Anticristo, incluyendo la cruenta persecución que ese futuro gran Dictador mundial desencadenará contra Israel. El v. 13 (léase a la luz del contexto) apunta precisamente a los mártires judíos de esa época. Por lo tanto, ese «soportar hasta el final» tiene que ver con los terribles acontecimientos que se describen en el contexto y se refiere a la resistencia ante esa prueba y ser librados de sus consecuencias. Estas palabras no tienen nada que ver con la salvación del alma, sino con el preservar la vida en medio de tan espantosos eventos y salvarla. Pero aun suponiendo que el pasaje en cuestión se aplicara por extensión a los creyentes en un sentido general, perseverar hasta el fin de la prueba implicaría que este es el único medio de ser salvado, porque ese soportar hasta el final es una evidencia propia de la solidez y realidad de la verdadera fe, que por ser genuina es perseverante.

En relación con lo que se nos dice de Pablo, que el morir para nuestro apóstol no significaba ir al Cielo inmediatamente, esto es otro error de falsa interpretación. Filipenses 1:23 es harto convincente al respecto: Pablo sabía positivamente que partir del cuerpo implicaba pasar a la presencia de Cristo en seguida, sin intervalos. El original griego no puede ser más enfático gramaticalmente: «to *analusai* kai sun Xristo einai»: «el ser *soltado* y con Cristo estar». Y como muy bien nos hace ver el reverendo William Barclay, en su Comentario del Nuevo Testamento, la palabra «analusai», «desatado», tiene tres matices interesantísimos que despejan toda duda referente a la cuestión que nos ocupa.

a) Es la palabra que se usa para expresar la idea de levantar campamento, desatar las cuerdas de las tiendas, sacar las estacas y *proseguir la marcha,* describiendo la acción de un grupo de soldados desbaratando sus tiendas de campaña después de haber acampado en cierto lugar. Así, la muerte, para Pablo, *es un ponerse en marcha,* un remover la tienda terrenal para cambiarla por otra residencia permanente y plantarla en el mundo de la gloriosa presencia de Cristo.

b) Es también el término que se usa para soltar amarras, levar anclas y *hacerse a la mar.* Por tanto, esto significa que para el apóstol morir es ser soltados de las amarras del cuerpo, un hacerse a la mar, lanzarse a lo profundo, *emprender ese viaje* hacia el puerto eterno y hacia Dios.

c) Es el vocablo que se aplica a la solución de los problemas. La muerte, para Pablo, trae las soluciones de la vida: *hay un lugar inmediato* en que todas las preguntas de la tierra recibirán respuesta.

Los creyentes sabemos, pues, ya ahora, cuál será nuestra línea en el futuro. Como Pablo, creemos en la supervivencia del alma. De ahí que la expresión «dormir» en la Biblia es siempre símbolo del descanso del cuerpo, porque la muerte física es como un sueño, del cual despertará un día nuestro cuerpo cuando tenga lugar la resurrección del mismo; jamás esta palabra de «*dormir*» se aplica al espíritu.

Y sigue argumentando nuestro adversario: «INFIERNO: viene de cinco sustantivos: SHEOL, ABADDON, HADES, GEHENNA y TARTAROO. Se traducen:

Sepulcro:	33	veces
Sepultura:	12	»
Infierno:	33	»
Profundo:	3	»
Abismo:	3	»
Huesa:	2	»
Fosa:	2	»
Hoyo:	1	vez
Perdición:	2	veces
Gehenna:	4	»
Total:	95	veces».

De este importante asunto me ocuparé ampliamente en el próximo capítulo. Pero puedo adelantar —y reiterar—, sin entrar en definiciones técnicas, que estos vocablos («Sheol» y «Hades») hablan de «lo no visto», un estado no visto con los ojos, es decir: la habitación de los espíritus incorpóreos, la morada invisible de los muertos. No tienen en la Biblia, empero, la idea pagana de un lugar de soñoliento olvido. Para los impíos es un lugar de pérdida y miseria; para los salvos, de gozo y felicidad. Podemos hablar, pues, con razón, del «Sheol» o «Hades» como la estancia de los muertos; para nosotros son muertos, aunque no han dejado de existir, y para Dios viven. El hecho de que ocasionalmente se usen dichas voces aplicándolas de modo convencional al sepulcro como acepción gramatical no contradice ni niega que en su estructura morfológica expresen el sentido de morada o mundo invisible de las almas de los difuntos. Porque los profetas hebreos, quienes creían en lo que enseñan las

Sagradas Escrituras, veían el «Sheol» como el lugar donde iba el espíritu de todos los que partían de esta vida.

• *Octavo argumento.* «El Señor Jesucristo fue al Infierno: "… viéndolo antes, habló de la resurrección de Cristo, que su alma no fue dejada en el infierno, ni su carne vio corrupción" (Hch 2:31). El Señor Jesucristo al morir fue al infierno, no para condenarse, pues no tenía pecado; Él fue al sepulcro, como dice la Biblia. Jesucristo fue al infierno, y usted, estimado señor, no puede refutar esta verdad».

No, querido amigo, el Señor Jesucristo no fue al Infierno de condenación al morir, porque la Biblia no afirma tal cosa. La palabra que se emplea en el original es «Hades», no «Infierno». *El infierno fue a Cristo,* porque al cargar sobre Sí con nuestros pecados y morir en nuestro lugar para expiarlos, experimentó todos los horrores y sufrimientos infernales y el mismo juicio de Dios que nosotros merecíamos, los cuales gravitaron sobre Él. La verdadera muerte de Cristo fue su *separación* de Dios: «Dios mío, Dios mío, ¿por qué me has desamparado?» (Mt 27:46). ¿Se quiere más infierno que estar separado de Dios?

Asimismo, una traducción más literal de Hechos 2:31 y conforme al texto griego, diría: «… que Él no fue abandonado dentro de lo invisible (la mansión de los muertos), ni la carne de Él vio corrupción». Lo que este pasaje dice, pues, según el original, es que el alma de Cristo no fue dejada en el mundo de los espíritus incorpóreos, y que su cuerpo no quedó tampoco abandonado en el sepulcro. La versión que del contenido de este versículo dan los «Testigos» es burda fantasía.

• Y continúa diciendo nuestro opositor: «La Versión Católica de Duay, traduce Eclesiastés 9:10 así: "… porque en el *infierno*, adonde vas, no hay obra…". El sabio Salomón habló muy claro sobre el infierno, y es que todos vamos al infierno, el lugar donde no hay obras».

En primer lugar, es importante saber que Eclesiastés es el libro que nos presenta la filosofía natural del hombre inconverso. Es por esto que vemos cómo la expresión «vanidad de vanidades» aparece 28 veces y se refiere a lo vacío e inútil de una vida apartada de Dios. El tema de dicho libro es la vanidad de la vida terrenal, y representa la incapacidad del hombre bajo el sol para explicar la vida por la sabiduría limitada del ser humano. El Predicador reitera aquí constantemente que está tratando de lo que ha visto debajo del sol, en la esfera de observación de un hombre que solo puede mirar lo externo, y por tanto no puede hablar de lo que hay encima o más allá del sol.

De ahí que la aseveración que se hace en 9:10 al igual que otras afirmaciones similares que aparecen en otros pasajes del mismo libro es digno de notar que no tienen nada que ver con lo que Dios dice, sino que solamente expresan lo que piensa el hombre en su mente natural, independientemente de la revelación de Dios. Excepto, claro está, cuando las reglas exegéticas permiten otorgar, en algún caso concreto y específico, al término «Sheol» la acepción de «sepulcro», simplemente por extensión. Porque para el hombre natural que no recibe ninguna revelación de Dios, «Sheol» y «Hades» no son más que el sepulcro, lugar en el que, hasta donde alcanza la observación humana, termina la vida. En cambio, ¡cuán distintas son las aseveraciones que hallamos en la Biblia cuando es Dios quien revela lo que hay «de tejas para arriba», dando a conocer lo que el hombre no puede saber por sí mismo!

He aquí algunos ejemplos. «Todo lo hizo hermoso en su tiempo; y *ha puesto eternidad en el corazón de ellos,* sin que alcance el hombre a entender la obra que ha hecho Dios desde el principio hasta el fin» (Ecl 3:11). A través de todas las edades, civilizaciones y pueblos, bajo todos los cielos, descubrimos hombres religiosos convencidos de que sus almas no cesarán de existir después de la muerte física. ¿Cómo se explica que, a través de todas las generaciones, el hombre se haya empeñado en reconocer siempre la supervivencia perpetua del alma, cuando, por el contrario, solo posee la prueba evidente de que el cuerpo vuelve al polvo, desintegrándose en él? Aquí la Biblia nos da la respuesta y resuelve este enigma: es Dios mismo quien ha plantado en el corazón del hombre la idea de la eternidad. (Aunque otras versiones vierten "mundo" o "Universo").

Eclesiastés 3:17: «Y dije yo en mi corazón: Al justo y al impío *juzgará* Dios; porque allí HAY UN TIEMPO para todo lo que SE QUIERE y para todo lo que SE HACE». Observemos aquí qué extraordinaria prueba filológica de la inspiración verbal de la Biblia: si bien en lo que se refiere al juicio la expresión se halla en futuro, en cambio cuando se dice lo que hay allí *ahora* está en presente.

Eclesiastés 12:7: «… y el espíritu vuelve A Dios que lo dio». El término original sugiere un espíritu con personalidad, no una fuerza o fluido vital. En efecto, hice un interesante descubrimiento de transcripción al consultar la versión griega de los LXX: la preposición *«a»* no ha sido transferida al griego usando *«eis»* («a, en, hacia»), sino traducida por la partícula *«pros»* («kai to pneuma epistrepse PROS ton Theon, os edokenauto»), cuyo significado literal es: ENCONTRARSE EN EL MISMO LUGAR, CARA A CARA, CON OTRA PERSONA, Y ESTAR EN COMUNICACIÓN CON ELLA EN UN VERDADERO INTERCAMBIO DE IMPRESIONES. Esto explica, sin duda, la paráfrasis aramea antes aludida.

• *Noveno argumento.* «El infierno de fuego es ilógico. El infierno, como lo entienden los católicos y evangélicos, es irrazonable, pues es imposible que un cuerpo espiritual o un alma inmortal e inmaterial puedan ser torturados por un fuego de llamas literales. No es posible quemar el espíritu, ¿no le parece?».

Muchas personas se preguntan, como usted, si la palabra «fuego» empleada en relación con la condenación debe ser tomada literal o simbólicamente. Una cosa podemos decir al respecto: y es que el símbolo es siempre inferior a lo que simboliza. De manera que si el fuego es señal o figura del juicio venidero, ¡cuán terrible debe ser su realidad! Jesús habló del «infierno de fuego» y del «lago de fuego». Pero habló también de la gracia divina bajo el símbolo de fuentes y ríos de agua viva. Por lo tanto, esto demuestra que la palabra «fuego» puede ser usada en la Escritura en un sentido figurado. Como muy bien razona el reverendo Domingo Fernández: «Sabemos que el tormento del infierno no será igual para todos los condenados. Cada uno sufrirá lo que justamente haya merecido por su actitud y sus hechos. Si el infierno fuese literalmente un lago de fuego, el sufrimiento sería igual para todos. Nuestra opinión es que la conciencia ha de desempeñar una función de primer orden en el remordimiento, la agonía y el tormento de los condenados al destierro eterno». No hay nada, pues, que se oponga e impida suponer con respecto al término «fuego» que pueda efectivamente tratarse de una expresión metafórica para describir los sufrimientos espirituales de las almas condenadas en el infierno.

«Por otro lado —insiste el autor de la carta—, Dios nos enseña a través del Espíritu Santo que Cristo viene a arrebatar a su Iglesia. Primero serán arrebatados los muertos en Cristo. Esto quiere decir que Cristo reclamará a los suyos en su segunda venida, y recién allí dará inmortalidad a los que le amaron. La Biblia no enseña que las almas de los muertos justos irán al cielo después de morir, pues Cristo, el Hijo de Dios, bien claro lo expresó cuando dijo que nadie había ascendido al cielo. Hemos visto también que tampoco David, quien murió, resucitó, y que aún sigue en el polvo. San Pablo enseñó, como ya hemos visto, que los muertos recibirán su galardón en el día del aparecimiento de Jesús».

Todo esto ya lo hemos refutado. Pero todavía quisiera añadir dos detalles complementarios. Otra evidencia de que Pablo creía firmemente que cuando él expirase su alma se desprendería del cuerpo y partiría en seguida hacia el Cielo para disfrutar conscientemente de la gloriosa presencia de Cristo, la encontramos en 2 Corintios 5:8: «Pero confiamos, y más quisiéramos estar ausentes del cuerpo, y *presentes* al Señor». Texto riquísimo en contenido, porque literalmente el griego expresa: «EKdemesai EK tou somatos, kai ENdemesai PROS ton Kurion»: «*salir fuera* del cuerpo, y *estar cara a cara* con el Señor» (recuérdese el significado de la partícula *«pros»*, que no puede ser más elocuente aquí).

Y el otro dato interesante sobre este asunto aparece en 1 Tesalonicenses 4:14, donde una traducción más literal del griego permite la siguiente transcripción: «Porque si creemos que Jesús murió y resucitó, así también creemos que Dios por medio de Jesús TRAERÁ CON ÉL (*"axei sun auto"*: *guiará, conducirá*) a los que durmieron». Ahora bien, cuando esto suceda los muertos se levantarán de sus tumbas, pero no vendrán con Él. Entonces, ¿quiénes son esos «durmientes» que VENDRÁN con Jesús? Evidentemente tenemos aquí una alusión a las almas de los creyentes que volverán con el Señor y se incorporarán a sus respectivos cuerpos resucitados. Porque de lo contrario esta expresión carecería de sentido.

• *Décimo argumento.* «Inconsciencia absoluta: "Pues sale su aliento, y vuelve a la tierra; en ese mismo día perecen sus pensamientos" (Sal 146:4). En este texto nos muestra el salmista que no hay pensamiento alguno en el sepulcro, no hay consciencia alguna. Con esto incluye también cualquier suposición de que después de muertos iremos al cielo a recibir el galardón. Esto no ocurre, como ya demostré, sino después del regreso del Señor».

Usted no demostró nada al respecto, puesto que tiene confusión de conceptos referente a esto. Este asunto del galardón celestial ya lo consideramos y aclaré debidamente la cuestión al refutar con amplitud su séptimo argumento. Y desde el punto de vista bíblico quedó suficientemente probada la consciencia del alma después de la muerte. ¿De dónde saca usted, pues, que el autor de este salmo enseña «que no hay pensamiento (en singular) alguno en el sepulcro»? Tal idea no la puede encontrar en el texto del salmo, desde luego. Porque lo que el Salmo 146:4 expresa es simplemente que al morir el hombre fenecen con él sus designios, proyectos o propósitos que había planificado en relación con esta vida y mundo (véase el contexto: el v. 3 afirma la inutilidad de confiar en las obras de los hombres para la salvación). Y esto es verdad humanamente hablando: cuando morimos perecen con nosotros aquellos planes que habíamos elaborado, ya que la realización de nuestros pensamientos (nótese el plural) queda suspendida con nuestra muerte. Esto en cuanto al aspecto terrenal se refiere. Pero en el Salmo 48:14 se nos muestra el aspecto espiritual, que tiene que ver con lo que no muere: el alma imperecedera: «Porque este Dios es Dios nuestro eternamente y para siempre; ÉL NOS GUIARÁ AUN MÁS ALLÁ DE LA MUERTE».

«Job —sigue objetando ahora nuestro oponente—, uno de los patriarcas, dice que "el hombre morirá, y será cortado", y que "sus hijos tendrán honores, pero él no lo sabrá; o serán humillados, y no entenderá de ello" (Jb 14:10-21). Con esta cita bíblica se muestra que el hombre está inconsciente en el sepulcro. No están con Dios en el cielo, puesto que no han subido al cielo, con excepción de Cristo (Jn 3:13)».

¡Y dale con la inconsciencia! Los «Testigos de Jehová» a veces parecen sufrir verdaderas obsesiones patológicas con determinados asuntos. Se diría que tal es este caso concreto que estamos estudiando ahora. ¿Tanto temor les inspira el más allá que hasta han tenido que recurrir a la estratagema de intentar suprimir de la Biblia la doctrina de la personalidad del alma y su supervivencia consciente? Sobre Juan 3:13 no vamos a insistir, puesto que creemos haber demostrado su correcto sentido a la luz del contexto. Pero ahora, en Job 14, siguen con la manía de citar textos arrancados de su contexto. Invitamos al lector a que considere todo el contenido de este capítulo entero. Y observará que las reflexiones de Job tienen que ver con lo que piensa el hombre por sí mismo y refleja la incertidumbre de la filosofía humana referente al más allá. También se plantea el patriarca otras dudas: «Perecerá el hombre, ¿y dónde estará él?... Así el hombre yace y no vuelve a levantarse... Si el hombre muriere, ¿volverá a vivir?». Job sabía que sí, puesto que habrá una resurrección. Por lo tanto, aquí no se niega nada, sino que se plantean dudas humanas.

Sin embargo, leamos ahora unos textos iluminadores. «Mas su carne sobre él se dolerá, y se entristecerá EN ÉL su alma» (Jb 14:22). Notemos dos cosas importantes aquí: (a) Se hace diferencia entre la carne y el alma; (b) Se dice que el alma está en el interior. Que el alma humana, como espíritu inteligente, está en nuestro interior, es una verdad que la Biblia revela claramente. Veamos algunos ejemplos. «Jehová, que extiende los cielos y funda la tierra, y forma el espíritu del hombre DENTRO DE ÉL» (Za 12:1). «Porque, ¿quién de los hombres *sabe* las cosas del hombre, sino el espíritu del hombre que ESTÁ EN ÉL?» (1 Co 2:11). «¿Por qué te abates, eh, alma *mía*, y por qué te turbas DENTRO DE MÍ?» (Sal 43:5). En 2 Reyes 4:27: «... pero el varón de Dios le dijo: "Déjala, porque su alma está en amargura"» (literalmente, según el hebreo: «Porque su alma está acongojada DENTRO DE ELLA»). En Hechos 20:10: «Entonces descendió Pablo y se echó sobre él, y abrazándole, dijo: "No os alarméis, pues está vivo"» (literalmente, según el griego: «Pues el alma de él DENTRO DE ÉL está»). Y he aquí una evidencia extraordinariamente reveladora en Job 42:10-17. Aquí encontramos otra prueba indubitable de que la Biblia enseña la inmortalidad del alma. Cedamos la palabra al propio señor Turner, quien citando Job 42:10, comenta: «Entonces, en el v. 12 cuenta su ganado como exactamente el doble del número citado en 1:3, mientras en 42:13 dice que volvió a tener el mismo número de hijos e hijas que en 1:2. Sin embargo, 1:19 dice que todos sus primeros hijos murieron. No hay explicación para esto, sino por reconocer que cuando los animales murieron dejaron de existir, pero que los hijos muertos todavía vivían en algún lugar, a pesar de no estar en sus cuerpos. Así que Job tuvo los veinte hijos: diez aquí en la tierra y diez en el más allá».

(Donald D. Turner: *"Introducción al Antiguo Testamento"*).

3
Réplica abierta a los argumentos de un
ex «Testigo de Jehová» (conclusión)

• *Undécimo argumento.* «Si los muertos en Cristo están ahora con Él en la gloria, entonces seguramente están con Él reinando, pues para eso fuimos destinados. Pero la Biblia no afirma tal cosa, porque los muertos oirán a Cristo solo cuando Él venga en gloria, recién aquí recibirán la gloria, honra e inmortalidad (Jn 5:28-29). Esto nos prueba que los muertos saldrán en una hora que no está fijada por el hombre, y que saldrán todos, tanto buenos como malos. Con esto quiero decir lo absurdo que es creer que las "almas" están ahora con el Señor, pues si ya están ahora con Él, ¿para qué los resucita? ¿Para otra vez llevarlos a la gloria?».

El alma no puede perder su atributo de estar consciente, porque hay una continuidad ininterrumpida de la personalidad (Jn 11:26; Ap 7:9-17). Notemos que según este pasaje, la muerte no quita su personalidad a los que lleva a su reino. Lázaro seguía siendo Lázaro en la otra vida del más allá. Jesús llamó al espíritu humano de Lázaro a volver a entrar en el cuerpo y ocuparlo de nuevo. (Compárese con Lc 8:54-55). La Biblia llama bienaventurados a los que mueren en el Señor (Ap 14:13), porque dice que pasan inmediatamente a la gloria (2 Co 5:1-10). Allí le servirán hasta la venida de Cristo y la resurrección del cuerpo que usaban aquí en la tierra, cuando seremos incorporados en un cuerpo glorioso e inmortal, incorruptible y semejante al cuerpo de gloria de Jesucristo, compartiendo con Él su reinado. Los cuerpos de los creyentes serán resucitados porque nuestra envoltura física, siendo también obra creadora de Dios, tiene igualmente derecho a participar de los beneficios de la redención, por cuanto la salvación abarca la totalidad del hombre (Rm 8:23; 1 Ts 5:23). Además, el Reino de Cristo forma parte de la gloria de Dios, y nosotros estamos incluidos en esa gloria que un día se ha de manifestar (Rm 8:18).

En relación con las palabras de Jesús: «… vendrá hora cuando todos los que están en los sepulcros oirán su voz; y los que hicieron lo bueno saldrán a resurrección de vida; mas los que hicieron lo malo, a resurrección de condenación», el evento tiene que ver con los cuerpos que yacen reposando en sus tumbas, y si bien aquí el Señor no aclara enteramente si la resurrección de ambas clases ha de efectuarse al mismo tiempo, sabemos no obstante por otros pasajes de la Escritura que se efectuará en tiempos distintos. Todos los muertos resucitarán; pero así como Jesús resucitó de los muertos, y el resto de ellos fueron dejados en los sepulcros, así los muertos en Cristo, que son suyos, «en su venida» serán levantados de entre los muertos, y el resto será dejado hasta otra final resurrección, teniendo lugar la instauración del reinado milenial de Jesús sobre la tierra entre estas dos resurrecciones (1 Co 15:22-26; 1 Ts 4:13-17; Ap 20:4-14).

Resulta interesante notar algunas cosas importantes en el griego de esta cita de Corintios, referente a este asunto, según nos hace ver el reverendo W. E. Blackstone. La partícula «ita» que aparece aquí significa «próximo» en orden, pero no necesariamente inmediato, como se puede comprobar por el uso de la misma palabra en 1 Timoteo 2:13. Y en este mismo capítulo de Corintios, en los vs. 5-7, es usada sucesivamente con «epeita». Cuando el Espíritu Santo quiere decir «inmediatamente», emplea los términos «exautes», «eutheos» o «parahrema» (véase Mt 4:22, Lc 1:64, Hch 10:33, etc.).

En dicho pasaje tenemos, pues, claramente descrito el orden de la resurrección: «Cada uno en su debido *orden*» («tagmati», en griego «banda militar, fila»). La figura está tomada de las tropas que se mueven por bandas o regimientos. Notemos:

a) Primero, Cristo («el primogénito de entre los muertos»: Col 1:18).

b) Después, los bienaventurados, los que son de Cristo, en su venida, teniendo lugar «la resurrección afuera (saliendo fuera) de entre los muertos» («ten *exenastasin* ten *ek* nekron»: Flp 3:11).

c) Luego, el fin, «los otros muertos» (los que no son de Cristo) serán levantados, y la muerte misma será destruida.

«Si Lázaro, por ser fiel y creyente en Cristo, estaba en la gloria celestial, ¿para qué lo resucitó otra vez a la tierra? ¿Para sufrir inútilmente?», se nos objeta ahora. «Mejor hubiera sido dejarlo en la gloria para la eternidad. Pero como es el caso, él no estaba en el cielo en su muerte; de lo contrario Jesús se lo hubiera dicho. Marta creía, y con mucha certeza, que su hermano resucitaría en el día señalado. Aquello la consolaba, y no la idea errónea de que estaba en el cielo ya».

El argumento es tan infantil que casi no merece la pena refutarlo. Cristo mismo se encargó de hacerlo. ¿Que para qué el Señor resucitó a Lázaro? Sencillamente porque en aquella resurrección, uno de los milagros más apoteósicos y portentosos de Jesús, había un propósito bien definido: Juan 11:4. La resurrección de Lázaro era necesaria para mostrar una de las evidencias más tangibles de la divinidad de Jesús: su poder sobre la muerte y su autoridad sobre la vida (Jn 11:25-26). Solo Dios puede hablar y obrar así.

¿Que mejor hubiera sido dejar el alma de Lázaro en la gloria? «¿Quién eres tú, oh, hombre, para que alterques con Dios?» (Rm 9:20). Dios tiene sus planes para el creyente y por tanto es evidente que el regreso de Lázaro del más allá entraba dentro de los propósitos del Señor. No se debe olvidar que Cristo es siempre magnificado en nuestro cuerpo, o por vida o por muerte, y que para el creyente el vivir es Cristo y resulta en beneficio de su obra, siendo sin duda en este caso también más necesario para Lázaro volver a la vida y quedar en la carne, al igual que Pablo, por causa del programa divino (Flp 1:19-26).

Los cristianos sabemos que nuestros creyentes están ya en el Cielo y que un día los volveremos a ver cuando la muerte nos reúna con ellos. Pero esto no es óbice para que, como Marta, nos sintamos también ahora consolados por la esperanza de la resurrección futura de nuestros cuerpos, y es por eso que al igual que ella podemos decir: «Nosotros sabemos que resucitaremos en la resurrección, en el día postrero». Aunque en el caso de Marta lo que se enfatiza con su declaración es el contraste entre la esperanza en una resurrección futura y el milagro de la resurrección inmediata de su hermano, pues ella ciertamente estaba pensando en la resurrección del día postrero, pero era preciso que Cristo obrara un adelanto presente del gran evento futuro para demostrar a quienes tenían tal esperanza que verdaderamente Él es la fuente de la vida, y así la fe en el cumplimiento de la antigua promesa divina sobre la resurrección de los muertos quedaría firmemente garantizada. Es como si Jesús hubiera dicho: «Yo soy la resurrección y la vida, Marta; por lo tanto, no es necesario esperar hasta la resurrección postrera para que tu hermano resucite». Notemos el mismo contraste entre la esperanza futura y la realidad presente que se enfatiza en otro acontecimiento paralelo que se nos describe en Lucas 23:42-43: «Y dijo a Jesús: "Acuérdate de mí cuando vengas (*futuro*) en tu reino". Entonces Jesús le dijo: "De cierto te digo que hoy (*presente*) estarás conmigo en el paraíso"».

• *Décimo segundo argumento.* «Si los muertos están con Dios, entonces Dios también es Dios de muertos, pero se da el caso que la Escritura asevera: "Dios no es Dios de muertos, sino de vivos" (Mc 12:27)».

La muerte no existe en el sentido de dejar de ser. Si las almas de los muertos están con Dios, esto significa que siguen existiendo en su vida espiritual. Obsérvese que el contexto de estas palabras se refiere a la resurrección de los muertos, y Jesús está citando la declaración que Dios hizo a Moisés desde la zarza ardiente (Ex 3:6). Cuando estas palabras fueron pronunciadas, hacía siglos que esos patriarcas habían muerto. Pero el Eterno —según nos hacen ver Bonnet y Schroeder— que se denominaba, sin embargo, *su Dios*, no podía entender por el hecho de estar muertos que era el Dios de un poco de polvo que reposaba en una tumba, sino el Dios de seres inmortales que *vivían* en Él. Por eso en Lucas 20:38 se añade: «Porque Dios no es Dios de muertos, sino de vivos, pues para ÉL TODOS VIVEN». Es decir, todos los creyentes, y no solamente los tres patriarcas aquí nombrados, viven para Dios, en relación con Él, aunque para los hombres y para este mundo estén muertos.

Si los espíritus de los patriarcas hubiesen cesado de existir, indudablemente el Señor hubiera dicho que Jehová *era* el Dios de ellos, o que *sería* su Dios, de haberse referido a su resurrección. No en vano, en Números 27:16, Jehová es llamado «Dios de los espíritus de toda carne». Si el texto aludiera al espíritu como si fuera un soplo o respiración, es evidente que habría dicho que Jehová es el Dios del espíritu de toda carne, y no Dios de los espíritus de toda carne.

Argumentando en la misma línea, el reverendo José E. Girón dice: «Indudablemente, por medio de estos textos el Señor nos enseña que aunque para nosotros los humanos nuestros muertos sean considerados como muertos, para Dios, no obstante, *todos ellos viven*. Nosotros, aquí en la tierra, los podremos considerar como no existentes; pero para Dios que los ve y los contempla, *viven todos ellos*. Para Él ninguno de ellos ha dejado de existir».

• *Décimo tercer argumento.* «He mostrado que "Hades" es el sepulcro, es decir, el infierno. Veamos algunas pruebas: "Yo estuve muerto, y he aquí que vivo por los siglos de los siglos; y tengo las llaves de la muerte y del sepulcro" ("Hades": Ap 1:18). Esta es una prueba que usted, estimado señor Danyans, con todo el griego que conozca no podrá negar».

Usted no ha mostrado ni probado nada al respecto. Si antes de lanzarse a argumentar se hubiera tomado la molestia de consultar el texto original, habría comprobado que el griego distingue entre muerte («thanatou») y mundo de los muertos («adou»: lugar invisible), diferenciándose claramente ambos conceptos. Aquí no aparece para nada la palabra «sepulcro», que en griego es «mnemeion». El texto solamente dice que Cristo tiene las llaves de la muerte y de la mansión de los espíritus. La figura de las *llaves* viene de la de las «puertas» de la muerte (Sal 9:13) y de la morada o reino de los muertos (Is 38:10; Mt 16:18). Cristo se nos presenta aquí como si tuviera poder absoluto sobre el imperio de la muerte y el lugar invisible donde están las almas de los muertos (en griego, «Hades»).

Y nuestro oponente sigue objetando: «Otra cita dice: "Y la muerte y el sepulcro (Hades) entregaron los muertos que había en ellos" (Ap 20:13). Con estos textos usted podrá confrontar que "Hades" es sepulcro o infierno».

Falso. Tampoco aparece en esta cita la palabra «sepulcro» («mnemeion»), según el original. En el griego de este texto volvemos a encontrar los conceptos de muerte («thanatos») y mundo de los muertos («Hades»: lugar invisible de los espíritus). En Lucas 16:23 leemos: «Y en el "Hades" alzó sus ojos, estando en tormentos, y vio de lejos a Abraham, y a Lázaro en su seno». Por lo tanto, comparando las dos citas o pasajes, aquí con toda claridad tenemos otra prueba de que el "Hades" no es el sepulcro.

• *Décimo cuarto argumento.* «La expresión *fuego eterno.* La palabra "eterno" y la expresión "para siempre" no denotan en todos los casos —en la Biblia— duración ilimitada. Por ejemplo, en el libro de Éxodo, al hablarse del sistema de servidumbre entre los hebreos, se estableció que si el siervo a los siete años prefería quedar voluntariamente con su amo y no aprovechar la franquicia de su liberación gratuita, sería siervo "para siempre"; lo cual no implicaba perpetuidad, porque en Levítico 25:39-41 se establece que toda la servidumbre cesa automáticamente en el año del jubileo. De manera que "para siempre" no implica perpetuidad (Ex 21:2-6). El profeta Jonás se refiere al tiempo que estuvo en el vientre de un pez con estas palabras: "La tierra echó sus cerraduras sobre mí *para siempre*". Pero a renglón seguido dice: "Mas tú sacaste mi vida de la sepultura, oh Jehová Dios mío" (Jon 2:6)».

Como muy bien reconoce nuestro opositor, las expresiones «fuego eterno» y «para siempre» no denotan *en todos los casos* duración ilimitada, lo que implica admitir que EN OTROS SÍ. La discusión se concentra sobre dos palabras griegas que son: «aion» y «aionios». Estos términos en algunos casos, efectivamente, expresan la idea de tiempo y sus limitaciones; pero en la mayoría de los casos cuando la idea de duración está incluida, expresan idea de ETERNIDAD. «Aion» se usa refiriéndose a Cristo (1 Tm 1:17; Ap 1:18). «Aionios» también se usa refiriéndose a las personas de la Deidad (Hb 9:14), y es el término que se emplea para describir la vida eterna que ha recibido el creyente y las bendiciones sin fin para los redimidos. Si la palabra se limita en sentido temporal al hablar del estado de los perdidos, entonces es también necesario limitarla al describir el estado futuro de los salvos. Con un solo pasaje se muestra la verdad de que el vocablo «aionios» significa una condición perpetua tanto para un grupo como para el otro: «E irán estos al castigo eterno ("kolasin AIONION"), y los justos a la vida eterna ("zoen AIONION")» (Mt 25:46).

«En San Judas —dice ahora nuestro adversario— se lee: "Y los ángeles que no guardaron su dignidad, mas dejaron su habitación, los ha dejado reservados debajo de oscuridad en prisiones eternas hasta el juicio del gran día" (Jud 6). Las prisiones eternas duran solo hasta el día del Juicio».

De este pasaje, tal como nos ha sido citado, no se desprende necesariamente que después del juicio esos ángeles no continuarán estando confinados en prisiones eternas. Porque la expresión «hasta» no significa siempre que después se realice un cambio de acción. Veamos algunos ejemplos:

En 1 Samuel 15:35, según traduce la Versión Moderna, leemos: «Y Samuel no volvió a ver más a Saúl, hasta el día de su muerte»; lo que significa que nunca después vio Samuel a Saúl en toda su vida. En 2 Samuel 6:23 se lee en la misma versión: «Y Mical hija de Saúl nunca tuvo hijos hasta el día de su muerte»; lo cual quiere decir que nunca tuvo hijos. Y en

Isaías 22:14 leemos también: «Que este pecado no os será perdonado hasta que muráis, dice el Señor, Jehová de los ejércitos»; lo que equivale a indicar que nunca sería perdonado.

Por otra parte, aun en el sistema de actuación de los tribunales de justicia humanos, vemos que un delincuente que habiendo sido encarcelado está encerrado en una celda esperando el día de su juicio, luego de que haya sido juzgado por el hecho delictivo cometido volverá a ingresar en prisión para continuar cumpliendo la condena que se le haya impuesto.

Además, una traducción más literal de Judas 6, según permite el texto original griego, podría ser: «Y a los ángeles que no guardaron su propio principado (u original estado), sino que abandonaron su propia morada (o habitación), los tiene en reserva (griego), los ha guardado y los guardará (perfecto), bajo oscuridad, cubiertos por ella, con (o en) cadenas eternas (o, según otra etimología, en prisiones del "Hades", de la mansión de los muertos), *PARA* el juicio del gran día». Es decir, que cual presos condenados, esperan su castigo y tormento final en el abismo sin fondo.

«Las frases empleadas por Jesús significan realmente que las CONSECUENCIAS SON ETERNAS», se nos argumenta. «La creencia de un alma inmortal en el hombre ha producido como fruto teorías como la Reencarnación, que solo se puede explicar con esta falsa enseñanza».

Se dice que no hay efecto sin causa. Por lo tanto, si los resultados o efectos son eternos, esto implica que el sujeto promotor o productor también lo es. Asimismo, la verdad de que los sufrimientos de los condenados son sin fin, se afirma por las palabras de Cristo: «el fuego que nunca puede ser apagado» (Mc 9:43-49). Aquí, y en labios del propio Jesús, tenemos un símbolo claro de la preservación del estado de sufrimiento. Notemos la fuerza de la expresión: «Porque todos serán *salados* con fuego». En Mateo 13:42, la frase «el horno de fuego», el texto griego no emplea participio alguno ni otra forma verbal que indique carácter temporal, sino un sustantivo. La voz «fuego» en el griego va precedida de artículo, no de preposición. El fuego era precisamente uno de los cuatro elementos constitutivos del Universo y, por lo tanto, se le consideraba eterno.

La condición de los perdidos es vivir bajo la ira de Dios, que permanece sobre ellos (Jn 3:36). Y así está escrito de aquellos que adoran a la Bestia: «Y el humo de su tormento sube POR LOS SIGLOS DE LOS SIGLOS» (Ap 14:11). El original griego dice: «*eis* AIONAS AIONON». Recordemos que «eis» es una partícula de movimiento que indica dirección de fuera adentro, expresando la idea de tránsito de un estado a otro, penetración hacia un centro de gravitación permanente («aionas aionon»).

Ahora bien, por cuanto el alma sobrevive a la acción de la muerte y cuando se separa del cuerpo sigue conservando su personalidad espiritual, manteniendo como tal una existencia inmortal, se explica que los hombres elaborasen por imaginación la creencia de una pretendida transmigración de almas, engendrando así conceptos erróneos y dando lugar a teorías falsas en relación con la supervivencia del espíritu humano.

• *Décimo quinto argumento*. «Jehová, el Dios de Israel, prohibió tajantemente a su pueblo el acto de sacrificar hijos a dioses paganos pasándolos por el fuego. Jehová consideró que era una abominación el hecho de que el hombre sacrificara al falso dios Moloc, por fuego, a niños, porque era cosa que Dios nunca había mandado. Por lo tanto, Dios es un Dios de principios morales, y lo que consideró abominación en una época lo es para hoy también. Por tanto, Dios no toleraría ordenar que un hijo suyo fuera atormentado día y noche en un fuego *raro*».

Vayamos por partes. En primer lugar, en Apocalipsis 20:10 leo lo que Dios mismo dice referente a este asunto: «… y serán atormentados *día y noche* (expresión que enfatiza el carácter continuo e irremisible del castigo) POR LOS SIGLOS DE LOS SIGLOS (*"eis* tous AIONAS ton AIONON": para siempre jamás)». De manera que siendo el propio Dios quien lo dice, por muy duro que sea, ¡a callar!; nos guste o no, hay que aceptarlo sin objeciones, porque Dios no puede mentir.

En segundo lugar, las descripciones del otro mundo expresan siempre un estado espiritual, y de ahí que para darnos una idea de lo que es el más allá las Escrituras usan un lenguaje humano, adornado muchas veces con imágenes gráficas y vívidas revestidas de sentido metafórico. Esto autoriza a interpretar simbólicamente los términos que presentan el estado de condenación eterna en forma de fuego, simbolismo que en manera alguna debilita la cruda verdad que venimos considerando.

En tercer lugar, aun suponiendo que el fuego de la condenación se tratara de un fuego literal «raro», dotado de propiedades peculiares que le permitieran arder sin consumirse, observemos que los condenados no son arrojados ni pasados por sus llamas para ser ofrecidos a Jehová en sacrificio —como los amonitas dedicaban a sus hijos al dios Moloc—, sino que van a ese lugar de tormento por castigo y como retribución al pecado de haber despreciado la gracia salvadora de Dios.

En cuarto lugar, *ningún* hijo de Dios irá al Infierno. Todos los que estarán confinados allí, serán *criaturas* de Dios, no hijos. Porque por naturaleza todos nacemos y venimos al mundo siendo criaturas de Dios. Pero uno deja de ser criatura y pasa a convertirse en *hijo* de Dios en el mismo momento en que experimenta el nuevo nacimiento espiritual (Jn 1:12-13; 3:3-8). Y esta operación es obra del Espíritu Santo de Dios, el cual injerta en nosotros una nueva naturaleza (2 P 1:4). Por tanto, ningún regenerado o renacido de Dios estará entre los condenados.

Y en quinto y último lugar, Dios no ordena que nadie vaya al Infierno, Él no envía a ningún condenado allí. Dios ha hecho todo lo posible para salvar a los hombres: ha dado a su Hijo Unigénito para bloquear todos los caminos que conducen al Infierno. Si obstinadamente el hombre rechaza la misericordia y el plan redentor de Dios, está deliberadamente permaneciendo en su estado de condenación y escoge el ir al «fuego» eterno (Mt 25:46). Dios no hizo al hombre para el Infierno ni el Infierno para el hombre. El Infierno es un lugar de eterna condenación que fue preparado para el diablo y sus ángeles (Mt 25:41), pero el hombre fue creado para tener compañerismo y comunión con Dios (Mt 25:34). Solo los hijos del diablo van a la morada de condenación, el Infierno, para reunirse con su padre (Jn 8:44; Hch 1:25: la expresión «para irse a su *propio lugar*» indica que hay un lugar de condenación más allá para los que parten de esta vida).

Finalmente, dice el autor de la carta que estamos refutando: «Por tanto, señor Danyans, si usted examina cada uno de los puntos que le he expuesto, usted notará que la creencia que tienen los "Testigos de Jehová" es sólida, al igual que los adventistas y los de la Iglesia de Dios han aceptado la doctrina de la mortalidad del alma porque es lógica y coherente con la Biblia. Lamentablemente usted ha empleado relativamente pocas páginas en su libro para refutar esta doctrina, y creo que realmente no podrá emplear tantas porque francamente sus argumentos se le han agotado, y en lo profundo de su corazón usted comprenderá que la idea del alma inmortal es errónea y que las pruebas en este artículo o carta son fuertes y convincentes».

Espero que después de haber considerado detenidamente estos capítulos-réplica, cambiará usted de opinión y reconocerá que la creencia de los «Testigos de Jehová» al respecto no es tan sólida como pensaba; que la doctrina de la mortalidad del alma humana es errónea y antibíblica; que no se me agotaron los argumentos bíblicos ni las evidencias escriturales para rebatir dicho error a la luz de la autoridad de la Palabra de Dios; y que por ende las «pruebas» presentadas por usted no son tales porque no resisten el análisis bíblico y por tanto no pueden sostenerse: se derrumban una tras otra.

Usted me dice y confiesa en su carta que acepta el hecho de que los «Testigos de Jehová» tienen errores, y muchos. Deseo sinceramente que el Espíritu del Señor le ilumine para que pueda discernir en su mente que esta cuestión de un espíritu mortal es otro más de tales errores. En el conocido episodio de la transfiguración (Mt 17:1-8), Moisés y Elías aparecieron en gloria sobre aquel monte y *hablaron* con Jesús. No eran almas en estado de dormición, sino personalidades espirituales —al menos uno— con existencia consciente. Moisés había muerto hacía quince siglos y su cuerpo se había disgregado ya con el polvo de la tierra, y sin embargo ahora aparecía vivo y consciente. Elías había partido también del mundo siglos antes, misteriosamente arrebatado al cielo, pero allí estaba igualmente vivo y en el mismo nivel de vida que Moisés.

Con razón cantaba el inspirado salmista: «Porque este Dios es Dios nuestro eternamente y para siempre; Él nos guiará AUN MÁS ALLÁ DE LA MUERTE» (Sal 48:14).

«Sea Dios veraz, y todo hombre mentiroso».

Esto es lo que declara la Biblia en Romanos 3:4. Y puesto que esta afirmación es verdadera, ¿quién hará mentiroso a Dios? ¿Quién se atreve a dejar por embustero a Dios? Pues bien, sintetizando lo que aquí hemos dicho en réplica abierta, según la Palabra de Dios:

a) El hombre tiene un alma o espíritu: Za 12:1; Ecl 12:7.

b) El alma no muere: Mt 10:28; Lc 16:22-23.

c) El alma sale: Gn 35.18-29; 2 Co 12:2-4.

d) El alma vuelve: 1 Re 17:21-22; Lc 8:54-55.

e) El alma está consciente: Lc 16:23-24; Ap 6:9-11.

El misterio del mundo de los muertos

La verdad sobre el «Sheol»

¿Qué es el «Sheol»?

Tomamos la información de un erudito estudio realizado por A.J.Pollock.

A pesar de que los «Testigos de Jehová» digan, y repitan, una y otra vez, que el significado del vocablo hebreo «Sheol» —y su correspondiente griego: «Hades»— no significa más que «tumba» y que, por consiguiente, cuando el hombre muere deja de existir totalmente, el hecho es que hay un buen número de textos bíblicos que no parecen armonizar con este punto de vista.

En el «Hades», el difunto de la parábola del Señor poseía todavía cierta consciencia y conocimiento (Lc 16:23); atormentado en aquel lugar —asegura Jesús— alzó sus ojos y vio de lejos a Abraham y a Lázaro en el seno de Dios.

El apóstol Pablo anhelaba morir para ir al encuentro de Cristo (Flp 1:22-23; 2 Co 5:1-10). En Romanos 8:38 se afirma que la muerte física no nos puede separar de Cristo, Señor de vivos y de muertos (Rm 14:9). Aquí, o en el más allá, vivimos siempre juntamente con Él (1 Ts 5:10; Rm 14:8). A pesar de que este estado intermedio —entre la muerte y la resurrección— sea descrito como una especie de «desnudez» (2 Co 5:1 y ss.), representa ya, no obstante, el goce pleno de la presencia de Dios.

El estado intermedio —de consciencia, conocimiento y comunión con Cristo— implica una cierta tensión escatológica que queda reflejada en las imágenes empleadas por Juan al escribir Apocalipsis 6:9-10. Para un estudio más exhaustivo del tema, remitimos al lector al libro *30.000 ESPAÑOLES Y DIOS*, cap. II, «*¿Cree usted que hay algo en nosotros que sobrevive a la muerte corporal?*».

¿Cómo, pues, armonizar todo esto con el significado de los vocablos «Sheol» y «Hades»? Simplemente, estudiando en la Biblia cuál es el verdadero sentido de estas palabras.

Para empezar, digamos que el hebreo dispone de dos palabras bien diferenciadas para describir la una el sepulcro, o lugar de los muertos, y la otra, el estado, o condición, de los difuntos:

«QEBER» equivale a «*sepulcro*»; es un sitio, un lugar determinado.

«SHEOL» indica el estado de las almas sin cuerpo; es una condición y no un lugar solamente.

En efecto, aun siendo o significando estado, «Sheol» connota implícitamente lugar también, pues es evidente que las almas de los muertos, en su estado consciente de supervivencia espiritual, ocupan un lugar en la esfera del más allá. Por lo tanto, el «Sheol», como tendremos ocasión de ver aquí, es el *lugar* adonde van los espíritus de los muertos o el *estado* en que se hallan las almas de los difuntos al morir los hombres.

El vocablo «QEBER» aparece 66 veces en el Antiguo Testamento. Y se traduce por «*sepulcro*» 51 veces y por «*sepultura*» 15, en nuestras versiones. La palabra «SHEOL», desgraciadamente, no está tan bien traducida en la versión Reina-Valera y otras ediciones castellanas de la Biblia. En la Reina-Valera se traduce «SHEOL» de la siguiente manera:

11 veces	Infierno,
4	profundo,
3	abismo,
2	fosa,
2	osario,
31	sepulcro y
12	sepultura, con un total de 65 errores de traducción.

¿Cómo es eso? ¿Por qué tan distinta y variada versión de una sola y misma palabra? Esto se debe a la dificultad de los occidentales en captar la mentalidad hebrea y su dinamismo idiomático; la expresión de dicha lengua no es nada estática en estos vocablos y conceptos claves.

El verdadero sentido, como veremos inmediatamente, de «SHEOL», es *el reino de la muerte* (Sal 18:5; 2 Sm 22:5-6). A veces, como en Job 17, la muerte es personificada; pero no se trata más que de una licencia poética, estilística. Incluso cuando se habla de «las puertas del "Sheol"», la Biblia no concibe este como una «ciudad» a la manera de los babilonios, como un lugar determinado, sino todo lo contrario. Tanto el *New Bible Dictionary* como el *Diccionario de la Biblia Herder* sostienen que «Sheol» no es un lugar, sino una condición o estado de los muertos.

Y lo mismo afirma Martin Achard en su importante obra *De la Muerte a la Resurrección*, después de un análisis muy completo sobre el tema (pp. 56 y ss.) Traducir «Sepultura» por «Sheol» es lo mismo que traducir «Manicomio» por «Locura», o «Sanatorio» en vez de «Enfermedad».

Según el pensamiento bíblico, todos los muertos se reúnen en un lugar, que ordinariamente se designa con el nombre de «Sheol». Según algunos entendidos del idioma hebreo, este término procede de la raíz verbal *«sa a»*, que en su etimología tiene dos significados: *preguntar, desear;* se refiere a un lugar que siempre pide más y nunca se sacia (Is 5:14; Ha 2:5; Pr 1:12; 27:20; 30:16), es la morada invisible de aquellos que son interrogados por la evocación de los muertos *(Sanda)* o el lugar donde los muertos son interrogados y juzgados *(König)*.

A) Lo que no es el «Sheol»

Si comparamos el «Sheol» con el «Qeber» nos daremos cuenta inmediatamente de la interpretación que *no podemos dar* al término en cuestión.

1) «QEBER» aparece en plural 27 veces de las 66 que se emplea.

Pero «SHEOL» nunca se usa en plural. No tendría sentido. El enterramiento de quinientos cuerpos en un cementerio supone muchos sepulcros (plural), pero la entrada de quinientos espíritus en el reino de la muerte no exige plural. Todos van igualmente al estado, o condición, de los muertos.

2) «QEBER» es algo exclusivo del individuo. Por supuesto, y así se emplea.

Pero *«Sheol»* no aparece con esta exclusividad individual, sino como la condición general de las almas desencarnadas. He aquí algunos ejemplos:

Génesis 50:5	«mi sepulcro»
2 Samuel 3:32	«sepulcro de Abner»
1 Reyes 13:30	«su sepulcro»
2 Crónicas 34:28	«sus sepulcros»
Jeremías 8:1	«sus sepulcros»

En todos estos ejemplos, el vocablo empleado **es** «QEBER».

La versión Reina-Valera traduce el término «Sheol» por «sepultura» o «sepulcro» 43 veces, erróneamente, pero aun así en cada caso, sin excepción, vierte *«el sepulcro»*, jamás *«mi* sepulcro» o *«su* sepulcro». *«Mi* "Sheol"» o *«su* "Sheol"» serían expresiones sin sentido. Pero, si «Sheol» significara «sepultura» —localidad—, admitiría estas variantes personales.

3) «QEBER» indica posición geográfica. «Sheol» nunca hace referencia a tal cosa.

Un estado, una condición —como «Sheol»— no tiene geografía específica. Ejemplos: Gn 50:13; Ex 14:11; 2 S. 21:14; Ne 2:5; Ez 39:11.

4) «QEBER» suele hacer alusión al hecho de que el cuerpo entre en él, sirviéndole de morada (1 Re 13:30; 2 Re 13:21; Sal 88:5, Jr 26:23).

5) «QEBER» tiene relación con posesiones y propiedades de este mundo:

«heredad de sepultura *("qeber")»* Gn 23:4

«posesión de sepultura» Gn 23:9 y 20

Este sentido de propiedad no se aplica jamás a «Sheol», porque un estado no es una propiedad material.

6) El «QEBER» hay que hacerlo, cavando en la tierra (Gn 50:5; Na 1:14).

Pero nunca se dice del «SHEOL» que tenga que ser hecho por el hombre. «Cavar el "Sheol"» sería una expresión sin sentido para el idioma hebreo.

B) Lo que sí es el «Sheol» positivamente

1) El «SHEOL» se relaciona con el dolor y la pena. Algunos ejemplos:

Deuteronomio 32:22	(profundo)
2 Samuel 22:6	(infierno)
Salmo 116:3	(sepulcro, erróneamente)
Jonás 2:3	(» »)

«QEBER» no tiene nunca esta connotación. Porque en el sepulcro el cuerpo no tiene vida; no es consciente por lo tanto, a diferencia del «Sheol» donde se da cierta consciencia.

En el «SHEOL» sí es posible experimentar *dolor y angustia,* con lo que queda sin valor la idea russellista que tanto gusta a las masas. La verdad es que un cuerpo muerto o destruido no podría experimentar angustia.

2) El «SHEOL» se relaciona con la dimensión espiritual de nuestra vida (Sal 16:10; 86:13).

El «QEBER» no tiene que ver con el alma, el espíritu, sino solamente con el cuerpo. Esto hace toda la diferencia.

3) A pesar de usarse, alguna vez, con connotación de «descender», «bajar», «SHEOL» no significa tanto un descendimiento literal, físico, como un reconocimiento del juicio de Dios expresado metafóricamente. En el idioma hebreo, como en otras lenguas, las cosas espirituales suelen expresarse con las ideas de «arriba», «subir», etc., mientras que sus contrarias, con las

imágenes opuestas: «abajo», «descender», etc. He aquí algunos ejemplos, que ya mencionamos anteriormente:

1 — «*Yo* descenderé enlutado a mi hijo hasta el "Sheol"…» *(Gn 37:35).*

Idea que se expresa también en muchos otros pasajes. Aquí, Jacob cree que José ha sido despedazado por las fieras y no abriga ya la más mínima esperanza de que su cuerpo, cuando fallezca, sea colocado en el mismo sepulcro de su hijo, ya que este se supone despedazado por los animales salvajes y totalmente perdidos sus restos. No obstante, por encima de las contingencias que puedan haber afectado a los cuerpos, el patriarca sabe que irá a unirse con su hijo en el «Sheol».

¿Qué respuesta tienen los «Testigos de Jehová» para esto?

2 — «*Mañana estaréis conmigo tú y tus hijos»* (1 Sm 28:19).

Pretenden ser palabras de Samuel a Saúl. ¿En dónde tenían que encontrarse ambos al día siguiente? ¿En el sepulcro? ¡Totalmente imposible! Los guerreros muertos en el campo de batalla no eran enterrados el mismo día, si es que eran enterrados. El cuerpo de Saúl no fue hallado por los filisteos sino hasta un día después de su muerte, o sea: dos días después de su «entrevista», o visión, con «Samuel». Le cortaron la cabeza, que fue exhibida en las ciudades filisteas, y el cuerpo fue colgado en un muro de Bet-san. Transcurrió, pues, cierto tiempo antes de que los de Jabes de Galaad obtuvieran los cuerpos de Saúl y de sus hijos y los quemaran en Jabes.

Samuel había sido enterrado en Rama, y Saúl y sus hijos en Jabes de Galand; está claro, por consiguiente, que las palabras del pretendido Samuel (en 1 Sm 28:18) no pueden significar *«el sepulcro».* En cambio, sí indican que el espíritu sobrevive al cuerpo y pasa a un estado o condición que la Biblia denomina «SHEOL».[1]

---

1. *Nota.* El alma o espíritu de Samuel estaba en el Cielo, y por haber sido durante su vida en la tierra profeta de Dios, es evidente que no podía acudir al conjuro de una evocadora de muertos, por cuanto tal práctica estaba prohibida y condenada por Dios mismo (Lv 19:31; 20:27; Dt 18:9-14). Por lo tanto, Saúl y sus hijos no podrían ir al Cielo donde estaba el verdadero Samuel, puesto que morirían condenados por su pecado (1 Cr 10:13). Parece, pues, que el personaje que se presentó a la pitonisa o médium de Endor bajo el nombre de Samuel, no era otro que Satanás (véase 2 Co 11:14), quien apareció simulando ser Samuel. (Así opinan también Lutero, Calvino, Cipriano de Valera y el erudito moderno John D. Davis, presbiteriano, autor del magnífico *Diccionario de la Biblia*). Ahora bien, Satanás no está en un sepulcro. Aquí tenemos otra clara evidencia de que la frase «estaréis conmigo», palabras pronunciadas por el supuesto Samuel, no se refiere a la tumba, sino a un lugar de condenación en el más allá.

(Aunque los hijos que permanecieron fieles al Señor, sí pudieron ir al lugar donde estaba el espíritu de Samuel): 1 Sm.31:2.

C) ¿Cómo traduce la versión de los Setenta «Sheol»?

De las 65 veces en que aparece, traduce al griego por «HADES» en todas las ocasiones, menos en cuatro, que vierte así: dos «muerte» («THANATOS») y dos sin equivalente, con una mera frase de relleno del texto.

La versión griega del Antiguo Testamento conocida como de los Setenta, ni una sola vez traduce «SHEOL» como «sepulcro». Si el sentido de «tumba» o «sepultura» es tan obvio, como parecen sostener los «Testigos», ¿cómo se explica que judíos que hablaban griego en Alejandría, varios siglos antes de Cristo, no acertaran a traducir «sepulcro»? ¿No será simplemente porque no es este su significado?

D) ¿Y el Nuevo Testamento?

Existe un paralelo entre «HADES» Y «MNEMEION» y «SHEOL» y «QEBER»:

Hades   = Sheol
Mnemeion = Queber

«Mnemeion» aparece en plural, en el Nuevo Testamento, diez veces. *«Hades»* no aparece nunca en plural. *«Mnemeion»* también tiene que ver con propiedades de un individuo, pero *«Hades»* jamás. El paralelismo entre los términos hebreo y griego es elocuente.

«MNEMEION» es el «sepulcro nuevo» (propiedad de José de Arimatea) en Mateo 27:60. El vocablo aparece también en Marcos 6:29 («le pusieron en un sepulcro»); en Lucas 11:47 («los sepulcros de los profetas»), etc.

«MNEMEION» tiene posición geográfica (Mt 27:35; Jn 19:41). Pero, al igual que «SHEOL» no la tiene tampoco «HADES».

«MNEMEION» se relaciona con la entrada del cuerpo dentro de la cavidad que ofrece (Lc 23:55). No así «HADES».

«MNEMEION», al igual que «QEBER», debe ser cavado; es una realización del hombre (Mt 27:60); pero jamás ocurre esto de «HADES».

En 1 Corintios 15:55 leemos: «¿Dónde está, oh muerte ("thanatos"), tu aguijón? ¿Dónde, oh *"Hades"*, tu victoria?». Según las reglas de la poesía hebrea, el paralelismo indica que el significado de un miembro de la frase es sinónimo del que sigue. Aquí, «Hades» (como «Sheol» en el Antiguo Testamento) amplía el significado de «thanatos» («muerte»). La idea entraña un desafío al imperio de la muerte, al ámbito o morada donde solo reinaba la muerte.

En Lucas 16:22 y ss., Jesús habla del seno de Abraham, un estado dentro del «Hades» —«Sheol»— que es para los justos, a diferencia de otro que en la misma situación de muerte y tinieblas es de condenación para los impíos.

Jesús, pues, enseña que el «HADES» es para los creyentes una *condición de bienaventuranza* y para los inconversos una *condición de tormento*.

E) Y la «Gehenna», ¿qué es?

Se trata de una palabra griega del Nuevo Testamento cuya equivalencia no encontramos en el Antiguo. En la Biblia Reina-Valera se traduce «infierno» seis veces, «infierno de fuego» dos veces y «gehenna» (literalmente) cuatro veces. Creemos que la mejor traducción es *«infierno»* y no «sepulcro». Porque la «Gehenna» no es signo de destrucción completa: designa el lugar de los sufrimientos reservados a los pecadores.

La «Gehenna», a diferencia de «Hades», no es una condición, sino *un sitio*. Pero es un lugar muy especial, dado que no tiene tanto connotaciones geográficas como espirituales. Aunque "Hades" también especifica un sitio además de un estado.

La «Gehenna», además, es un lugar eterno. Esto se desprende de muchos textos del Nuevo Testamento, sin lugar a dudas (Mc 9:43-44; Mt 10:28). Es un lugar eterno y afecta al alma sobre todo, sin excluir al cuerpo.

Se ha dicho que el «Hades» es igual a la condición del preso que espera su proceso y experimenta la angustia del mismo por anticipado. La «GEHENNA», por el contrario, es la prisión a la que es arrojado el criminal después del proceso, cuando ha sido hallado, y sentenciado, culpable.

Así como «sepulcro» («QEBER», «MNEMEION») es la localidad para el cuerpo muerto, la «GEHENNA» es la localidad para *cuerpo y alma* —para la personalidad total, psicosomática de los perdidos—. Es el destino eterno de los condenados después del juicio.

El vocablo «GEHENNA» tenía una larga historia cuando lo empleó Jesús. «GEHENNA» hace alusión a «Gehinom», que quería decir: «Valle de Hinom», o sea: «Valle de los gemidos de los niños». Era un barranco estrecho y profundo al oriente de Jerusalén, en el que los reyes impíos e idólatras, Acaz y Manasés, habían sacrificado a sus hijos primogénitos (2 Cr 28:3; 23:10 y 33:6). Allí había sido colocada la imagen del dios Moloch con apariencia de figura humana, si bien con cabeza de buey, el animal que simbolizaba la fertilidad en los pueblos del cercano Oriente. Fue el piadoso rey Josías quien acabó con estas monstruosas prácticas y convirtió el lugar en estercolero de la ciudad. Desde entonces, aquel valle quedó asociado a la basura, como recuerdo perenne de los horrores de que fue testigo en el pasado idolátrico de la nación.

Fácilmente, un recuerdo tan espantoso se identificó con *infierno*. Y así, «GEHENNA» llegó a ser sinónimo de «infierno». Es con este significado que Jesús emplea esta palabra en los Evangelios (Mt 5:29; 18:9).

Como sinónimo de «Gehenna», podemos considerar la expresión «EL LAGO DE FUEGO». Se utiliza cinco veces en Apocalipsis. Ejemplo claro es el de Apocalipsis 20:14, donde leemos:

«El *"hades"* y la *muerte* ("thanatos") fueron lanzados al lago de fuego».

La *muerte* (la condición de los cuerpos en su estado de separación del alma respectiva) y el *«Hades»* (la condición de las almas en el estado de separación de sus respectivos cuerpos) fueron arrojados en las personas de los muertos impíos, resucitados para el juicio final, al *«lago de fuego»*.

Esto es como si dijéramos que los muertos, cuyos cuerpos habían llenado los sepulcros, fueron resucitados. Y sus almas, que habían estado en la condición de «Hades», fueron reunidas a sus cuerpos como parte del proceso. Como individuos resucitados representan lo que habían sido la muerte y el «Hades», y como tales, pecadores que habían muerto sin arrepentimiento y por lo tanto merecen el lago de fuego, idéntico a la «Gehenna».

Cuando esto ocurra, ya no habrá cuerpos en condición de muertos, ni almas en condición de «Hades», sino que ambos serán arrojados al «lago de fuego». De esta manera son eliminadas las condiciones introducidas por el pecado en el universo de Dios, con lo que se ejecuta el acto que expresa mejor el juicio divino.

Tal es la interpretación de los textos bíblicos; tal es el sentido de estos vocablos hebreos y griegos que los «Testigos» manejan sin saber a ciencia cierta cuál es su significado verdadero. Guste o no, la doctrina que se desprende de este estudio de los vocablos originales es, sin embargo, lo que enseñó Jesús. ¿Nos atendremos a Él o iremos en pos de fantasías y quimeras sectarias?

En resumen, según la Biblia, el «Sheol», designando estado de condenación:

a) Es un lugar de tristeza y dolor: 2 Sm 22:6; Sal 18:5; 116:3.

b) Es el lugar a donde van los inicuos: Sal 9:17.

c) Es un lugar donde sus moradores están conscientes: Is 14:9-11; Ez 32:21; Jon 2:2; Lc 16:23.

En la cita de Jonás, en el texto hebreo expresa la idea de: "Y oró Jonás a Jehová su Dios desde el vientre del Sheol" (Is 5:14). En sentido metafórico, el hecho de estar en el fondo del mar desde las entrañas del pez, representaba como si el profeta estuviera vivo en el Sheol. De ahí las palabras de Isaías en alusión al Sheol como el mundo invisible de los espíritus (heb. "refaim" = sombras. Recordemos también Is. 14:9-10 y Ez. 32:20-21, en donde vemos que los "muertos" = sombras están conscientes y hablan.

Bibliografía

PLAGIOS DE LA RELIGIÓN CRISTIANA, J. K. van Baalen. Editorial CLIE. Terrassa. (Barcelona).

HECHOS Y MISTERIOS DE LA FE CRISTIANA, Alberto Pierters D. D. Editorial CLIE. Terrassa. (Barcelona).

LAS GRANDES DOCTRINAS DE LA BIBLIA, William Evans. Editorial Moody. Chicago. (Illinois).

COMPENDIO DE TEOLOGÍA CRISTIANA, J. M. Pendleton. Casa Bautista de Publicaciones. El Paso. (Texas).

LA DEIDAD DE CRISTO, Evis L. Carballosa. Spanish Publications, Inc. Miami. (Florida).

LOS TESTIGOS DE JEHOVÁ, QUIÉNES SON Y LO QUE CREEN, Wilton M. Nelson. Casa Bautista de Publicaciones. El Paso. (Texas).

ALGUNAS HEREJÍAS MODERNAS, Daniel E. Hall. Librería y Editorial «El Amanecer». Córdoba. (Argentina).

LOS TESTIGOS DE JEHOVÁ Y SUS DOCTRINAS, José Girón. Editorial Vida. Miami. (Florida).

LOS FALSOS TESTIGOS DE JEHOVÁ, Domingo Fernández Suárez. Casa Bautista de Publicaciones. El Paso. (Texas).

EL HADES Y EL CASTIGO ETERNO, A. J. Pollock. Grant Publishing House. Los Ángeles. (California).

LOS TESTIGOS DE JEHOVÁ, Agustín Ruiz. Editorial Verdad.

LA DOCTRINA DE DIOS, Dr. Donaldo D. Turner N. Academia Cristiana del Aire. Quito. (Ecuador).

EXPOSICIÓN DEL APOCALIPSIS, Dr. Donaldo D. Turner N. Academia Cristiana del Aire. Quito. (Ecuador).

LA INMORTALIDAD, Loraine Boettner. Editorial CLIE. Terrassa. (Barcelona).

¿EXISTE EL INFIERNO?, René Pache. Editorial CLIE. Terrassa. (Barcelona).

¿DÓNDE ESTÁN LOS MUERTOS?, Gavin Hamilton. Publicaciones Portavoz. Grand Rapids. (Michigan).

CRISTO, EL INCOMPARABLE, José M. Martínez. Editorial CLIE. Terrassa. (Barcelona).

TESTIGOS... ¿DE QUIÉN?, Antonio M. Sagau. Barcelona.

LA BIBLIA «NUEVO MUNDO» DE LOS TESTIGOS DE JEHOVÁ, Vicente Amat. Distribuidora Balmes. Barcelona.

¿ESTÁ CERCA EL FIN DEL MUNDO?, Dr. José María Hernández, A.C.U. Editorial «Sal Terrae». Santander.

LOS TESTIGOS DE JEHOVÁ, José Llohis, S. J. Barcelona.

CARTA ABIERTA A UN TESTIGO DE JEHOVÁ, Secretariado de «Fe Católica». Madrid.

TESTIGOS DE JEHOVÁ: ERRORES Y REFUTACIONES, Secretariado de «Fe Católica». Madrid.

Y VOSOTROS, ¿QUIÉN DECÍS QUE SOY?, Aquila. Ediciones Evangélicas Europeas. Suiza.

LA DIVINIDAD DE CRISTO EN EL EVANGELIO DE JUAN, A. T. Robertson. Casa Bautista de Publicaciones. El Paso. (Texas).

TESTIGOS... ¿DE QUIÉN? (HISTORIA DE LOS TESTIGOS DE JEHOVÁ), Alfredo Richard. Obra Cultural. Barcelona.

VOCABULARIO BÍBLICO, Jean-Jacques von Allmen. Ediciones Marova, S. L. Madrid.

LA SAGRADA ESCRITURA, TEXTO Y COMENTARIO ANTIGUO TESTAMENTO, PENTATEUCO. BAC. La Editorial Católica, S. A. Madrid.

ESTUDIANDO LA BIBLIA CON LOS ORIGINALES HEBREO Y GRIEGO, Bernardo Castex C. Editorial «Selecciones Religiosas». Miami. (Florida).

SECRETOS CLAVES DE TÉRMINOS BÍBLICOS, J. Harold Grenlee. Casa Nazarena de Publicaciones. Kansas City. (Missouri).

APUNTANDO A LA TORRE. Artículos publicados por Juan de Rabat en la revista evangélica *Restauración*. Madrid.

MILLONES QUE AHORA VIVEN NO MORIRÁN JAMÁS, juez J. F. Rutherford. Edición 1921. (España).

Documentos y léxicos bíblicos consultados

LA KAINE DIATHEKE, The British and Foreign Bible Society London.

NOVUM TESTAMENTUM GRAECE, E. Nestle - K. Aland. United Bible Society. London.

THE GREEK NEW TESTAMENT, K. Aland - M. Black - B. M. Metzger - A. Wikgren. United Bible Societies. London.

ARMAGEDDON AROUND THE CORNER, William J. Whalen. The John Day Company. New York.

LA BIBLIA Y LA CIENCIA MODERNA, Enrique M. Morris. Editorial Moody. Chicago. (Ilinois).

PREGUNTAS Y RESPUESTAS, José M. Rodríguez. Junta Bautista de Publicaciones. Buenos Aires. (Argentina).

PENSAR Y CREER, Samuel Vila. Editorial CLIE. Terrassa. (Barcelona).

LA CUENTA REGRESIVA, G. B. Hardy. Editorial Moody. Chicago. (Ilinois).

LA SAGRADA ESCRITURA. Texto y comentario Nuevo Testamento. I, Evangelios. BAC. La Editorial Católica, S. A. Madrid.

DICCIONARIO DE PARALELOS, CONCORDANCIAS Y ANALOGÍAS BÍBLICAS, C. H. Lamberts. Casa Unida de Publicaciones, México, D. F., y Editorial «La Aurora», Buenos Aires. (Argentina).

SEGÚN LA BIBLIA CRISTO ES DIOS, Joaquín Tapies, S. J. Editorial El Reino del Corazón de Jesús. Torrejón de Ardoz. Madrid.

BIBLIA ANOTADA DE SCOFIELD. Spanish Publications, Inc. Miami. (Florida).

A CRITICAL THE NEW TESTAMENT GREEK AND ENGLISH LEXICON, The Rev. Thomas Sheldon Green, M. A. Samuel Bagster and Sons Limited. London.

EL GRIEGO DE SAN LUCAS, Crisóstomo Eseverri Hualde Pampilonensia. Pamplona.

LÉXICO GRIEGO-ESPAÑOL DEL NUEVO TESTAMENTO, J. F. McKibben - B. F. Stockwell. El Paso. Texas.

DICCIONARIO MANUAL GRIEGO-ESPAÑOL VOX, José M. Pabóns S. de Urbina. Bibliograf, S. A. Barcelona.

DICCIONARIO GRIEGO-ESPAÑOL, Florencio I. Sebastián Yarza. Editorial Ramón Sopena, S. A. Barcelona.

DICTIONNAIRE GREC-FRANÇAIS A. A. BAILLY, L. Séchan et P. Chantraine. Librairie Hachette. París.

SEPTUAGINTA, Alfred Rahlfs. Vol. II. Privilegierte Wurttembergische Bibelanstalt. Stuttgart.

BIBLIA HEBRAICA, Rud. Kittel - P. Kahle. Privilegierte Wurttembergische Bibelanstalt. Stuttgart.

LEXICON GRAECUM NOVI TESTAMENTI, Francisco Zorell, S. J. P. Lethielleux, Editoris. París.

LEXICON HEBRAICUM ET ARAMAICUM VETERIS TESTAMENTI, Francisco Zorell, S. J. Pontificium Institutum Biblicum. Roma.

THE EMPHATIC DIAGLOTT, Benjamin Wilson. International Bible Students Association Watch Tower Bible and Tract Society Brooklyn. New York.

THE KINGDOM INTERLINEAR TRANSLATION OF THE GREEK SCRIPTURES. Watchtower Bible and Tract Society of New York, Inc.

NOVI TESTAMENTI BIBLIA GRAECA ET LATINA, José María Bover, S. J. Consejo Superior de Investigaciones Científicas. Madrid.

DICCIONARIO GRIEGO-ESPAÑOL, Miguel Balagué, Sch. P. Compañía Bibliográfica Española, S. A. Madrid.

DICTIONNAIRE GREC-FRANÇAIS, Víctor Maghien, Maurice Lacroix, Raymond Salesses. Librairie Classique Eugene Belin. París.

DICTIONNAIRE DES RACINES DES LANGUES EUROPEENNES. Grandsaignes d'Hauterive Librairie Larousse. París.

NOVUM TESTAMENTUM GRAECE ET LATINE, Eberhard Nestle. P. W. B. Stuttgart.

THE ENGLISHMAN'S GREEK NEW TESTAMENT AN INTERLINEAR LITERAL TRANSLATION. Bagster. London.

THE INTERLINEAR GREEK-ENGLISH NEW TESTAMENT. Nestle-Marshall. Bagster. London.